Tine Gschweng

MIDLIFE REISE

Tine Gschweng

MIDLIFE REISE

Wie ich mir meinen Lebenstraum
doch noch erfüllte

stiebner

INHALT

PROLOG

Dieses Buch ist für dich, wenn du noch unerfüllte (Reise-)Träume hast, die dich nicht loslassen. Wenn du gern würdest, aber dann doch irgendwie nicht dazu kommst. Ich möchte dir Mut machen und das erfüllende Gefühl vermitteln, das sich beim Erleben meines Traumes in mir breitgemacht hat. Ich möchte dich, wenn du gern reist oder dich für andere Länder und Kulturen interessierst, auf meine Reise mitnehmen; dich fühlen lassen, was ich gefühlt habe, dich sehen lassen, was ich gesehen habe. Ich möchte dich daran erinnern, dass das Leben auch aufregend leicht sein kann, obwohl vielleicht nicht immer alles läuft, wie du es dir wünschst. Dass Glück greifbarer und näher ist, als du denkst. Lass dich mitnehmen auf ein Abenteuer, so vielfältig, reich und kunterbunt wie die Süßigkeiten im Laden an der Ecke. Auf eine Reise, die mir jeden Tag die Möglichkeit geboten hat, neue Erfahrungen zu sammeln und daran zu wachsen. Auf ein Abenteuer, das dich und mich in andere Welten eintauchen lässt, in denen wir uns verlieren können, ohne an die Zukunft oder die Vergangenheit zu denken.

Und um es gleich vorwegzunehmen: Nein, ich gehöre nicht zu den frustrierten Hamsterradläufern, die denken, dass sie ihr Leben bisher gänzlich vergeudet haben und deswegen ausbrechen müssten. Ich gehöre weder zu der Fraktion, die alles in Deutschland als schlecht empfindet, noch gehöre ich zur

Fraktion »Nur im Süden und in der Sonne ist es schön«. Vielmehr treibt mich meine unsagbare Neugier auf die Welt an. Ich möchte die Naturschönheiten der Erde hautnah erleben, möchte die Vielfalt des Lebens kennenlernen und ein Stück weit natürlich auch meine Grenzen austesten und erweitern. Ich bin zu dieser Reise nicht angetreten, um völlig auszuflippen, nicht um mich selbst zu suchen oder wiederzufinden, und auch nicht, um jemand anderes zu werden. Ich bin einfach nur meiner inneren Sehnsucht gefolgt, die Welt zu sehen und zu spüren. Und trotzdem gibt es Dinge, die ich heute anders sehe, anders bewerte, und Dinge, für die ich dankbarer bin als vor der Reise. Mehr als je zuvor ist mir bewusst, dass es für mich Freiheit bedeutet, reisen zu können – wann ich will und wohin ich will. Nur wenig andere Dinge können mir dieses Gefühl so direkt vermitteln. Nichts erdet mich so, lässt mich verbunden fühlen und in mir selbst ruhen wie Reisezeiten. Und umso mehr verbeuge ich mich vor den Chancen, die mir gegeben werden.

Dich möchte ich mit meiner Geschichte inspirieren und motivieren. Ich möchte dich dazu ermutigen, mit offenen Augen und einem offenen Herzen in die Welt zu ziehen, deinen Ideen, Wünschen und Träumen zu folgen – überall und wann immer du es möchtest.

Auf meiner Website erwarten dich mehr Fotos von meiner Reise – damit du noch tiefer in diese Geschichte eintauchen kannst und noch mehr Eindrücke in deinem Kopf entstehen.

WIE ALLES BEGANN

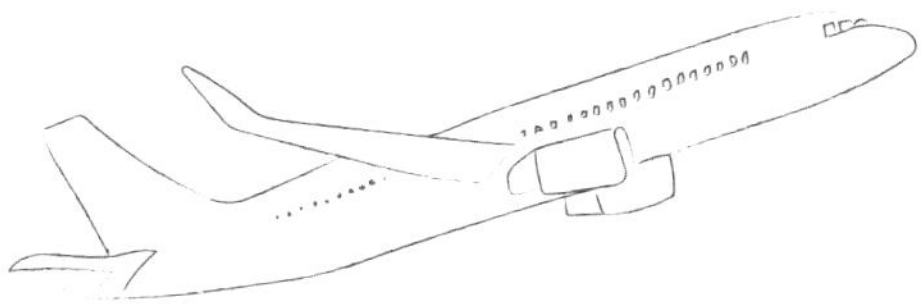

»Hast du mich vergessen?«, ertönt zögerlich meine innere Stimme. »Wir hatten doch so viel vor!«, klagt sie mich enttäuscht, mit einem leicht vorwurfsvollen Unterton an. »Ja«, muss ich zugeben, »ja, ich habe dich tatsächlich vergessen.«

Es ist Mitte Dezember, alle um mich herum sind bereits im Weihnachtsfieber. Geschenkideen werden ausgetauscht, überall gibt es leckeres Gebäck zum Naschen und finale Verabredungen für die Feiertage und Silvester werden getroffen. In der Arbeit sind die Planungen für das nächste Jahr verabschiedet und die letzten Projekte werden mit Nachdruck zu Ende gebracht. Mitten im hektischen, quirligen Alltag versuche ich, einen klaren Kopf zu bekommen. Eigentlich gibt es keinen Grund, verwirrt zu sein, es gibt nicht wirklich etwas zu meckern. Meine Familie ist toll, ich habe einen Freundeskreis, mit dem ich die unterschiedlichsten Dinge erleben kann, und die Ehe mit meinem Mann steckt in keiner Krise. Unsere Kinder sind weitgehend selbstständig und leben ein unabhängiges Leben, in dem sie selbst entscheiden, was ihnen wichtig ist und was nicht. Unsere Eltern sind noch fit, keiner braucht spezielle Unterstützung, und ich habe einen sicheren Job in einem Bereich, der mir Spaß macht. Eigentlich könnte es so einfach sein, wäre da nicht diese Stimme … Immer wieder erzählt sie mir, wovon ich in meiner Jugend geträumt habe: eine Reise um die Welt unternehmen, lange Zeit von zu

Hause weg sein, die Schönheiten der Natur in den unterschiedlichsten Län-
dern genießen. Sie lässt nicht locker, schon gar nicht, als ich anfange, mir
mehr Gedanken zu machen. »Los«, scheint sie mir zuzuflüstern, »mach was!
Sei mutig, es ist dein Leben, deine Träume kannst nur du dir erfüllen!« Süß
und verführerisch beschreibt diese zarte Stimme mir alle Details, die auf
mich warten. Gleichgesinnte Menschen, exotische Gerüche, ungewöhnliche
Landschaften und eigene Grenzen, die danach schreien, überschritten zu
werden. Schemenhafte Bilder tauchen vor meinem inneren Auge auf und
werden immer klarer. Wie ein Sog zieht es mich weiter hinein in die Tagträu-
me von fernen Ländern. Ich höre die Geräusche auf Märkten, das laute Ge-
schrei von Affen im Urwald und spüre förmlich den sanften Wind des Meeres
auf meinem Gesicht. Irgendwann lasse ich es zu und mache mir weitere Ge-
danken: Was wäre, wenn ich es tatsächlich wagen würde? Ein Jahr hinaus in
die Welt? Ohne großen Plan, mit viel Zeit, jedes Land zu erkunden und die
Dinge zu erleben, die mich schon immer gereizt haben? In meiner Jugend, als
ich anfing ohne Eltern in Europa nach Italien, Spanien, Frankreich, die Nie-
derlande zu reisen, stellte ich mir immer vor, wie es wäre, die vielen unter-
schiedlichen Länder und Kulturen der restlichen Welt zu erleben. Auch heute
noch frage ich mich, wie es wäre, losgelöst von zu Hause unter lauter unbe-
kannten Menschen zu sein. Wie fühlt es sich an, monatelang unterwegs zu
sein? Wie fühlt sich das Leben in einem Land an, in dem es immer warm ist?
Wie gefährlich ist es tatsächlich in großen Städten, wie zum Beispiel Buenos
Aires? Eine unglaubliche Neugierde, was in der großen weiten Welt alles auf
mich wartet, ergreift mich. Und Aufregung macht sich allein bei dem Gedan-
ken, es könnte Wirklichkeit werden, in mir breit. Ich muss gestehen, ich bin
nicht die Mutigste. Zwar bin ich Neuem gegenüber immer aufgeschlossen,
aber gern in einem sicheren Rahmen. Schon allein deswegen wäre eine derart
lange Reise eine riesige Herausforderung.

Im Januar, nach dem Trubel der Weihnachtszeit, rücke ich bei meinem
Mann mit der Sprache heraus. Die Idee kommt für ihn ziemlich plötzlich und
ohne Vorwarnung um die Ecke. Ralph ist überrascht, aber grundsätzlich be-
geistert ihn der Gedanke. Wir überlegen, wie diese Reise aussehen könnte und
welche Folgen sie ganz konkret haben würde. Natürlich ist hier kein Ent-

schluss auf die Schnelle gefasst, und so überlegen wir noch die nächsten Wochen hin und her. Das Gedankenkarussell hat begonnen und nimmt uns gefangen. Wir können förmlich den feinen Sand unter unseren Füßen spüren. Spüren, wie die kalte Luft auf den Hochebenen unsere Lungen füllt, das Plätschern unseres Bootes hören, das über den Amazonas schippert. Ja, das hat schon was! Aber alles dafür aufgeben? Ralph mag seinen Job. Er geht gern zur Arbeit, mag seine Kollegen, mag seine Aufgaben. Bei den vielen Stunden am Tag, die man dort verbringt, eine wichtige Sache. Eines kristallisiert sich rasch heraus: So würde es bei seiner Rückkehr nach einem Jahr Sabbatical nicht mehr sein. Er würde irgendwo in seiner Firma eingesetzt werden, das Aufgabengebiet unbekannt, die Atmosphäre in der Abteilung ungewiss. Deswegen kann ich seine Entscheidung, nicht ein komplettes Jahr auszusteigen, völlig verstehen. Nur stehe ich jetzt vor der Wahl: allein reisen oder diesen Traum begraben? Werde ich es durchstehen, so lange Zeit von meinem Mann getrennt zu sein? Wird er es verstehen, wenn ich trotzdem gehe? Wird es uns entzweien oder zusammenschweißen? Kann ich mit den Schwierigkeiten und Herausforderungen während der Reise allein zurechtkommen? Allein im Hostel sitzend, allein auf staubigen Straßen laufend, allein am Tisch essend – diese Bilder ziehen vor meinem inneren Auge vorbei. Es ist mir sehr wohl bewusst, dass ich nicht viele Reisende in meinem Alter treffen werde. In der Mitte des Lebens stecken Gleichaltrige entweder noch komplett in der Familienphase oder sie sind auf dem Karriereweg nach oben. Oder sie haben gar nicht erst den Drang, solch eine Reise zu unternehmen. Nach Abi oder Studium sieht es da ganz anders aus. Diese Altersgruppe wird sicher den Großteil der Reisenden ausmachen.

Die Wochen ziehen ins Land, ich mache mir die Entscheidung wirklich nicht leicht. Jetzt fühle ich mich, als würde mir jemand die Pistole auf die Brust setzen. Ich erlebe viele schlaflose Nächte und zerbreche mir den Kopf. Ich möchte mich nicht nur auf mein Bauchgefühl verlassen, also recherchiere ich im Internet, welche Vorbereitungen und finanziellen Mittel überhaupt nötig wären, um solch ein Vorhaben zu realisieren. Sind mein berufliches Vorankommen und mein finanzieller Beitrag zur Familie nicht wichtiger, als diese große Summe Geld für eine Reise auszugeben? Drücke ich mich nur vor dem Ernst des Lebens und der Gleichförmigkeit des Alltags? Bin ich egoistisch? Keine einfach zu beantwortenden Fragen. Meine innere Stimme protestiert inzwischen sehr laut dagegen, diesen Traum einfach aufzugeben. »Los jetzt, mach schon!«, feuert sie mich an. Die Gedanken kreisen. Wie heißt es immer? Am Ende eines Lebens bereut man am meisten die Dinge, die man nicht getan hat. Tief in meinem Inneren weiß ich, dass es bei mir genauso wäre. Einfach weil dieser Gedanke schon so lange da ist. Er hat nur eine Weile geschlummert.

Eines Abends im März ist es dann so weit. Ich hole tief Luft und verkünde Ralph meinen Entschluss: »Ich möchte trotzdem gehen. Wenn ich diesen Traum jetzt nicht verwirkliche, wird sicher nie mehr etwas daraus werden. Jetzt oder nie.« Ich bin auf alle möglichen Reaktionen gefasst. Er dreht sich weg, schaut auf den Boden und sagt erst mal lange nichts. »Oh, mein Gott, was habe ich da angerichtet? Fasst er diese Aussage so auf, dass ich unsere ganze Beziehung infrage stelle?«, schwirrt es mir ängstlich durch den Kopf. Nach geraumer Zeit wendet er sich mir zu, schaut mich lange und durchdringend an. Meine Nerven vibrieren, jeder Muskel in meinem Körper ist angespannt. Wie wird er sich entscheiden? Schlagartig fallen mir die vielen Männer ein, die nicht im Traum über diese Möglichkeit ernsthaft nachdenken würden. Passt nicht in ihr Mann-Frau-Bild – aus die Maus. »Nicht zu machen, nicht mit mir!«, höre ich ihn in meiner Vorstellung sagen. Aber dann antwortet Ralph einfach: »Wenn es wirklich dein Traum ist, dann mach es!« Ich schlucke, ein-, zwei-, dreimal, erst dann sickert mir die Bedeutung dieses kleinen Satzes in mein Bewusstsein. Glücklich, aufgeregt wirbeln die Gedanken und Gefühle durch mich hindurch. Ich kann es gar nicht glauben, dass damit die Entscheidung so gut wie gefallen ist. Wow, was für ein erlösender Satz! Jetzt können nur noch die Kinder, die zwar alle bereits Ü18 sind, die Entscheidung kippen. Es ist mir wichtig, dass es auch für sie in Ordnung ist. Fantastische Unterstützung bekomme ich von meiner Tochter: »Cool! Mach das, wenn du das wirklich willst!« Darüber bin ich echt froh.

Am Ende sieht es so aus, dass Ralph mit Resturlaub, Überstunden, unbezahltem Urlaub immer wieder und solange es am Stück geht, mit mir reist. Ich bin sehr dankbar für das viele Verständnis und den Kompromiss, den wir gefunden haben.

Ein Sabbatical-Jahr wird in meinem Unternehmen von der Geschäftsleitung abgelehnt. Inzwischen steht mein Entschluss aber felsenfest, da bleibt in der Konsequenz nur die Kündigung. Es ist zwar nicht der Weg, den andere von mir erwarten, aber es ist mein Weg. Die Reaktionen in unserem Umfeld sind sehr unterschiedlich. Von einigen Freunden und Bekannten, von denen ich Unterstützung und eine gewisse Begeisterung erwartet hätte, ernte ich Unverständnis. Andere sind wiederum unerwarteterweise hellauf begeistert. In Summe finde ich mehr Unterstützung als Widerstand, was einfach guttut und mir einen gewissen mentalen Rückhalt gibt.

Die Vorbereitungen beginnen und ich lese viel in Reise-Foren. Ein Hoch auf das Internet mit all seinen Informationen. Hier finde ich Packlisten, Tipps zu Einreisebestimmungen und Visa. Grundlegende Gedanken kommen auf: Was will ich unbedingt auf dieser Reise sehen und erleben? Einige Punkte formen sich sehr konkret in meinem Kopf, andere sind sehr schwammig und ich beschließe, die Reise nur grob zu planen und sie ansonsten auf mich zukommen zu lassen. Diese Freiheit macht es doch aus. Tun, was immer man möchte, einfach ein Jahr lang die Möglichkeiten, die des Weges kommen, ergreifen zu können. Ganz klassisch mit Rucksack will ich reisen und übernachten möchte ich hauptsächlich in Hostels, um vielleicht doch ein wenig Kontakt zu anderen zu bekommen. Ich verspreche mir aber hoch und heilig selbst, dass ich jederzeit abbrechen kann, wenn es sich für mich nicht mehr stimmig anfühlt. Unterkünfte, Ziele, Heimweh, einfach alles – der Weg nach Hause wäre kein Scheitern. Es ist einfach eine Erfahrung.

Für einen sanften Einstieg in meine Reise wollen Ralph und ich noch einen gemeinsamen Urlaub auf Zypern machen. Das ist dann auch fast die halbe Strecke zu meinem ersten Ziel: Nepal. Ein absolutes Muss-ich-unbedingt-hin-Ziel auf meiner Reise.

Ich möchte wunderschöne Fotos in den einzelnen Ländern aufnehmen, kann mich aber nicht für den Riesenklotz von Spiegelreflex entscheiden. Überhaupt habe ich zu viele Dinge, die ich mitnehmen möchte, schon allein, weil ich nicht weiß, wo ich genau landen werde. Für kaltes Wetter, heiße Strandtage,

Wanderstiefel für Bergtouren. Nass, kalt, warm, trocken – für alles rüste ich mich aus. Neue Dinge wie ein Hüttenschlafsack oder ein universeller, weltweit einsetzbarer Reiseadapter werden bestellt. Kartons, Kleidungsstücke und viele, viele Kleinigkeiten türmen sich im Wohnzimmer. Ralph wühlt sich allabendlich zum Sofa durch und erträgt die Unordnung mit stoischer Gelassenheit. Meine Tochter lacht sich kaputt, als sie das Chaos sieht. »Das willst du wirklich alles mitnehmen?«, fragt sie. »Bist du wahnsinnig? Das ist viel zu schwer. Glaub mir!« Gut, manchmal muss man auch auf seine Kinder hören. Also noch mal aussortieren, neu packen. Alles passt ein klein wenig besser in den Rucksack, aber immer noch nicht locker. Ein zweites, drittes, viertes Mal wird umgepackt, dann kann ich damit leben. Ein Laptop muss mit, schließlich möchte ich mit allen in Kontakt bleiben, Tagebuch schreiben, skypen. Wahrscheinlich würde das auch mit dem Handy gehen, aber hier merke ich mein Alter bereits, die Augen werden schlechter, die Schrift muss eine gewisse Größe haben und meine Bürohände sind eine normale Tastatur gewohnt. Inzwischen läuft der Countdown, es ist nur noch eine Woche bis zur Abreise.

Neben den letzten Vorbereitungen stehen auch bereits die ersten Abschiede an. Es ist unwirklich für mich. Mein Kopf lässt übermäßige Traurigkeit nicht zu. Es ist, als wenn er einfach die Dinge abwehrt, die zu bitter und als Nebenerscheinungen sowieso unausweichlich sind. Erst sind die Kollegen dran, die mir ein Notfall-Köfferchen mit nützlichen Kleinigkeiten schenken. Es ist komisch, nach all den Jahren die Firma zu verlassen, alles hinter mir zu lassen und ins Ungewisse zu ziehen. Aber die Vorfreude ist riesig und mein Entschluss bombenfest. Jetzt tausche ich Marketing und PR gegen Rucksack und Sonnenbrille.

Letzte Treffen mit Freunden und Familie werden arrangiert, traurige Abschiedsworte, herzliche Umarmungen und gute Wünsche scheinen unsichtbar miteinander verwoben zu sein. In der Woche vor der Abreise dann noch ein letztes Treffen mit den engsten Freunden. Kleine Erinnerungsstücke werden uns über Tausende von Kilometern miteinander verbinden. Ich weiß wirklich nicht, wie die Zeit ohne Freunde werden wird. Kann man mental jemals gegen Einsamkeit gewappnet sein?

Dann geht es los mit meinem Monster, dem riesigen, rund 20 Kilo schweren Rucksack. Vor dem Bauch noch der kleine Rucksack mit allen wichtigen und wertvollen Dingen. Der wiegt bestimmt auch noch mal fünf Kilo. Eins wird gleich klar: Viel laufen werde ich mit den beiden dicken Rucksäcken eher nicht.

Am Flughafen ein letztes Winken, ein letztes Drücken, es zerreißt mir fast das Herz. Ein absolutes Gefühlschaos macht sich in mir breit: Aufregung, Abschiedsschmerz, Trauer und Freude zugleich. Zum Glück ist Ralph erst einmal mit von der Partie, das macht es natürlich ein bisschen leichter. Fürs Erste kommen wir reibungslos durch die Kontrollen und nehmen schon bald im Flugzeug Platz. Der Kloß in meinem Hals schwillt an und gleichzeitig macht mein Herz wilde Hüpfer vor lauter aufgeregtem Glücklichsein. Ein letzter Blick auf meine Heimat, auf die grünen Bäume des Albaufstiegs und dann sind wir auch schon über den Wolken. Meine große Reise kann losgehen, mein Traum sich erfüllen! Liebe Welt, ich bin gespannt, was du für mich bereithältst!

NEPAL

Die nächsten zwei Wochen verbringen wir sehr entspannt auf Zypern. Es erwartet uns das glasklare, türkisblaue Meer des Makronissos Beach, feinster Sandstrand und täglich über 30 Grad Celsius. Wir lassen es uns gut gehen und genießen die gemeinsame Zeit, wohlwissend, dass nicht mehr viel davon übrig ist. Zypern mit seinen beiden getrennten Hälften – die eine in griechischer Hand, die andere in türkischer – verblüfft uns vor allem mit den Unterschieden auf der Nord- bzw. Südhälfte. Es ist spannend zu sehen, was Politik und Unruhen für Auswirkungen haben. Da geht man über die nicht anerkannte Grenze und sofort verändern sich Geschäfte, Menschen und der allgemeine Zustand der Häuser. Besonders groß ist der Unterschied in der Hauptstadt Nikosia zu merken, die einzige geteilte Hauptstadt der Welt. Seit die Türken 1974 den nördlichen Teil der Insel besetzt haben, ist die Stadt in einen türkischen und einen griechischen Teil getrennt. Bis heute wird der türkische Teil nur von Ankara anerkannt, alle anderen Länder verweigern seine Anerkennung. Sind im griechischen Teil moderne Geschäfte und die typisch weiß-blauen Tische zu finden, ist der orientalische Touch im türkischen Teil sofort greifbar. Mitten im Stadtkern befindet sich in einem Container die »Grenzkontrolle«. Wer keinen Pass hat, darf hier nicht weitergehen. Wir sind vorbereitet und dürfen trotz kritischer Musterung über die Grenze. Keine fünfhundert Meter weiter hat man tatsächlich das Gefühl, in einem anderen

Land zu sein. In kleinen garagenähnlichen Läden werden Gewürze, Stoffe, Teppiche und Tees feilgeboten. An vielen Gebäuden sind immer noch Einschusslöcher zu sehen und geben uns das Gefühl, dass die Besetzungskämpfe nicht allzu lange her sind. Bis auf ein paar wenige wieder hergerichtete Sehenswürdigkeiten für Touristen verfallen die Gebäude langsam, viele Läden und Kneipen sind verlassen, die Markthalle ist bis auf ein paar Stände mit Halstüchern (»Echt Paschmina«, wollen sie uns glauben machen) und Gemüseläden unwirklich leer. Genau diese Andersartigkeit, das Orientalische, Ungewohnte übt einen Reiz aus, dem wir uns nicht entziehen können. Erst recht nicht, als später Familien, Jung und Alt ihre Stühle nach draußen in die Gassen tragen und Gitarrenklänge und lautes Lachen die nächtlichen Straßen erfüllen.

Ein paar Tage später ist es dann auch schon so weit: Der letzte gemeinsame Tag ist da. Wir versuchen, die Zeit möglichst intensiv zu gestalten, die Vertrautheit des Moments in die nächsten Wochen mitzunehmen. Auf der Fahrt zum Flughafen wird mir immer mulmiger zumute, der Kloß im Hals dicker und das nervöse Flattern im Bauch immer stärker. Als wir am Flughafen ankommen, gehen wir erst an Ralphs Check-in-Schalter, dann an meinen. Ich bin aufgeregt wie noch nie in meinem Leben. Die Griechin hinter dem Schalter ist interessiert an meinem Reiseziel, möchte mit mir plaudern, aber ich bringe nur ein einsilbiges »Yes, Nepal« heraus.

Und dann ist er da, der Moment des Abschieds. Noch einmal drücken, festhalten, küssen, dann muss ich gehen. Ein absolutes Gefühlschaos macht sich in mir breit. Die Knie sind weich, meine Ruhe und Gelassenheit scheinen völlig verschwunden zu sein und die Augen werden verräterisch wässrig. Wenn das so weitergeht, kann ich sofort wieder umdrehen und nach Hause fliegen. Ich mache mir noch einmal bewusst, dass dies hier mein Traum ist und ich wahrscheinlich vor dem Tor zu der spannendsten Zeit meines Lebens stehe. Ich rufe mir noch einmal die ganzen Bilder meines Kopfkinos ins Gedächtnis und langsam wird es besser, Nervosität und Traurigkeit werden von Neugierde und positiver Erwartung verdrängt.

Der Flug bringt mich mit einem Zwischenstopp in Doha, Katar, nach Kathmandu, der Hauptstadt von Nepal. Nepal liegt zwischen Indien und Tibet, das Himalaja-Gebirge mit Mount Everest und Annapurna ist dort beheimatet und der Buddhismus und Hinduismus bestimmen Kultur, Land und Leute. Ich bin unendlich gespannt, wie es dort sein wird. Noch nie war ich in Indien, noch nie in einem buddhistischen Land. Wie stark beeinflusst die Religion die Menschen? Wie sind die Leute den Touristen gegenüber eingestellt? Wie ist die Landschaft dort? Wie hoch fühlen sich die 8.000er Berge an? Werde ich viele andere Reisende treffen? Unendlich viele Fragen geistern mir durch den Kopf.

Warum ich überhaupt nach Nepal möchte? Nun ja, vor vielen Jahren habe ich den Film »7 Jahre in Tibet« gesehen und war fasziniert von der Landschaft, den Menschen und der Kultur. Seitdem wollte ich unbedingt dorthin. Tibet ist es wegen der Einreisebestimmungen nicht geworden, aber ganz nah dran, das Himalaja-Gebirge von der anderen, der nepalesischen Seite.

KATHMANDU

Es ist fünf Uhr morgens. Im Flugzeug sitzt ein sehr schüchterner Nepalese neben mir, der sich nicht traut, mich anzuschauen. Langsam geht die Sonne auf und ich freue mich, dass ich die richtige (linke) Fensterseite erwischt habe. Durch die Scheibe dringen die ersten Sonnenstrahlen, die Wolken werden in ein weiches, rosarotes Licht getaucht. Flauschig weich breitet sich die kuschelige Wolkenwelt vor meinen Augen aus. Auf einmal sehe ich gigantische schneebedeckte Riesen, die ihre Köpfe durch die Wolken strecken – das Himalaja-Gebirge! Ich finde es einfach nur fantastisch, kann mein Glück kaum fassen. Am liebsten würde ich meinen Sitznachbarn anstupsen, ihm mit einem seligen Lächeln ein »Oh, ist das schön! Was für ein Anblick zur Begrüßung!« entgegenjauchzen. Aber der scheint von der Aussicht wenig beeindruckt und starrt stur auf seine Zeitschrift.

Das Ausfüllen des Visa-Formulars funktioniert einwandfrei. Die Nepalesen haben extra einige Mitarbeiter abgestellt, die direkt Fragen zu den Anträgen beantworten, was eine große Erleichterung ist. Ein schicker erster Stem-

pel ziert jetzt meinen Reisepass und ich bin irgendwie etwas stolz darauf. Kurz hole ich noch neues Geld in Landeswährung, den nepalesischen Rupi, aus dem Automaten und schon geht es los, hinein in eine neue Erfahrung!

Kaum aus dem Flughafengebäude raus, fallen an die hundert Taxifahrer über mich her. »Taxi?«, »Where are you from? I drive you!«, tönen mir unzählige Angebote in Nepali-English mit dem besonderen, leicht abgehackten Akzent entgegen. Ich bin völlig überfordert, so hatte ich mir das nicht vorgestellt. Wenn ich ehrlich bin, habe ich mir gar nichts Genaues vorgestellt. Ich stehe bestimmt fünf Minuten wie erstarrt da und wähle dann einfach einen Taxifahrer aus, der mir einigermaßen vertrauenswürdig erscheint. Er hat ein klappriges, kleines Auto, welches mich ins Touristenviertel Thamel bringen soll. Natürlich nennt er mir einen unerhört hohen Preis, den ich nicht annehmen möchte. Ich steige in meine erste zögerliche Preisverhandlung ein und habe einen kleinen, mäßigen Erfolg damit. Das Verhandeln ist nicht mein Ding, da zumindest bin ich typisch europäisch. Aber was nicht ist, kann ja noch werden.

Die Fahrt ist holprig und wir kommen nur langsam voran. Die großen Straßen Kathmandus sind noch ganz in Ordnung. Je kleiner die Straßen allerdings werden, desto schlechter ist der Zustand. Auf den großen Straßen stehen wir im Stau, auf den kleinen Straßen wird ausgiebig gehupt und nach nicht zu erklärenden Regeln gefahren. Wahrscheinlich gibt es keine. Das Hostel liegt in einer wirklich engen Gasse, die mehr einer Fußgängerzone mit unzähligen Souvenirshops gleicht. Das Haus ist schmal und hat vier Stockwerke: Im Erdgeschoss zur Straße hin befindet sich ein Reisebüro, in den weiteren Stockwerken befindet sich das Hostel mit Rezeption, Bar und Zimmern. Zwei Nepalesen Anfang 20 begrüßen mich und erklären mir alles. Ich wohne im obersten Stock, in einem Acht-Bett-Zimmer mit Stockbetten. Das Zimmer schafft es zwar nicht in die Sternekategorien, ist aber zumindest sauber. Die Dusche ist in der Toilette, so wie früher in unseren Italienurlauben. Man steht fast in der Toilette und alles, wirklich alles wird in dem kleinen Räumchen nass. Wenn das Handtuch noch einigermaßen trocken ist und zum Abtrocknen reicht, hat man Glück gehabt. Nach zehn Minuten in meinem Zimmer kriecht ein etwas verlebt aussehender Endfünfziger aus seinem Bett, begrüßt mich und erklärt mir dann auch gleich, »I have a little problem with alcohol«, lallt er mir grinsend mit einer nicht zu ignorierenden Alkoholfahne entgegen. Super, das ist genau das, was man beim Start einer solchen Reise hören möchte. Hoffentlich lässt er mich in Ruhe und torkelt nicht jeden Abend betrunken durchs Zimmer. Jetzt bin ich doch froh, dass ich eines der oberen Betten habe. Dorthin wird er es in seinem Suff sicherlich nicht schaffen. Kurz darauf spricht mich ein junges Mädchen aus Australien an. Mit gerade 19 Jahren reist sie seit einem halben Jahr allein durch Asien. Davor habe ich wirklich Respekt! Wir sind beide hungrig, also schließen wir uns zusammen und suchen in den Gassen nach etwas Essbarem. Aber auch sie ist gerade erst angekommen und kennt sich genauso wenig aus wie ich. Ich muss meinen Magen nicht unbedingt gleich der größtmöglichen Dosis Bakterien aussetzen, denke ich. Also gehen wir nicht gleich in die erstbeste Garküche, sondern entscheiden uns für ein etwas besseres Restaurant. Meine Wahl fällt auf ein vegetarisches nepalesisches Gericht mit Linsen und Reis. Es duftet nach Curry und Kurkuma und eine leichte Note von Koriander steigt mir in die Nase, vernebelt kurz meine Sinne und lässt mir das Wasser im Mund zusammenlaufen. Hungrig verschlinge ich die ersten Bissen – und erstarre augenblicklich. Sofort bricht mir der Schweiß aus und ich spüre, wie mir die Röte ins Gesicht schießt. Oh, mein Gott, ist das scharf! Ich bestelle sofort noch mehr Wasser dazu, damit ich überhaupt etwas essen kann. Leider wird das die nächsten 30 Tage nicht besser werden. Das nepalesische Essen wird eine Herausforderung für mich bleiben, zumal Linsen nicht zu meinen favorisierten Speisen gehören, hier aber fast überall dabei sind. Ich sehe mich bereits superschlank, aber halb verhungert durch die Straßen schlendern …

Später setzen wir uns an die Hostelbar, um zu sehen, wer noch alles in unserer Unterkunft wohnt. Peter aus Slowenien kommt mit einer Flasche Slibowitz zu uns. »This is a fantastic drink from my home! Do you want one?«, fragt er uns und lädt auch gleich noch die anderen Barbesucher, die auf der kleinen, gemütlichen Terrasse Platz genommen haben, ein. Wir bilden eine bunte Truppe mit Reisenden aus Frankreich, von der Elfenbeinküste, aus England, Deutschland, Australien, Slowenien. Zusammen mit dem netten nepalesischen Barkeeper, der sich über Kontakt aus aller Welt zu freuen scheint, haben wir in den kommenden Tagen sehr viel Spaß mit Slibowitz und Nepali-Songs.

Am nächsten Tag gehe ich die nähere Umgebung in Thamel erkunden. Ich möchte mich nach einer Agentur umsehen, mit der ich eine Trekkingtour ins Himalaja-Gebirge unternehmen kann. Das ist schließlich einer der Hauptgründe, warum Nepal ganz oben auf der Liste meiner Ziele stand: einmal das Himalaja-Gebirge sehen! Einmal zwischen den riesigen, schneebedeckten Giganten stehen, das Gefühl zu haben, eins mit der Bergwelt zu sein, ein Teil der mächtigen Natur. Im Vorfeld habe ich mich bereits für den Annapurna Circuit entschieden, da er als ein gut begehbarer Treck für Anfänger im Himalaja gilt. Es gibt unzählige Agenturen entlang der Touristengassen in Thamel, die alle ungefähr das Gleiche anbieten: Annapurna Circuit, Mount Everest Base Camp, Mustang. Es ist wirklich schwer, sich für eine Agentur zu entscheiden. Eigentlich möchte ich mich einer Gruppe anschließen, um diese Herausforderung nicht allein meistern zu müssen, aber ich kann für mein gewünschtes Startdatum keine finden. Also läuft es auf meinen Guide und mich als Team hinaus. Am Ende entscheidet mein Bauchgefühl. Ich lerne Ram kennen, einen schlanken, für nepalesische Verhältnisse groß gewachsenen Mann, der ursprünglich aus der Manaslu-Region stammt. Seine Agentur, snowlandadventure.com, ist klein, was im Notfall bedeutet, keinen Ersatzguide zu haben. Ein gewisses Risiko, das ich aber eingehe. Ram ist mir sofort sympathisch, macht einen erfahrenen und motivierten Eindruck, ich glaube, das könnte passen. Besser wär's, schließlich bin ich ganze zwei Wochen mit ihm tagein, tagaus unterwegs. Am besten aber gefällt mir, dass ein Teil meines Geldes für die Hilfe besonders Bedürftiger entlang der Strecke gedacht ist. So werden wir auf unserer Tour einen Rollstuhl in einem Bergdorf abliefern und Kleidung für einen alten Bauern mitnehmen. In vier Tagen soll es losgehen. Bis dahin muss ich mich noch ein wenig in mein neues Leben als Dauerreisende eingewöhnen.

Kathmandu schockt mich mit seinen Menschenmassen und vor allem mit seinem Verkehr. Selbst in den kleinen Gassen fahren ständig Roller, Fahrradrikschas und Autos. Gehwege gibt es in vielen Straßen nicht, ständig wird gehupt und mit maximal zehn Zentimeter Abstand vorbeigefahren. Auf den größeren Straßen fährt alles kreuz und quer durcheinander, in Deutschland unvorstellbar. Staubwolken erschweren die Sicht und das Atmen für die Fußgänger und die Straße zu überqueren ist eine Qual. Erst stehe ich minutenlang da, beobachte den Verkehr, ob sich nicht irgendwo eine Lücke auftut. Da das fast nie der Fall ist, gibt es nur eins: Augen zu und durch. Am ersten Tag suche ich noch nach Einheimischen, die ebenfalls gerade über die Straße möchten, hefte mich an ihre Fersen, wobei ich der jeweiligen Person gezwungenermaßen viel zu nahe rücke, und sprinte dann gleichzeitig mit ihr durch die fahrenden Autos. Doch schon am nächsten Tag finde ich auch nach mehreren Minuten keinen, der mir durch den Wahnsinn helfen könnte. Also gut, dann allein. Ich hole tief Luft, trete zögerlich auf die Straße und bemerke nach einigen Schritten, dass die Autos tatsächlich Rücksicht nehmen. Man muss nur in Bewegung bleiben, denn die Autofahrer planen den Weg des Fußgängers ein und reagieren entsprechend. Geschafft! Ich habe den rettenden Gehweg erreicht und bin wirklich stolz über diese Kleinigkeit. Die restlichen Tage gehe ich selbstbewusst über die Straße und siehe da, es funktioniert.

Tagsüber ist es heiß und staubig. Wenn ich unterwegs bin, habe ich immer das Gefühl, unter einer Staubschicht zu stecken. Optisch bin ich sofort als Touristin zu erkennen, was dafür sorgt, dass die Ladenbesitzer mich ständig anquatschen, ob ich nicht in ihr Geschäft kommen möchte. Aber sie bleiben freundlich, auch wenn man sich nicht zu einem Kauf verführen lässt. In fast allen Läden, die meisten messen nur ein paar Quadratmeter, werden dieselben Dinge angeboten: Schals, Pullover, Trekkingausrüstung, Schalen in allen Größen und Schmuck. Der schwere Duft von Räucherkerzen und laute Nepali-Musik wabern durch die Luft und verstärken das Gefühl, in einer völlig fremden Welt zu sein. Alles in den Straßen ist so bunt und die Farben mit dem Klang der fremden Sprachen bilden ein perfektes Zusammenspiel, das durch den Duft unbekannter Gewürze aus den Garküchen noch verstärkt wird. Zwischen den vielen Menschen rennen unzählige Straßenhunde herum. Zum Glück interessieren sie sich nicht besonders für uns, sondern sind mehr am Straßenmüll und sonstigem Essbaren interessiert. Viele der Hunde humpeln

oder ihnen fehlt eine Gliedmaße. Ein Nepali erklärt mir: »Viele Nepalesen schaffen sich einen kleinen Welpen an, um den sie sich auch rührend kümmern. Aber kaum, dass die Hunde krank werden, können sie sich den Tierarzt und die Versorgung nicht mehr leisten. Das heißt für die Hunde dann ab auf die Straße.« Wie traurig!

Ich brauche tatsächlich drei Tage, um mich einigermaßen an das Leben hier zu gewöhnen und durch die Straßen laufen zu können, ohne mich zu unsicher zu fühlen oder ständig nervös nach rechts und links zu schauen.

Im September/Oktober ist hier die Zeit der Festivals, in der viele religiöse Feste gefeiert und Gottheiten verehrt werden. So auch die Kindsgöttin Kiruna, die nur zu bestimmten Anlässen aus dem Haus darf. Sie wohnt in einem alten, heiligen Haus auf dem Durbar-Square und da ich gerade da bin, schaue ich mir das Spektakel an. Unzählige Nepalesen und Touristen sind gekommen. Sie sitzen waghalsig auf den Balkonbrüstungen der fünfstöckigen Gebäude rund um den Platz. Hoheiten aus Regierung und Religion stehen auf dem Balkon des ehemaligen Königspalastes. Es ist das einzige weiße Gebäude auf dem Platz. Ansonsten befinden sich hier mehr als 50 Pagoden und Tempel im alten Stil mit vielen Holzverzierungen. Viele gläubige Hindus bringen Opfergaben, beten vor der imposanten Bhairava, einem Shiva in seiner zerstörerischen Form. Leider sind viele der Tempel und Pagoden und sogar der königliche Palast von dem schweren Erdbeben 2015 nicht verschont geblieben. Zahlreiche Risse zieren die Gebäude, die von Holzbalken gestützt werden. Auch in den angrenzenden Straßen klaffen bis heute Lücken in Häuserzeilen, türmen sich Steinhaufen, wo ehemals Häuser gestanden haben. Obwohl an diesem Tag wildes Gedränge auf dem Durbar Square herrscht, sind die Nepalesen unglaublich höflich und nett zu uns ausländischen Gästen. Sie bieten uns die besten Plätze an und treten dafür selbst einen Schritt zurück. Überhaupt bekommt man bei so viel Respekt und Zuvorkommenheit direkt ein schlechtes Gewissen! Was sind wir Deutschen doch für Rüpel, in Direktheit und Ego-Denken oft nicht zu übertreffen. Als die Kindsgöttin endlich nach zwei Stunden und einer kleinen Militärparade in ihrer Sänfte durch die Menschenmenge getragen wird, ist die Begeisterung hautnah zu spüren. Menschen, die sich unter einem bunt gestalteten Tuch in einen Elefanten verwandeln, tanzen zwischen Trommlern über den Platz. Männer und Frauen mit leuchtendem Blumenschmuck flanieren stolz vor dem Königspalast entlang und überall ertönen begeisterte Stimmen der Huldigung. Das Schauspiel der guten Laune vermittelt mir einen unvergesslichen Eindruck der lebendigen nepalesischen Gesellschaft. Unterstützt wird dieser Eindruck von den fröhlich im Wind wippenden Gebetsfahnen. Überall sind Stupas, Königshäuser und Tempel mit diesen bunten Gebetsfahnen behängt. Die Farben Grün, Blau, Rot, Gelb und Weiß stehen für Erde, Wasser, Feuer, Luft und das Göttliche. Die auf den jeweiligen Fähnchen gedruckten Gebete in Form von Mantras sollen mithilfe des Windes dem Himmel zugetragen werden. Dazu werden die Fahnen aufgehängt und flattern im Wind bis zur vollständigen Verwitterung. Dann erst, so heißt es, erreichen die Gebete den Himmel. Ist das nicht schön?

Unsere bunte Truppe verbringt die nächsten Tage damit, die unterschiedlichsten Paläste, Tempel und auch normale Wohngebiete in Kathmandu anzuschauen. Abends sitzen wir gemütlich auf der Terrasse unserer Hostelbar, erzählen uns Geschichten aus dem Leben und der ganzen Welt. Es ist unkompliziert und alle Hostelbewohner und deren Freunde werden herzlich willkommen geheißen, Alter und Nationalität sind hier völlig egal. Vielmehr geht es um die gleiche Grundstimmung: eine unbändige Neugierde, die Welt in all ihren Facetten zu erleben. Ich bin froh, solch einen guten Einstieg für meine Reise zu erfahren. Nach vier Tagen löst sich die Gruppe wieder auf, wir alle haben unterschiedliche Ziele – Chitwan, Mustang, Indien … Ich wage mich an mein Herzensziel und meine größte persönliche Herausforderung: Trekking im Himalaja – rauf auf 5400 Meter.

DIE LÄNGSTE TOUR MEINES LEBENS

Frühmorgens, kurz nach Sonnenaufgang, schleiche ich mich aus dem Hostel. Alles im Haus schläft noch, doch auf den Straßen sind schon einige Menschen unterwegs. Zum Glück nicht die üblichen Mofas, Autos und Menschenmassen, sonst würde ich wahrscheinlich sofort mit meinem riesigen Backpack (und das mit bereits geteiltem Inhalt) platt in den staubigen Gassen liegen.

Jetzt wird es also wahr: Ich im Himalaja! Der Annapurna Circuit, den ich mir vorgenommen habe, ist einer der schönsten Trekkingwege der Welt, heißt es. Er führt an etlichen 6/7/8000er Bergen vorbei, ist technisch machbar, geht aber auf 5416 Meter hoch. Ich bin gespannt, habe keine Ahnung, ob ich das schaffen werde. Mein Fitnesslevel entspricht eher dem einer Couch-Potato, mit ab und zu auch sportlichen Ambitionen. Belastungsasthma wird mir die Steigungen zusätzlich erschweren und hoffentlich nicht gänzlich die Luft ausgehen lassen. Aber: Wenn ich es nicht probiere, werde ich es sicher niemals erleben!

14 Tage lang werde ich die Wanderstiefel anziehen und stundenlang durch die Berge laufen. Mit Ram von *Snowland Treks & Expedition* habe ich einen Guide an meiner Seite, der mir neben dem Weg auch alle interessanten Dinge zu Land und Kultur zeigen kann. Das war mir wichtig. Es gibt zahlreiche Agenturen, die Guides mit minimalen Englischkenntnissen vermitteln. Diese Guides sind meistens ehemalige Träger, die wenig Bildung genießen durften und kaum über größere Zusammenhänge in der nepalesischen Gesellschaft, Pflanzen oder Natur erzählen können. Ram spricht gut Englisch und kann mir auf alle meine Fragen antworten. Außerdem hat er bereits zahlreiche Trecks durchgeführt, sogar eine 70-Jährige hat er schon über den Pass gebracht, das macht Hoffnung!

Mit dem Motorrad werde ich zum Busbahnhof gebracht. Helme? Fehlanzeige. Der Busbahnhof ist nur eine etwas breitere, staubige Straße, an der um die 20 Busse stehen. Alle fahren in unterschiedliche Richtungen, die aber nicht auf das Erste zu erkennen sind. Es gibt weder beschilderte Haltestellen noch sind die Busse sonst irgendwie beschriftet. Da hilft nur Durchfragen. Hier bin ich schon zum ersten Mal froh über meinen Guide, der das auf Nepalesisch übernimmt und den richtigen Bus findet. Wir starten in Richtung Besisahar. Nach fünf Stunden in einem größeren Langstreckenbus steigen mein Guide Ram und ich auf den öffentlichen Bus um. Dieser ist wesentlich kleiner und sehr eng, das Gepäck wird auf das Dach verfrachtet, da es keinen Kofferraum gibt. Mit wilder nepalesischer Musik geht es auf nicht betonierten, halben Offroadstrecken kurvenreich weiter. Die bunten Bommeln entlang der Frontscheibe wippen lustig bei jeder Unebenheit, aber sowohl der Fahrer als auch die anderen Mitreisenden sind fröhlich entspannt. Das ist das erste Mal auf dieser Reise, dass ich mich völlig vertrauensvoll anderen Personen überlassen muss. Eine völlige Aufgabe aller Kontrolle. Nicht gerade einfach. Ich muss schlucken, wiederhole aber tapfer mein Mantra »Der macht das jeden Tag, der weiß, was er tut«. Zumindest zeitweise hilft das, um über das heftige Schwanken des Busses nah am ungesicherten Abgrund hinwegzusehen. Mein Kopfkino, das mich bereits in den Fluss, der uns begleitet, stürzen sieht, beruhige ich, indem ich mich auf die Landschaft konzentriere. Hinter den grünen Feldern erheben sich rund 2.500 Meter hohe Berge, die vollständig von grandiosem, wildem Tropenwald bedeckt sind. Nach Kathmandu eine Wohltat für die Augen!

Als wir durch Dörfer hindurchfahren und ich die Menschen sehe, wie sie in ihren sehr einfachen Häusern und Hütten wohnen, Gemüse, Getränke oder Handwerkliches an die Durchfahrenden verkaufen, bin ich voll angekommen. Dieses Gefühl, komplett in ein Land einzutauchen und alles aufzusaugen, sich zu wundern und die Stimmung der Menschen mitzunehmen, hatte ich fast vergessen. Ein wenig war es natürlich auch bei anderen Reisen da, aber Nepal, in dem doch vieles so ganz anders ist, packt mich total. Ich liebe es einfach, zu reisen! Filme und Fotos anzuschauen ist das eine, aber dort zu sein und die vielen Kleinigkeiten drum herum zu hören, zu riechen und einfach zu (be-)greifen, ist mit nichts zu vergleichen. Bei uns in Deutschland ist von allem zu viel, hier zu wenig.

Dieser Gedanke begleitet mich in Zukunft noch oft, fast die ganze Reise über und in den unterschiedlichsten Ländern. Sind wir privilegiert oder schon Opfer eines verrückten Ehrgeizes? Was würde passieren, wenn wir innehalten und in Zukunft weniger statt noch mehr anstreben? Wenn größer, schneller, weiter kein Anspruch mehr von uns wäre? Wäre das wirklich so schlimm? Wäre es tatsächlich der Untergang?

Nach weiteren drei Stunden Fahrt kommen wir in Bhulbhule an. Dort steigen wir aus und erreichen nach einem kurzen Spaziergang unsere erste Übernachtungsstätte. Entlang der kompletten Strecke des Annapurna Circuits befinden sich sogenannte Teahouses: einfache Unterkünfte, meist mit Mehrbett- oder Doppelzimmern, die auch Essen anbieten. Das ist natürlich super, weil wir so nicht auch noch Essensvorräte zusätzlich zum Gepäck mitschleppen müssen. Das erste Teahouse ist, na ja … sehr einfach. Mein Zimmer ist mit Zeitungspapier tapeziert. Es gibt ein Gemeinschaftsstehklo im Innenhof, bei dem ein Eimer Wasser die Spülung ersetzt. In der Dusche findet sich blanker Betonboden, das Dach ist aus Wellblech, es gibt ein kleines Fenster ohne Glas und jede Menge Spinnen. Immerhin ist das Wasser heiß (was sich im Laufe des Trecks ändern wird)! Spiegel? Fehlanzeige. Waschbecken? Hier ja, später dann eher selten. Manchmal gibt es zum Zähneputzen tatsächlich nur den Wasserhahn im Klo. Die Gastleute sind unwahrscheinlich nett und vor meinem Zimmer, dessen Fenster keine Glasscheibe besitzt, rauscht ein Fluss entlang. Ram warnt mich bereits vor, dass ich trotz der 30 Grad heute Mittag, nachts eine Decke brauchen werde. Oje, ich reagiere eh empfindlich auf Temperaturschwankungen, das kann noch spannend werden. Unweigerlich frage ich mich: Was machen die Leute bitte im Winter? Haus ohne Fenster und ohne Heizung? Unvorstellbar für mich!

Nach einem Dhal Bat, einem in Asien weitverbreiteten, einfachen Gericht aus Reis und Linsensuppe, und einem kleinen Plausch mit Ram geht es ab ins echt harte Bett. Seit ich in Nepal bin, kann ich aus unerfindlichen Gründen nicht besonders gut schlafen. Ob das hier besser wird?

START IN DEN TRECK

Nein, definitiv schlafe ich hier nicht besser. Nach einer fast durchwachten Nacht stehe ich bereits vor dem Wecker auf. Der Blick durch mein Fenster entschädigt mich allerdings augenblicklich. Er ist einfach atemberaubend: Vor dem Haus stehen Bananenstauden und Bambuswedel, rechts und links türmen sich die gigantischen Berge und ganz hinten blinzelt mich bereits von Sonnenstrahlen erhellt der erste, schneebedeckte 7000er an. Er scheint mich zu rufen, mich unmissverständlich anzulocken, übt eine unglaubliche Anziehungskraft auf mich aus. »Komm Tine, komm zu mir …«, flüstert er mir verführerisch zu.

Wir machen uns auf den Weg. Es geht ständig bergauf, dann wieder bergab. »Nepali flat« (nepalesisches Flachland) nennt Ram das. Hellgrüne Reisfelder mit gelben Ähren schmücken die Hänge, dann wieder Bambushaine, aus denen tropisches Gezirpe ertönt. Kleinere Wasserfälle durchbrechen plätschernd die sonstige Stille. Die Luftfeuchtigkeit ist ungewohnt hoch hier. Das T-Shirt klebt mir am Rücken, kleine Tropfen bilden sich an meinen Schläfen und rinnen langsam meinen Hals hinab. Das Atmen fällt mir schwer, wie Suppe fließt der Sauerstoff dickflüssig und langsam durch die Nase in meine Lunge hinein. Wir sind erst auf 840 Metern Höhe über dem Meeresspiegel und ich hätte nicht erwartet, dass es hier schon schwierig werden könnte.

Rund um die Dörfer herum, entlang unseres Trecks bauen die Menschen auch immer wieder Mais oder Weizen an. Die Dörfer bestehen meist nur aus ein paar Häusern, wenn es ein größeres Dorf ist, sind es auch mal 15. Wenn ich mir die Menschen hier näher anschaue, fällt mir ihre Zufriedenheit auf, die sich in ihren Gesichtern spiegelt. Immer ein Lächeln auf den Lippen, immer ein nettes Wort übrig. Unglaublich höflich sind sie sowieso, aber auch sonst sind sie sehr aufgeschlossen, haben Spaß miteinander, lachen viel. Und das, obwohl es hier wirklich noch wie vor hundert Jahren ist. Alles wird von Hand gemacht: spülen, Wäsche waschen, Holz hacken. Das Feld wird mithilfe eines Ochsen umgegraben und alles, wirklich alles, wird mit Körben auf dem Rücken transportiert. Ein Band um den Kopf trägt dabei die Hauptlast. Unvorstellbar. Ich kann es gar nicht glauben, dass es tatsächlich so ist, wie ich es in Reportagen gesehen habe. Dort wird ja Dramatik oft großgeschrieben, doch hier ist es tatsächlich so. Welch bequemes Leben wir doch in Deutschland führen. Selbstverständlich haben wir Waschmaschinen, Rührgeräte, Föhne im täglichen Einsatz. Warmwasser und Elektrizität sowieso. Was mich allerdings erstaunt, ist die Tatsache, dass wir abends in unserer Unterkunft WLAN haben. Da wiederum könnte Deutschland sich eine große Scheibe abschneiden.

Nach rund sechs Stunden Fußmarsch erreichen wir schließlich unser heutiges Etappenziel Jagat. In unserem Teahouse treffe ich auf eine lustige Gruppe von Brasilianern, Engländern und Deutschen und unterhalte mich bestens an dem großen Tisch vor dem Haus. Ram gibt mir noch paar Informationen zur morgigen Strecke, damit ich vorbereitet bin. Aber bereits gegen neun Uhr muss ich der ungewohnten körperlichen Anstrengung Tribut zollen und verschwinde hundemüde ins Bett – um eine weitere Nacht mit geringer Schlafqualität und -quantität zu verbringen.

Der nächste Tag beginnt. Immer weiter nach oben kämpfe ich mich durch die tropischen Wälder. Die 7000er haben wir wieder völlig aus den Augen verloren, dafür gibt es jetzt riesige Wasserfälle, die tosend in einen reißenden Fluss stürzen. Neben den Wasserfällen ziert dichtes, dunkles Moos die Wände. Die Berglandschaft mit ihrem tropischen Bewuchs fasziniert mich immer mehr. Hübscher, wilder Cannabis wächst hier zwischen den Brennnesseln unauffällig vor sich hin. Eine junge Backpackerin ist völlig in ihrem Glück und erntet mit leicht verlegenem Blick einige Stängel. Ram und ich können uns ein Grinsen nicht verkneifen.

Mir geht es heute erstaunlich gut. Meine Beine sind nicht allzu schwer, Muskelkater habe ich zum Glück auch keinen, aber die ersten Blasen machen sich an den Fersen bemerkbar. Also erst mal anhalten und die Stellen abkleben, um Schlimmeres zu verhindern. Am Abend, im nächsten Teahouse, treffe ich die junge Backpackerin mit dem Cannabis wieder. Zusammen mit zwei Freunden sitzt sie auf der Bank vor dem Hostel, probiert die Wirkung – und scheint enttäuscht. Das war wohl nicht der große Fund. Zusammen mit noch einigen anderen Gästen sitzen wir wieder an einem langen Holztisch, vertreiben die Anstrengungen des Tages mit völlig unsinnigen Dingen und erzählen uns gegenseitig, was das Reisen bereits für Geschichten geschrieben hat. Aber auch heute kann ich um zehn die Augen nur noch schwer offen halten.

Wir laufen früh los, um genügend Zeit für Pausen zu haben. Das heißt, kurz nach Sonnenaufgang aufstehen, schnell etwas frühstücken, bevor die Wanderschuhe geschnürt werden. Zum Frühstück gibt es recht viel Auswahl: Porridge, Tsampa-Porridge (ein Brei aus Gerstenkörnern und Hirse), Ei, Toast, tibetisches Brot, Marmelade, Erdnussbutter. Eine durchaus leckere Auswahl, wie ich finde, vor allem im Gegensatz zu den sonstigen Mahlzeiten. Seit ich auf Fleisch verzichte, sieht die Auswahl recht mager aus, doch dem traue ich hier nicht, nachdem ich die Metzger in Kathmandu gesehen habe. Außerdem bin ich mehrmals gewarnt worden, dass die meisten Magen-Darm-Erkrankungen durch den Verzehr von Fleisch kommen. Somit bleibt mir Fried Noodles mit Gemüse, Fried Rice mit Gemüse, Potatoe-Curry mit Gemüse. Alles natürlich trocken, ohne Soße und somit für mich als Schwäbin schwer zu genießen. Immer und überall findet man natürlich das nepalesische Nationalgericht Dhal Bat. Das ist Linsensuppe auf Reis mit Kartoffelcurry und irgendwelchem Gemüse. Manchmal lecker, manchmal geschmacklich nur zum Schütteln. Ram ist ein absoluter Verfechter dieses Gerichtes und isst es tatsächlich jeden Tag, manchmal auch zum Frühstück, Mittag- und Abendessen. Einige Teahouses entlang der Strecke haben sich im Laufe der letzten Jahre auf die westlichen Besucher eingestellt und versuchen Pizza und Burger anzubieten. Dabei ist die Tomatensoße immer Ketchup und die Pizza besteht oft aus Nudeln. Auf halber Strecke ist es dann so weit: In einem größeren Teahouse in Manang wird Yak-Steak angeboten. Da kann ich einfach nicht widerstehen, bin viel zu neugierig und bestelle zusammen mit den anderen Wanderern das Steak der zotteligen Kolosse. Es erinnert mich an Rind und schmeckt doch anders, feiner, aromatischer. Eine echt leckere Ausnahme. Ich kann es kaum glauben, aber bereits nach den wenigen Wochen auf meiner einjährigen Reise habe ich Sehnsucht nach der deutschen Küche!

Wir laufen täglich sechs bis zehn Stunden. Tag vier läuft gar nicht gut für mich. Keine Ahnung, was los ist. Es geht über bemooste Treppen, die auch zu einem mystischen Tempel inmitten des Tropenwaldes führen könnten (so jedenfalls meine Fantasien, die mich von der Quälerei ablenken) rund 700 Höhenmeter nach oben. Eigentlich nicht viel, aber meine Beine sind schwer, kraftlos und meine Lunge droht zu platzen. Mehr als winzige, langsame Schritte erlaubt mein Körper nicht. Es fühlt sich an, als wenn mich jemand festhalten würde und zusätzlich Gewichte an meinen Beinen befestigt hätte. Gestern empfand ich es noch als kleine Erleuchtung beziehungsweise Erkenntnis für mich: Auch mit kleinen Schritten erreichst du dein Ziel. Wenn diese kleinen Schritte noch zu schwer sind, mach noch kleinere Schritte. In Gedanken hatte ich das bereits auf alle möglichen Situationen meines Lebens übertragen und es fühlte sich einfach und gut umsetzbar an. Heute jedoch, während ich mich die Treppen hinaufschleppe, fühlt es sich eher wie Ironie, wie ein Verhöhnen meiner Anstrengungen an. Ich komme mir total bescheuert vor, als mich immer mehr Leute überholen. In diesem Tempo auf 5400 Meter hoch? Vielleicht komme ich nächstes Jahr auf dem Pass an. Oder auch nie.

Ich könnte jetzt auch einfach aufgeben, das Handtuch werfen und Ram bitten, mich wieder zurückzubringen. Aber nein, ich will das unbedingt. Ich möchte einfach für mich diesen Pass erklimmen, einfach einmal in diesem Leben zwischen den 8000ern stehen. Aufgeben ist keine Option. Ich quäle mich geschlagene sechs Stunden den Berg hinauf, hinunter, geradeaus und habe dann wirklich keine Lust mehr. Was mich am Laufen hält, ist die Aussicht auf die heißen Quellen von Chame, unserem heutigen Übernachtungsziel. Das ist wirklich eine Belohnung für die müden Glieder, die sich heute anfühlen wie eine Mischung aus Pudding und Chilisuppe.

Kaum im Hostel angekommen, treffe ich die zwei jungen Frauen und den Mann wieder, die sich an dem Cannabis versucht haben. Lisa und Till aus Deutschland, Emma aus den USA und ich begrüßen uns wie alte Freunde. Natürlich sind sie gleich Feuer und Flamme für ein heißes Bad und kommen mit zu den Quellen. Über einen schmalen Trampelpfad geht es hinunter zu den Becken. Da kaum jemand Badesachen mit auf den Treck genommen hat, gehen die meisten in Unterwäsche in das heiße Becken. Trotz zehn Grad Außentemperatur ist das Wasser so heiß, dass wir entspannt am Beckenrand sitzen können, ohne zu frieren. Was für eine Wohltat! Die Berge um uns herum lächeln uns an und verschwinden langsam in der aufsteigenden Dunkelheit. Wir genießen den Anblick der untergehenden Sonne und die wohlig einhüllende Wärme. Das ist herrlich, denn in der Nacht wird es um einiges kälter als zuvor. Frierend wache ich auf und muss einen zusätzlichen Pulli und meine Wollmütze anziehen, bevor ich wenigstens noch ein paar weitere Stunden schlafen kann.

Zum Glück habe ich heute nur eine kurze Etappe von etwa vier Stunden vor mir. Meine heutige Verfassung ist um einiges besser als gestern und deswegen ist die angekündigte Steigung gut zu meistern. Zwar wandern wir stundenlang bergauf, aber es ist keine große Kletterei gefragt.

Der Weg verläuft hauptsächlich durch Pinienwälder. Der Geruch nach warmen Nadeln, das Zirpen der Grillen und der weiche Waldboden erinnern mich stark an meine Urlaube in Italien. Auch das Bergpanorama drum herum könnte irgendwo in den Alpen sein. Allerdings befinden wir uns inzwischen bereits auf 3.000 Metern, die Berge drum herum haben 5.000. Nach einer Kurve taucht hinter den bisherigen Bergkuppen zwischen den Wolken die weiße Spitze des Annapurna II mit seinen 7937 Metern auf. Diese Größe überwältigt mich. Unglaublich gern würde ich da hinaufsteigen – und gleichzeitig erscheint er mir unbezwingbar, riesig und gnadenlos. Seine Schönheit in seiner natürlichen Einfachheit hält mich sofort gefangen und ich kann gar nicht anders, als ihn anzuschauen und ein Foto nach dem anderen zu schießen.

Im Teahouse angekommen, freue ich mich über die beiden Fenster in meinem Zimmer, die den Blick direkt auf den Berg freigeben. Meine drei Freunde vom Vortag sind auch wieder hier. Ram hatte ihnen gesagt, wo wir übernachten werden, und da die drei ohne Guide laufen, sind sie froh über jeden Tipp entlang der Strecke. Trotz der Altersunterschiede haben wir jede Menge gemeinsam und einfach eine gute Zeit zusammen. Da es erst Nachmittag ist, machen wir noch einen Ausflug zu einer Stupa, einer buddhistischen Gedenkstätte. Bewundernswert farbenfroh ist sie gestaltet. Ein Mönch murmelt buddhistische Gebete vor sich hin und klingelt hin und wieder mit einem Glöckchen. Doch um wirklich in die Stimmung einzutauchen, sind wir viel zu aufgedreht.

Zurück im Teahouse, treffen wir einige der Trekker, die wir bereits in anderen Orten getroffen haben. Die meisten scheinen die gleichen Streckenabschnitte zu wählen. Irgendwie bin ich schon stolz, dass ich das auch schaffe, zwar vielleicht eine Stunde länger laufen muss, aber die Etappen dennoch meistere.

Es wird immer kälter. Wir sind froh, als der Holzofen im Ess-/Aufenthaltsraum des Teahouse später beheizt wird, ansonsten müssten wir mit Daunenjacken und Mützen beim Essen sitzen. Tagsüber ist es warm genug für ein T-Shirt, doch abends kühlt es durchaus auf fünf Grad ab.

Die nächste Etappe von Upper Pisang nach Manang beginnt mit einem alten Dorf. Die Häuser sind hier Stein auf Stein gebaut, wenn es extra stabil sein soll, sind sie mit ein paar Balken dazwischen abgestützt. Unten wohnen Kühe, Schafe, Ziegen oder Hühner, damit es im Stockwerk darüber wärmer ist. Im oberen Stockwerk dann die Menschen, ein mit Holz beheizter Ofen hält warm und wird zum Kochen genutzt.

Wir wandern an Feldern vorbei, die gerade abgeerntet werden. Kleine Felder im Vergleich zu den Feldern in Deutschland. Hier helfen bei der Ernte die komplette Familie und die Nachbarn mit. »Sowieso unterstützt hier jeder jeden, sonst funktioniert das alles nicht«, erklärt Ram. Alles wird von Hand erledigt: mit der Sichel ernten, in Körben transportieren, von Hand die Körner herausdreschen. Ich fühle mich wie auf einer Zeitreise. Es ist beeindruckend und ich bewundere die Menschen, wie sie ihr hartes Leben hier meistern.

Zum Mittagessen geht es in ein Dorf abseits des normalen Streckenverlaufes, in dem ein behindertes Mädchen lebt. Es ist querschnittsgelähmt, fünf Jahre alt und möchte unbedingt in die Schule gehen. Das Problem ist die Entfernung: Die Schule ist rund eine halbe Stunde zu Fuß entfernt. Bisher wurde das Mädchen überall hingetragen, aber je älter und größer es wird, desto schwieriger wird die Fortbewegung. Die Eltern müssten das Mädchen täglich in die Schule tragen, da sie auch kein Auto besitzen und es keine geteerte Verbindungsstraße dorthin gibt. Ram hat einen Rollstuhl für die Familie organisiert, der heute übergeben werden soll. Seine Agentur *Snowland Treks* zweigt rund fünf Prozent des Treckpreises für soziale Fälle und Projekte ab, erklärt er mir. Ein Grund, warum ich unter den vielen Agenturen ausgerechnet seine ausgesucht habe. Als ich ihn frage, ob ich das Mädchen treffen könnte, ist er begeistert. Der Vater ist ein Geistlicher, der hier in einer Stupa arbeitet, die Mutter ist um die 30 und kümmert sich um die täglichen Dinge. Ram übersetzt für mich, als wir den Rollstuhl übergeben. Ein ergreifender Moment, der mir Gänsehaut beschert. Wie sehr sich alle freuen und mir immer wieder danken, geht direkt ins Herz. Ich bekomme eine orangefarbene Schärpe umgehängt, als Zeichen des Dankes und für viel Glück im Leben. Das Gefühl, genau das Richtige getan zu haben, erfüllt mich. Gern würde ich mehr für die Menschen hier tun. Meine Übernachtungsfreunde sind inzwischen auch eingetroffen. Emma aus den USA kullern ein paar Tränen über die Wangen, so ergriffen ist sie. Und sie beschließt in diesem Moment, sich in Zukunft regelmäßig für einen gemeinnützigen Zweck zu engagieren. Ja, so eine unmittelbare Erfahrung ist viel intensiver und stößt nochmals ganz andere Gedanken an. Wie wäre es, wenn das Herz überall mehr involviert wäre, Emotionen und Intuition Entscheidungen mehr beeinflussen würden?

Es geht weiter bergauf, bergab, die Landschaft verändert sich, wird felsiger. Felsplateaus wechseln sich mit Sandsteinfelsen ab. Diese sehen eher aus wie ein

Canyon, mit weichen Wasserfurchen. Wir steigen ab in eine Ebene mit Wiesen, Kühen und einem Fluss – und der Weg will nicht enden. Meine Beine werden immer müder, fangen an zu schmerzen, haben keine Kraft mehr. Das lässt meine Motivation auf ein Staubkörnchen zusammenschrumpfen. Unser nächstes Ziel Manang sieht nah aus, will aber einfach nicht näher kommen. Minute für Minute verstreicht, zäh wie Kaugummi zieht sich der Weg dahin. Endlose Schritte auf einer nicht enden wollenden Schotterpiste. Irgendwann ist die Quälerei dann endlich vorbei, mit letzter Kraft schleppe ich mich zum Teahouse.

Eine gute Stunde später haben sich meine Beine wieder einigermaßen regeneriert und zusammen mit meinen neuen Trekkingfreunden schaue ich mir das Dorf an. Wir sind überrascht von den vielen kleinen Shops, die hier alles anbieten, was das Trekker-Herz begehrt: Snickers, Shampoo, Mützen, Schlafsäcke ... einfach alles. Und drei Kinos gibt es hier! Die sind total süß. Drei Reihen Plastikstühle in einem kleinen Raum mit einem etwas größeren Fernseher. Alle haben das gleiche Programm: Um zwei Uhr kommt »7 Jahre in Tibet«, um fünf »Into the wild« und um sieben »Everest«. Thematisch also absolut zum Treck passend. Für umgerechnet 2,10 Euro kann man sich den Film inklusive Tee und Popcorn anschauen, eine Decke oder einen Schlafsack sollte man nicht vergessen, der »Kinosaal« ist nämlich nicht beheizt.

Unsere allabendliche Gruppe wird inzwischen immer größer, weil der eine wieder den kennt, der wieder jemanden kennt. Wie das eben ist im Alltag eines Backpackers. Wir übernachten auf 3.600 Metern, es ist empfindlich kalt, und unsere Kleidungsstücke, die wir von Hand gewaschen haben, wollen einfach nicht trocknen.

Am nächsten Tag hat Ram mir einen Akklimatisierungstag verordnet. Die anderen hören ebenfalls auf ihn und trekken heute nicht weiter. Aber nichts tun und relaxen? Nicht doch! Ram jagt uns rund 350 Höhenmeter zu einem Aussichtspunkt rauf. Die moderat anstrengende, kleine Wanderung soll der Anpassung an die Höhe dienen. Am Nachmittag klären Ärzte der »Himalayan Rescue Association« über die Höhenkrankheit auf. Hier in Nepal nehmen sie das Thema ernst, es ist schon zu oft etwas passiert. Wir werden darauf hingewiesen, welche Symptome auftreten, was man bei ersten Anzeichen ma-

chen kann und was zu tun ist, wenn Schwindel und Übelkeit überhandnehmen. Niemand kann voraussagen, wie der Körper mit der Höhe umgeht. Till aus Bochum ist ein bisschen angeschlagen: »Es sind nicht nur die leichten Kopfschmerzen. Am meisten schafft mich der ständige Stimmungswandel.« Die akute Höhenkrankheit kann sich zu einem Höhenhirnödem oder Höhenlungenödem entwickeln, die beide absolut lebensbedrohlich sind. Ich bin froh, dass ich bis jetzt nur verbrannte Ohren von der Höhensonne habe, sonst nichts.

Die anderen wollen einen dreitägigen Abstecher an den schönen Tilicho-See machen. Ich sehe Fotos und bin von der Farbgewalt des Sees beeindruckt. »Möchtest du nicht mitkommen?«, fragt mich die quirlige 22-jährige Stuttgarterin Lisa. Eine schöne Idee, denke ich. Ram hat auch nichts dagegen einzuwenden und ich sehe mich in Gedanken bereits an diesem wunderschönen See stehen. Aber mein innerstes Ich hat andere Pläne …

Nach einer bescheidenen Nacht, in der ich das Gedankenkarussell über Deutschland, den Anstieg, meine Reise und sonstige wichtige und weniger wichtige Themen nicht anhalten konnte, lässt meine mentale Verfassung zu wünschen übrig. Kaum laufen wir los, meldet sich meine innere Stimme mit der Intensität eines Hammerschlags zu Wort. »Geh nicht zum Tilicho-Lake, steig gleich zum Pass auf«, befiehlt sie mir mit einer Vehemenz, die ich nicht ignorieren kann. Ich kann nicht sagen, warum, aber bereits nach einem Kilometer fühle ich mich so schlecht wie seit Langem nicht mehr. Die anderen sind wie üblich viel schneller und bereits hinter der nächsten Bergwindung verschwunden. Mein Körper würde es sicherlich unter Höchstanstrengung schaffen, aber mein Kopf will nicht. Er lässt mich einfach nicht weitergehen, unbewusst verweigert er mir meine Kräfte, zwingt mich zum Anhalten. Ich bekomme fast keine Luft mehr, meine Beine sind aus Pudding und der Kloß in meinem Hals wächst beständig. Es fühlt sich schrecklich an. Was ist nur los mit mir? So kenne ich mich gar nicht! Manche Menschen sagen: »Der Berg lässt dich ihn besteigen oder er lässt dich eben nicht.« Genauso fühlt es sich im Moment an. Völlig unbegründete Tränen laufen mir über die Wangen, ich verstehe mich selbst nicht mehr. Das nennt man dann wohl einen mentalen

Zusammenbruch. Ich versuche Ram zu erklären, was los ist. Dass es einfach nicht geht. Er ist betroffen und steht etwas hilflos neben mir. Ich versuche es noch ein paar weitere Hundert Meter und muss einen zweiten Stopp einlegen. Also gut, dann eben nicht. Mit einem tiefen Seufzen beschließen Ram und ich zusammen, den Tilicho-Lake tatsächlich auszulassen und direkt den Weg zum Pass zu gehen. Wir drehen schweren Herzens um, laufen ein Stück zurück, um an der nächsten Abbiegung den Weg zum Pass einzuschlagen. Bald geht es mir besser. Die Beine wollen wieder ein wenig mehr, aber irgendwie fühlt es sich doch wie Versagen an. Ich muss mir ins Gedächtnis rufen, wie mein eigentlicher Plan ausgesehen hat: direkt zum Pass und froh sein, wenn das klappt. Immerhin bin ich weder eine Sportskanone noch eine geübte Bergsteigerin. Im Nachhinein entpuppt sich diese vermeintliche Schwäche als ein Aha-Moment, der mich wieder etwas über das Leben lehrt: Ich sollte bei mir bleiben und mich nicht zu sehr von außen beeinflussen lassen. Mich zentrieren, loslassen und auf mein Bauchgefühl vertrauen.

Die Etappe nach Yak Kharka ist zu meistern, nach fünf Stunden sind wir bereits da. Nachmittags gehe ich mit Ram nochmals 150 Höhenmeter zur Akklimatisierung eine Yak-Weide hinauf. Wir legen uns ins sanfte, saftig grüne Gras, und schon fallen uns die Augen zu. Ein feuchtes Schnauben weckt mich auf. Ich öffne die Augen und sehe direkt vor meinem Gesicht die riesige Schnauze eines großen, wuscheligen Yaks. Erschrocken schreie ich den Yak an. Der Yak erschreckt sich mindestens genauso wie ich und rennt zum Glück davon. Ram hat alles beobachtet und lacht sich kaputt über mein entsetztes Gesicht. »Die sind fast immer harmlos«, meint er. Sein »Fast immer« finde ich nicht sehr vertrauenswürdig.

Es ist ungewohnt, abends nicht mehr mit meiner Truppe unterwegs zu sein. Aber auch hier treffe ich auf Trekker, die ebenfalls den Tilicho-Lake auslassen. Tröstlich, so kann ich die letzten zweifelnden Gedanken vertreiben.

Die letzte Etappe vor der Passüberquerung beginnt. Wir befinden uns jetzt ständig auf einer Höhe von über 4.000 Metern. Das Laufen und vor allem das Atmen fallen zunehmend schwerer. Erst seit der 4.000er-Marke hat sich die Landschaft verändert, von den grünen Wiesen mit den Yaks hin zu felsigem

Terrain. Bereits nachmittags erreichen wir unser Basislager auf 4.450 Metern bei Thorung Fredi. Zum Glück habe ich keinerlei Beschwerden, die mit der Höhe zu tun haben. Weder Kopfweh noch Übelkeit noch Schwindel plagen mich. Schlafen kann ich eh seit der Ankunft in Nepal nicht mehr richtig, das fällt also nicht ins Gewicht. Ram motiviert mich, zur Akklimatisierung noch mal eine Stunde den Berg hochzugehen. Ich bekomme einen ersten Eindruck, wie die letzte Strecke zum Pass werden wird, und mich beschleicht ein flaues Gefühl in der Magengegend. Das wird sehr, sehr anstrengend werden. Die Höhe ist noch mal mehr zu spüren, das Gelände steiler und felsiger. Plötzlich zweifle ich an mir selbst: Ob ich es überhaupt schaffen kann? Kaum jemand hier ist in meinem Alter, und augenscheinlich sind alle gesundheitlich und körperlich in besserer Verfassung als ich. Unterstützung von zu Hause kann ich mir heute nicht holen, da es hier tatsächlich kein WiFi mehr gibt. Es ist eisig kalt am Abend und erst zu später Stunde wird ein kleiner Ofen im Gemeinschaftsraum angezündet. Nichtsdestotrotz sitzen wir mit unseren Daunenjacken und Strickmützen an den Tischen. Ich treffe Oliver aus England wieder, der bereits in Upper Pisang im gleichen Hostel übernachtet hat. Mit ihm und seiner Freundin Mary hatte ich einige unterhaltsame Gespräche. Er sitzt am Tisch und schreibt wie wild auf ein Blatt Papier. »Schreibst du Tagebuch?«, frage ich ihn. »Nein«, lächelt er verlegen, »ich möchte Mary morgen auf dem Pass einen Heiratsantrag machen.« Wow, was für eine schöne Idee! Nachdem sie gemeinsam die Strecke bis zum Pass gemeistert haben, wird der Antrag das Sahnehäubchen zu den Glücksgefühlen in 5.000 Metern Höhe, da bin ich mir sicher!

Vom Haarewaschen und Duschen rät Ram mir heute Abend ab: »Es ist zu kalt hier oben. Die Haare können nicht mehr richtig trocknen.« Über den Schlafsack wird noch eine Zusatzdecke gelegt, und viele zweckentfremden ihre Trinksäcke, die sonst an den Rucksäcken baumeln, als Wärmflaschen für eine kuschelige Nachtruhe. Geschlafen wird in der Kleidung, in der es morgens auch auf die Passetappe geht, schließlich heißt es um 3:30 Uhr aufstehen, da möchte man nicht wirklich viel Zeit verlieren. Später loszugehen ist keine Option, sonst bläst der Wind auf dem Pass unangenehm stark und das Wetter schlägt damit um. Die Träume werden wilder und die dünne Luft lockt die absonderlichsten Bilder aus dem Unterbewusstsein. Ich träume von Yaks, übergroßen Händen, die mich auf den Pass winken und geflügelten Bestien, die mich nicht auf den Berg lassen wollen …

Heute ist es so weit. Nach neun langen Tagen werden wir an Tag zehn auf 5.400 Meter hochsteigen und durch die Berge auf die andere Seite des Himalaja-Gebirges trekken. Schnell noch ein kleines Frühstück zu mir nehmen, dann heißt es um 4:00 Uhr: Abmarsch. Direkt hinter dem Teahouse schlängelt sich ein Pfad den Berg hinauf. Mit der Stirnlampe auf dem Kopf, Handschuhen, dicker Mütze und Buff ausgestattet, machen Ram und ich uns an den sehr beschwerlichen Aufstieg. Es ist noch dunkel, die Kälte lässt kleine Wölkchen vor unseren Mündern entstehen. Vor uns läuft bereits eine andere Gruppe, deren Stirnlampen lustig irgendwo im Dunkeln an der Bergwand entlangwippen. Es ist wahnsinnig anstrengend. In dieser Höhe sind nur Mini-Schritte möglich, alle, die vor und nach uns heute den Pass überqueren wollen, geraten nach wenigen Metern aus der Puste, die Beine wollen und können nicht schneller. Zwischendurch frage ich mich, warum ich das überhaupt mache. Keine Ahnung, warum steigt man auf Berge? Warum fährt man Fahrrad, wenn man doch auch Auto fahren könnte? Warum kocht man ein Essen, wenn man in ein Restaurant gehen könnte? Gefangen in meinen Gedanken, die kreisen und keine allgemeingültigen Antworten finden, versuche ich mich wieder zu zentrieren. Immer wieder muss ich mich daran erinnern, gedanklich bei mir zu bleiben, andere mich überholen zu lassen und nur auf mich zu achten. Das ist nicht einfach, doch mit anderen mithalten zu wollen, würde mich nur noch mehr unter Druck setzen und irgendwann würde gar nichts mehr gehen.

Es wird langsam hell. Mystisch erheben sich die Umrisse der Bergkuppen aus dem Dunkeln und fangen in fast schon kitschig anmutenden Gelb-, Orange-, Rottönen an, in den ersten Sonnenstrahlen des Tages zu leuchten. Als wäre ich ein Teil dieses Gebirges, fühle ich mich als winziges Puzzlestückchen eines weiten, unfassbar großen, lebendigen Gemäldes. Es ist einfach nur wunderschön und ein motivierendes Gefühl lässt meinen Willen, diesen Pass zu schaffen, aufflammen.

Nach zwei Stunden erreichen wir eine kleine Nothütte, vor der drei Männer und eine junge Frau sitzen. Einer der Männer hat sich übergeben, der Frau ist schwindelig, sie kann nicht mehr richtig laufen. Ram rät ihnen abzusteigen. »Das sind alles Anzeichen von Höhenkrankheit, seid vorsichtig!« Doch die jungen Leute schlagen den Rat in den Wind. Bereits nach einer weiteren Stunde überholen uns die drei auf Mulis, die fußschwache Touristen hier für ein paar Rupi leihen können. Ram schüttelt nur den Kopf über so viel ungesunden Ehrgeiz.

Nach vier Stunden anstrengendster Quälerei haben wir es endlich geschafft: Der Pass mit fast 5.500 Metern ist erreicht! Ich habe es tatsächlich geschafft! Ich kann nicht glauben, dass dieser lang gehegte Traum wirklich in Erfüllung gegangen ist! Die Anspannung der letzten Tage fällt von mir ab, ich bin den Tränen nahe, aber auch unheimlich stolz auf mich. Dieses fantastische Panorama, umkreist von hoch aufragenden Bergen, auf beiden Seiten tief ins Tal abfallende Hänge, gräbt sich in meine Erinnerungen ein.

Thorong La ist mit fast 5.500 Metern der höchste dauerhaft begangene Pass der Welt. Von hier sieht man die Spitze des Annapurna I, der mit einer Todes-zu-Erfolgs-Rate von eins zu eins zu den gefährlichsten Bergen der Welt zählt. Unzählige Fotos werden geschossen. Wir bejubeln die nach uns ankommenden Trekker, egal ob wir uns kennen oder nicht. In diesem Moment sind wir alle einfach nur stolz und gratulieren jedem, der diese Herausforderung ebenfalls gemeistert hat. Bei –15 Grad dauert das nicht allzu lange und wir genießen in der Gipfelhütte kurz Tee und Yak-Käse zum Aufwärmen. Gerade als wir aus der Hütte treten, sehe ich einen Mann auf dem steinigen Untergrund knien. Als ich näher komme, erkenne ich Oliver, der vor seiner Mary kniet, sie verliebt ansieht und ihre Hand in seiner hält. Vor lauter Aufregung muss ich mir die Hand vor den Mund halten, um nicht mit einem entzückten Aufschrei die romantische Szene zu zerstören. »Du bist der wichtigste Mensch in meinem Leben, das Beste, was mir je passiert ist. Heute hier mit dir zu stehen, bedeutet mir sehr viel, denn dieser Treck spiegelt unser Leben wider – mit Höhen und Tiefen, die wir durchlebt haben. Mit dir an meiner Seite habe ich das Gefühl, alle Tiefen überwinden, einfach alles schaffen zu können. Mit deiner positiven und humorvollen Art, die ich so sehr liebe, bringst du so viel

Licht in mein Leben, wie es niemals jemand anderes könnte. Du bist mein Ein und Alles! Ich kann mir ein Leben ohne dich nicht mehr vorstellen, ich werde dich immer lieben. Deswegen frage ich dir hier, auf dem Höhepunkt unserer Wanderung: Willst du meine Frau werden?« Eine Träne rinnt Mary die Wange herunter, bevor sie sich in Olivers Arme wirft und ein »Ja« auf seine Lippen haucht. Jubelnd und klatschend erwidern die Umstehenden dieses »Ja« und gratulieren dem Paar. Ich bin ergriffen vom Moment und muss an meinen Mann denken. Ein tiefes Seufzen verlässt meinen Mund, bevor Ram mich auch schon darauf aufmerksam macht, dass wir noch eine lange Strecke vor uns haben und jetzt los sollten.

1.600 Höhenmeter und rund fünf Stunden lang geht es vom Pass auf der anderen Seite nur abwärts. Nachmittags um vier kommen wir endlich am Teahouse in Muktinath an und ich bin fix und alle. Mit ein paar Schweizern und einem Deutschen, die wir im fast schon luxuriös anmutenden hostelähnlichem Teahouse treffen, stoße ich mit lokalem Kukuhri Rum und Cola auf die gelungene Überquerung an.

Auf dieser Seite des Gebirges sieht es wieder ganz anders aus. Eher wie in einem Canyon umgibt uns diese karge Naturlandschaft, die die imposante Kulisse eines Endzeitfilmes sein könnte. Trocken und staubig, braungraue Hügel und Berge mit wenig Pflanzenbewuchs, tiefe Flussläufe, welche die Landschaft durchziehen. Adler fliegen über unsere Köpfe, eine Schar Zugvögel zieht Richtung Süden.

Am nächsten Tag laufen Ram und ich an einer erstaunlich neuen Straße entlang und werden immer wieder von Bussen und Jeeps überholt. Hier scheint es vorerst mit der Stille der Natur vorbei zu sein und mit großen Schritten in Richtung städtischer Zivilisation zu gehen. Wie Ram bereits vorausgesagt hat, beginnt pünktlich um elf Uhr der Wind. Unglaublich kräftig wirbelt er den Staub entlang der Straße auf. Wir verstehen unser eigenes Wort nicht mehr, der Wind nimmt uns den Atem, Staub statt Luft füllt die Lungen. Stundenlang laufen wir mit Brille und Schal vor dem Gesicht gesenkten Hauptes nach Kagbeni. Direkt am breiten Flussbett des Kali Gandaki River, der sich in die Upper Mustangregion hinein windet, befindet sich diese historische ehemalige Festungsstadt. Die Gassen sind schmal und wir pressen uns an die Mauern, wenn wieder einmal eine Herde Ziegen oder vorbeiziehende Esel unseren Weg kreuzen. Ram zeigt mir eines der ältesten tibetischen Klöster Nepals. Aus dem Kloster erklingt der durchdringende Ton einer Klangschale, die von den gleichbleibend monotonen Stimmen der Mönche begleitet wird. Die tiefen Bassstimmen lullen mich in eine unaufgeregte Stimmung ein, die meinen Geist ein wenig mehr zu öffnen scheint und mich für die Aura des Klosters empfänglicher macht. Ein glatzköpfiger Mönch in meinem Alter führt mich herum und erklärt mir, was die Wandbilder und Statuen zu bedeuten haben. Was er mir erzählt, ist unheimlich komplex. Auch sonst vermittelt das Dorf einen Eindruck der alten Lebensweise und ist absolut sehenswert.

Auf dem Weg zu unserem nächsten Ziel Marpha, der weißen Apfelstadt, gehen wir in ein Kloster, in dem auch ein tibetischer Arzt praktiziert. Ram hat seit einiger Zeit Husten und während er sich untersuchen lässt, spiele ich mit den Kindern im Hof des Klosters. Pat aus Australien, den ich gestern im Hostel kennengelernt habe, verirrt sich ebenfalls hierher. Die Kinder sind begeistert von dem großen, rotblonden Mann mit dem schwarzen Armband und den Sommersprossen auf den Armen, gehen neugierig auf ihn zu und möchten seine Haut anfassen. Das Kloster ist gleichzeitig eine buddhistische Schule und ich darf beim Unterricht zusehen. Die etwa acht- bis zehnjährigen Kinder lernen gerade auf Englisch, wie schädlich das Rauchen ist. Die Lehrerin erklärt mir, dass die Kinder das lernen, um später ihre Eltern, Verwandten und Freunde aufklären zu können, die meist über wenig Bildung verfügen.

Im Innenhof sind ein paar Frauen und Männer damit beschäftigt, aus Schafswolle Fäden zu spinnen und unter einem Wasserhahn Wäsche von Hand zu waschen. Außerdem liegen überall Bohnen, Schwarzwurzel und anderes Gemüse zum Trocknen auf dem Boden. In zwei glänzenden Solarhalbkugeln aus Aluminium wird Wasser in Töpfen erhitzt. Es wäre sicherlich unglaublich interessant, hier ein paar Wochen zu helfen und die Lebens- und Arbeitsweise, Land und Leute noch besser kennenzulernen. Vielleicht komme ich irgendwann zurück. Aber für heute haben wir noch ein paar Stunden Fußmarsch vor uns.

Die Landschaft wird immer grüner, je weiter wir uns nach unten bewegen. Marpha ist die »Apfelhauptstadt« Nepals, erzählt mir Ram. Von großen Plantagen ist hier allerdings nichts zu sehen. Ich frage mich, ob die wenigen Apfelbäume wirklich den Bedarf an Apfelhunger in Nepal auch nur annähernd decken können. Neben leckerem Apfelkuchen wird hier auch Apfelbrandy gebrannt. Den muss ich natürlich gleich probieren. Mit Ram und seinem Bekannten aus der Gegend sitze ich am Abend da, philosophiere mit den beiden über Nepal und trinke Brandy. Mein Blick wandert gedankenverloren über die anderen Gäste durch den Raum. Ungefähr einen Meter neben meinem Kopf hängt ein Kabel aus der Holzwand – denke ich. Einen Schluck Brandy später bewegt sich das Kabel und ist schwups hinter der Wand verschwunden. Huch! Habe ich zu viel Brandy getrunken? Das muss ein Rattenschwanz gewesen sein, so dick und lang, wie der war! Die anderen haben meine Blicke verfolgt und mein Entsetzen auf den entgleisten Gesichtszügen wahrgenommen. Wir müssen alle fürchterlich lachen, halten uns die Bäuche. Doch irgendwie finde ich die Anwesenheit von Ratten auch ein bisschen ekelig. In meinem Zimmer gibt es schließlich auch nur eine Holzwand!

Die folgende Etappe nach Ghaza ist relativ lang, deshalb starten wir am nächsten Tag bereits sehr früh. Eine Brücke über eine Flussebene ist während des Monsuns weggeschwemmt worden. Stundenlang wandern wir durch den wieder tropischer werdenden Wald und müssen teilweise im Überschwemmungsgebiet des Flusses laufen. Alles wurde hier umgerissen, Baumstämme, Bretter, Haushaltsgegenstände liegen auf der Schlammwüste. Das Skelett eines Rindes lässt das Ganze noch trostloser erscheinen. Um fünf hätten wir bereits in Ghaza ankommen müssen. Zu dieser Zeit sind wir schon zehn Stunden unterwegs, aber das Ziel ist nicht in Sicht. Ram schätzt, dass es noch weitere anderthalb Stunden bis Ghaza sind. Ich habe keine Lust mehr, meine Beine sind müde, die Füße schlurfen nur noch über den Boden. Seit der Passüberquerung ist die Motivation ohnehin drastisch gesunken. Wir versuchen, an der Straße einen Bus oder einen Jeep anzuhalten, aber alle fahren nur vorbei. »Hier findet morgen ein Festival statt. Wahrscheinlich sind die Busse deshalb alle voll«, meint Ram und zuckt etwas hilflos mit den Schultern. Das hebt meine Stimmung nicht wirklich und ich bitte ihn, dann eben doch schon hier in der Gegend ein Zimmer zu suchen. Gerade als wir am Ortsende ein Guesthouse finden, hält ein Bus an. Ich bin überglücklich! Ram platziert mich direkt in der Fahrerkabine auf dem Motorblock neben dem Fahrer. Da protestiere ich, schließlich möchte ich keine Sonderbehandlung. »Das hältst du da hinten nicht aus«, antwortet er besorgt und lässt mich allein zwischen den anderen acht Nepalesen, die bereits im Fahrerhäuschen Platz genommen haben, sitzen. Mir schwant Böses bei diesen Worten, aber meine Mitfahrer lächeln mich alle fröhlich und gelassen an. Die nächsten Stunden sind grauenvoll. Die Straße verdient diese Bezeichnung nicht. Nicht betoniert, eine einzige Geröll-Schlamm-Matsch-Bahn mit tiefen Schlaglöchern und wenig Platz. Direkt neben uns geht es in den 300 Meter tiefen Abgrund. Einmal ist die Straße nicht mehr zu sehen, nur noch große Felsbrocken am Grund des Abhangs, dann wieder schrammen wir am scharfkantigen Felsen des hoch aufragenden Berges entlang. Der Bus schwankt aufgrund der Unebenheiten der Straße die ganze Zeit von rechts nach links und wieder zurück. Die Straße ist schmal und ich frage mich, wie wir hier entgegenkommenden Autos ausweichen sollen. Mit gefühlt nur zehn Zentimetern Abstand fahren wir am Abgrund entlang. »Das ist eine der tiefsten Schluchten der Welt«, hatte mich Ram gestern wissen lassen. Danke für die Info … Später erfahre ich noch, dass hier immer wieder Busse abstürzen. Riesige Felsbrocken, die herabgestürzt sind und mitten auf der Straße liegen, zwingen uns zu riskanten Ausweichmanövern. Der Untergrund wechselt von felsig zu schlammig und sandig und wieder zurück. Jeeps bleiben vor uns stecken und müssen erst zur Seite geschoben werden, bevor wir sie überholen können. Immer wieder durchqueren Wasserfälle die Straße, aber der Fahrer ignoriert sie und fährt durch das kniehohe Wasser einfach hindurch. Ich fühle mich wie in einem Albtraum gefangen, eine Nahtoderfahrung scheint die nächste zu jagen und ich weiß nicht, ob ich hysterisch kreischen oder wie eine Bekloppte kichern soll. Die nepalesische Familie in der Fahrerkabine kümmert sich rührend um mich, beruhigt mich und versucht mich mit Popcorn und Apfel abzulenken. Nach unendlich langen drei Stunden habe ich es endlich geschafft und bin nur noch glücklich, aussteigen zu dürfen. Wenn ich am Anfang gewusst hätte, dass dies die schrecklichste

Fahrt meiner Reise werden sollte, wäre ich lieber gelaufen. Statt nach Ghaza sind wir gleich noch ein Stück weitergefahren.

Wirklich böse kann ich Ram deswegen nicht sein. Als ich in Tatopani meine drei Freunde und einige der anderen Trekker, die den Abstecher zum Tilicho-Lake gewagt haben, wiedertreffe, freue ich mich riesig. Wir genießen die heißen Quellen, haben einen lustigen Abend und planen, uns einen Jeep zu teilen, der uns zu unserem Endziel des Annapurna Circuits, Pokhara, bringen soll.

Gerade als wir uns genießerisch im warmen Nass der Quellen aalen, werden wir ungewollt Zeuge einer schockierend blutigen Szene. Anlässlich eines Festes wird nur wenige Meter von uns entfernt eine Ziege geschlachtet. Ein Mann hält das Tier fest, ein anderer schneidet ihm routiniert die Kehle durch. Das ganze Blut verteilt sich über die Wiese neben dem Thermalbecken und färbt das Wasser des vorbeifließenden Flusses auf der anderen Seite in trügerisches Rosarot. Mir dreht es fast den Magen um, als sie anfangen, das Tier zu häuten, und die Eingeweide den Hunden zum Fraß servieren. Wie kann ich diese Bilder jemals wieder aus meinem Kopf vertreiben? Gerade habe ich mich von der traumatischen Busfahrt erholt, da muss ich dieses schockierende Ritual mit anschauen!

Am nächsten Tag steigen wir in den Jeep, den Ram für uns organisiert hat. Dicht gedrängt sitzen wir in dem wenig bequemen Gefährt und fahren über die holprigen Straßen, die allerdings traumhaft im Vergleich zur Strecke meiner Busfahrt sind. Nach ein paar Stunden machen wir einen kurzen Zwischenstopp an einer Tankstelle. Gerade stehen wir alle um das Auto herum und vertreten uns die Beine, als ein wild gewordener stattlicher Bulle, der locker so groß ist wie ich, direkt auf uns zurast. Zum Glück hat er es nicht auf uns abgesehen, sondern verfolgt seinen Besitzer, der allerdings nicht sehr glücklich aussieht und um sein Leben rennt. Mit einem Satz kann er sich gerade noch über eine Brüstung retten und hängt verzweifelt an einem Strauch, unter dem ein reißender Fluss tobt. Während wir ihn aus der misslichen Lage retten, rennt der durchgeknallte Bulle bereits über die Straße und verschwindet in den Gassen des kleinen Städtchens. »Die Bullen stehen ihr Leben lang im Stall. Wenn sie dann für das Festival hinausdürfen, flippen viele von ihnen

aus«, stammelt der Nepalese entschuldigend, lächelt uns aus seinem wettergegerbten Gesicht an und macht sich humpelnd auf den Weg, seinen Bullen zu suchen.

Am Abend des 15. Tages kommen wir dann in Pokhara an. Das Ziel ist erreicht, was für eine Tour! Ein unglaubliches Hochgefühl erfüllt uns alle, wir liegen uns in den Armen, jubeln und führen einen Freudentanz vor unserem neuen Hostel auf. Trotz aller Hochs und Tiefs würde ich den Treck sofort noch mal machen. Der Abschied von Ram rührt uns alle sehr. Ich bin ihm ungemein dankbar dafür, mich gut betreut zu haben und auf meine Wünsche und Befindlichkeiten eingegangen zu sein. Er möchte so schnell wie möglich zu seiner Familie zurück, was ich nur zu gut verstehen kann. Winkend verabschieden wir vier ihn, während er im Jeep davonfährt und am Schluss nur noch eine Staubwolke zurücklässt.

Entspannte Tage im touristischen Pokhara folgen. Wir tun all das, was wir auf dem Trekk nicht konnten: shoppen, gut essen, ein Tag Wellness mit Massage, Maniküre und Pediküre für die geschundenen Füße. Langsam trennen sich unser aller Wege. Emma verlässt uns bereits nach zwei Tagen Richtung Kathmandu, damit sie ihren Flieger in die USA erwischt. Till möchte noch etwas weiter in den Süden reisen. Lisa und ich beschließen, die restlichen fünf Tage bis zur Abreise in einem Yoga-Retreat zu verbringen. Das wollte ich schon immer einmal machen, nur hatte ich mir bisher nie die Zeit dafür genommen.

An einem Montag schließe ich das Kapitel Nepal nach genau 30 Tagen. Es war eine faszinierende Zeit, in der ich die Landschaft vom Tropenwald über die Reisfelder bis hin zu den schneebedeckten Gipfeln des Himalajas absolut ins Herz geschlossen habe. Die Menschen bewundere ich, wie sie mit so wenig so zufrieden sind und wie respektvoll und freundlich sie mit allen umgehen. Ich habe Bekanntschaften geschlossen, die wirklich von Herzen kamen, und bin wahnsinnig stolz, dass ich es tatsächlich geschafft habe, auf 5.400 Meter hinaufzuwandern. Mit etwas Abstand betrachtet, hat sogar das Chaos in Kathmandu seinen Charme.

Jetzt bin ich gespannt, was das nächste Land für spannende Erfahrungen für mich bereithält!

THAILAND

Am Flughafen in Bangkok möchte ich mit dem öffentlichen Taxi zu meinem Hostel fahren. Das läuft hier ganz geregelt ab, fast wie auf dem Amt in Deutschland: Man zieht ein Ticket im Taxibereich, wartet, bis die Anzeige über dem Stellplatz mit der gleichen Nummer anfängt zu leuchten, und schon hat man sein Taxi. Mein Gepäck verstaut der nette Taxifahrer und schon befinde ich mich auf den Straßen Thailands.

Es wird bereits dunkel und ich bin völlig überrascht, wie sauber, ordentlich und modern Bangkok aussieht. Durchgängiger Asphalt auf den Straßen, kein aufgewirbelter Staub, Leuchtreklame und eine richtige Skyline kommen mir nach Nepal wie die Zivilisation schlechthin vor. Mein Hostel ist so versteckt, dass selbst der Taxifahrer es nicht gleich findet. Nach einigen Umwegen entdecken wir aber doch noch das richtige Haus und er entlässt mich in die warme Abendluft. Vor dem Hostel sitzen einige Leute, die sich angeregt unterhalten, mich aber nicht weiter beachten. Ich bekomme mein Bett in einem Sechs-Bett-Zimmer zugewiesen und fange an, meine Sachen zu verstauen. Die Atmosphäre unter den Backpackern ist unerwartet kühl. Im Zimmer jagt mich ein junger Ire mit einem »Das ist meins!« aus dem Bett. Ich rechtfertige mich: »Der junge Mann an der Rezeption hatte es mir zugeteilt!«, aber er lässt nicht locker. Um weiteren Stress zu vermeiden, räume ich meinen Platz und ziehe ins gegenüberliegende Stockbett um. Wegen so etwas möchte ich mir nicht die Laune verderben lassen, soll er doch glücklich werden mit dem Bett! Der Hunger meldet sich, deswegen hänge ich mir meine kleine Tasche um und mache mich auf den Weg in die Stadt. Eigentlich wollte ich zum Essen auf die berühmt-berüchtigte Khaosan Road, wo sich, laut Internet, sehr viele Backpacker tummeln, die ganze Nacht Party machen und sich vergnügen. Als ich loslaufe, befinde ich mich bereits nach wenigen Hundert Metern in einer dunklen Nebenstraße. Menschenleer, ohne Shops oder Bars erstreckt sie sich vor mir. Mein Bauchgefühl rumort und gibt mir zu verstehen, dass es ein Leichtes wäre, mir hier alles Hab und Gut abzunehmen. Rastet meine Fantasie gerade nur aus, oder sollte ich mir wirklich Gedanken machen? Fakt ist: Ich fühle mich überhaupt nicht wohl, weiß die Lage nicht einzuschätzen, dafür bin ich noch zu neu im Land. Das Bauchgefühl siegt, ich laufe zurück zum Hostel und bleibe auf der sicheren Seite des Lebens. Gegenüber dem Hostel gibt es zum Glück einen Imbiss, der mich fürs Erste versorgt.

Am nächsten Morgen unterhalte ich mich beim Frühstück mit ein paar Backpackern, aber das offene und herzliche Willkommensgefühl aus Nepal finde ich hier nicht. Hier gibt es anscheinend kein »Feel free to join«, stattdessen herrscht eher eine aufgesetzte Coolness à la »Ich bin ja so ein erfahrener Backpacker« vor. Schade. Nur auf das Alter der Reisenden, die hier nochmals um einige Jahre jünger sind als der Durchschnitt in Nepal, möchte ich es nicht schieben. Diese eingeschränkte Verhaltensweise bringt Backpacker jeden Alters meiner Meinung nach um einige interessante Bekanntschaften und Erlebnisse. Ich hoffe nur, dass dies nicht in ganz Thailand so sein wird.

Um einen ersten Eindruck von Bangkok zu gewinnen, mache ich mich zu Fuß und Bus auf, verschiedene Viertel zu erkunden. Chinatown mit den unendlich vielen Fressständen fasziniert mich genauso wie mein erster thailändischer Tempel. Doch schon am späten Nachmittag verabschiede ich mich vorerst von Bangkok, mache mich zum Bahnhof auf, um den Nachtzug nach Chiang Mai im Norden Thailands zu erwischen. Für den Moment war Bangkok nur ein kurzer Zwischenstopp für mich, aber mein Reiseplan sieht vor, später noch einmal für längere Zeit in diese Stadt zurückzukehren.

DER NORDEN, "DIE DICKEN" UND ICH

Gebucht habe ich den Zug über *12Asia*, wie anscheinend auch alle anderen im Abteil. Wir sind also ein reines Touri-Abteil, was mich sehr angenehm reisen lässt und ich mir nicht immerzu Sorgen um meine Sachen machen muss, weil alle anderen in der gleichen Situation sind wie ich. Auf einschlägigen Reiseplattformen steht geschrieben, dass manche während der Zugfahrt ihr Gepäck anketten, um sicherzugehen, dass es nicht gestohlen wird. Das ist mir definitiv zu viel des Misstrauens, so möchte ich nicht reisen! Also genieße ich die Touri-Bekanntschaften und das entspannte Reisen im Zug.

Nach nur einem Tag Aufenthalt in Bangkok stelle ich fest, dass ich nicht für das schnelle Reisen geeignet bin. Oft habe ich von anderen Reisenden gehört, die unglaublich viele Städte und Sehenswürdigkeiten in kürzester Zeit gesehen haben. Nur ein paar Stunden in einer Stadt, dann wieder weiter in die nächste Stadt. Nein, das ist nichts für mich. Erst wenn ich mich etwas heimisch fühle, kann ich entspannt die Umgebung genießen. Dafür braucht es aber mindestens einen Tag Eingewöhnungszeit und dann noch mal ein bis zwei Tage zum Genießen. Erst nach 24 Stunden bekomme ich ein Gefühl dafür, wie die Menschen an einem Ort agieren, wie die verfügbaren Transportmittel funktionieren und wo sich was in meiner Nähe befindet. Schon jetzt merke ich, dass ich das unbedingt bei meiner weiteren Reiseplanung berücksichtigen muss. Der Nachtzug rollt dahin und ich unterhalte mich blendend mit den Nebensitzern aus Irland, bis die Sitze zu Betten umfunktioniert werden. Das geht ratzfatz, ich kann mich mit einem Vorhang vor den anderen Blicken schützen und nach ein paar Zeilen in meinem Buch klappen mir auch schon die Augenlider zu. Frühmorgens ist es vorbei mit der Ruhe. Ein lautes »Breakfast, Breakfast!« schmeißt mich aus meiner Koje. Kurz nach dem spartanischen Frühstück fahren wir dann auch schon in den Bahnhof von Chiang Mai ein und ich werde aus dem Zug entlassen.

Zu meinem vorab gebuchten Hostel ist es zum Glück nicht weit, aber dennoch kann ich mein Gepäck nicht so weit tragen. Das Taxi, dieses Mal ein kleiner Laster mit Sitzbänken auf der Ladefläche, ein sogenanntes *Songtheaw*, düst mit mir durch die Straßen und der Fahrer feilscht mit mir über den Preis. Ich werde immer besser im Verhandeln, auch wenn ich mich dabei nicht wohlfühle, und kann den Preis auf eine angemessene Höhe herunterhandeln.

Mein neues Hostel ist super! Nach den sehr zweckmäßigen Unterkünften der letzten Wochen präsentiert sich das große Acht-Bett-Zimmer fast luxuriös. Die Betten sind aus massivem Holz und jede Koje hat einen Vorhang für ein wenig Privatsphäre sowie eine Lampe und einen kleinen Safe. Die Gemeinschaftsduschen sind riesig und in einem tadellosen Zustand. Überhaupt überrascht mich Thailand mit viel Sauberkeit, strukturiertem Leben und im Vergleich zu Nepal wenig Chaos.

Ich erkunde ein wenig Chiang Mais Altstadt, welche die Hauptattraktion sein soll. Altstadt? Da hatte ich wohl deutsche Altstädte im Kopf. Von wegen alte, traditionelle Häuser. Eine nicht mehr vollständige Stadtmauer umreißt den Bezirk, viele Tempel stellen sich zur Schau, aber das war es dann auch schon mit »alt« und »historisch«. Ich bin enttäuscht. Das ist nicht, wie ich mir es vorgestellt habe. Das Städtchen ist eine ausgewachsene Stadt, gemütlich finde ich es nicht unbedingt. Heiß ist es und die Luftfeuchtigkeit gefühlt bei hundert Prozent. Im Hostel ist nichts los, das wird doch nicht etwa ein einsamer Aufenthalt werden? Es gibt weitere wunderschöne Tempel und Kunstwerke, die ich in den nächsten Tagen besichtigen möchte. Quirlige Nachtmärkte mit ungewöhnlichen Leckereien wie glasierten Skorpionen oder blauen, essbaren Blüten bescheren mir leuchtend bunte Abendstunden, aber dennoch ist es wieder »Stadt«. Am Frühstückstisch lerne ich die 23-jährige Amerikanerin Mel kennen. Es gesellen sich noch weitere Frühstücksgäste zu uns, wir kommen ins Gespräch und beschließen, den Tag mit Sightseeing zusammen zu verbringen. *Doi Suthep*, der größte und wahrscheinlich bekannteste Tempel auf einem Berg, steht auf dem Programm. Von dort aus ist die Sicht auf Chiang Mai einfach grandios. Der Tempel selbst ist wunderschön, besticht mit glänzendem Gold, vielen Glocken und fantastischen, bis ins kleinste Detail ausgestalteten Verzierungen in Rot, Gold und unzähligen Spiegelmosaiken. In einem kleinen Tempel der Anlage legt ein Mönch den Besuchern ein einfaches Armband an und spricht für jeden ein persönliches Glücksmantra. »Da kann auf meiner weiteren Reise ja nichts mehr schiefgehen«, muss ich vor mich hin schmunzeln, auch wenn ich natürlich kein Wort verstanden habe. Eigentlich wollen wir durch den Dschungel, der den Tempel umgibt, hinunter nach Chiang Mai laufen. Aber trotz umfangreicher Suche können wir den Weg einfach nicht finden. Was soll's, wir sind flexibel, dann weiten wir einfach unseren Ausflug aus! Kurz entschlossen nehmen wir eines der Songtheaws und fahren noch etwas weiter den Berg hinauf. Ein holländisches Pärchen steigt spontan zu uns ein. Prima, dann wird der Fahrpreis geteilt und je mehr Leute wir sind, desto lustiger wird es bestimmt. Wir besichtigen den winterlichen Königssitz und müssen dafür spezielle Hosen und ein weites Leinenhemd anziehen. Fast noch mehr als die Gebäude beeindruckt mich der unglaublich große Bambus von mehr als zehn Metern Höhe. Wow, so einen wunderschönen Bambus in diesem beträchtlichen Ausmaß habe ich noch nie gesehen!

Später fahren wir weiter hinauf in den Dschungel und wollen zu einem Dorf, das bekannt für seinen Kaffee ist. Dieser wird hier angeblich angebaut und geröstet, erzählt uns ein Reiseführer im Web. Als wir ankommen, können wir keine Plantage sehen. Wir scheinen einem Touristen-Nepp aufgesessen zu sein. Das Dorf ist trotzdem sehenswert. Es ist sehr ursprünglich: Keine Tische und Stühle stehen vor den Holzhütten, sondern Baumstämme, auf denen ein paar Leute sitzen. Die Kinder springen barfuß herum und spielen Ball, die Mütter sticken in einer sensationellen Geschwindigkeit komplizierte Muster auf Gewänder. Am Ende des Ortes (wir suchen immer noch vergeblich den Kaffee) stehen wir auf einer Aussichtsplattform, als neben mir ein dumpfes Geräusch ertönt. Panisch schreie ich auf, dann stockt mir der Atem. Die feinen Härchen in meinem Nacken stellen sich auf und mein Herzschlag schnellt nach oben. Atmen, atmen! Ein, aus ..., versuche ich mich zu beruhigen. Eine grüne Schlange mit rötlicher Schwanzspitze liegt keine zwei Meter neben mir Kann dieses glatte, glitschige Wesen uns gefährlich werden? Wir haben alle keine Ahnung, ob wir jetzt Angst haben sollten oder nicht. Die Schlange ist nicht besonders lang und im Durchmesser vielleicht vier Zentimeter dick. Alles in allem sieht sie nicht gefährlich aus, aber das kann natürlich täuschen. Die verrückte Mel nimmt einen herumstehenden Besen und tickt die Schlange damit an. Sofort richtet diese sich auf und durchbohrt uns mit einem warnenden Blick aus den dunklen Augen. Nichts wie weg hier! Auf puddingweichen

Beinen stolpern wir über den staubigen Lehmboden zurück auf die Dorfstraße. Zum Glück bleibt die Schlange, wo sie ist. Nach einem Kaffee in einem netten Straßencafé hat sich der Puls beruhigt und die Mundwinkel zeigen wieder nach oben. In dem kleinen Café, das gleichzeitig Bar und Bistro ist, gibt es nur drei weitere Tische, an denen einige Einheimische gerade ihr Nachmittagsbierchen trinken. Die Café-Besitzerin heißt uns willkommen und beantwortet geduldig unsere Fragen zum Kaffee. »Ein paar Kaffeesträucher wachsen tatsächlich hier, die große Plantage ist allerdings noch ein ganzes Stück weiter weg«, erklärt sie uns lachend, als sie hört, wie verzweifelt wir die Kaffeesträucher gesucht haben. Sie nimmt sich die Zeit und zeigt uns einen Kaffeebusch mit unreifen Früchten, aus denen später der Kaffee gewonnen wird. Jeder bekommt die kleinen rot-grünen Früchte in die Hand gedrückt und darf darin herumpulen. Aufgeregt über unsere neugierigen Fragen und unser ehrliches Interesse, winkt sie uns zu ihrem Café zurück, stellt jedem eine weitere duftende Tasse Kaffee auf den Tisch und schaut uns mit strahlenden Augen an. Ich schließe die Augen: Aromatisch herb mit einer Karamellnote auf der Zunge scheint das Aroma auf meiner Zunge zu explodieren. Ich genieße jeden einzelnen Schluck des dunklen Gebräus, trinke extra langsam, um den Genuss auszudehnen. Irgendwann ist aber auch diese Tasse leer. Zum Abschied umarmt sie jeden von uns, wirft die Arme in die Luft und klatscht in die Hände, weil sie sich so über unseren unerwarteten Besuch gefreut hat. So viel Herzenswärme haben wir an diesem Ort nicht erwartet. Das macht unseren Ausflug hierher dann doch noch zu einem gelungenen Trip.

Schon immer wollte ich den Dschungel, den Regenwald näher kennenlernen. Schon allein die Wörter »Dschungel«, »Regenwald«, »Tropen« lassen in meinem Kopf Bilder entstehen, die abenteuerlicher und wilder nicht sein könnten. Die Anziehungskraft ist groß und deswegen zieht es mich bereits nach kurzer Zeit in die Natur nördlich von Chiang Mai. Dort kann ich mir einen weiteren Herzenswunsch erfüllen: Ich werde *die Dicken* treffen! Elefanten! Aber nicht etwa zum Reiten, nein, ich gehe in ein Elephant-Sanctuary. Das ist mir sehr wichtig. Es gibt genügend Anbieter, die eine Tour durch den Dschungel auf dem Rücken der Elefanten anbieten. Dafür werden die Tiere mit Haken drangsaliert und in Ketten gelegt. Eine Quälerei, die sie nicht verdient haben. In Elephant-Sanctuaries, die hier in Thailand zum Glück immer häufiger entstehen, werden Elefanten gehalten, die aus schlechten Haltungs- und Arbeitsbedingungen ausgelöst und wieder sozialisiert werden. Sie dürfen ihr weiteres Leben artgerecht verbringen und können theoretisch jederzeit gehen (das Sanctuary ist nicht umzäunt). Sie schlendern abends im dichten Dschungeldickicht herum und kommen morgens wieder zurück ins Sanctuary. Schließlich gibt es hier leckeres Futter und auch bei den Dickhäutern geht, wie bei jedem anderen Tier, die Liebe durch den Magen.

Ich werde am frühen Morgen in Chiang Mai am Hostel mit einem Songtheaw abgeholt. Mit von der Partie ist eine englische Familie mit einem etwa zehnjährigen Kind, die sich bereits jetzt viele sorgenvolle Gedanken machen. Nach ein paar Stunden Fahrt kommen wir im Sanctuary an. Wir sind zu Gast in einem Bergdorf der *Karen*, die von Landwirtschaft und nachhaltigem Tourismus, in diesem Fall auch dem kleinen Elephant-Sanctuary, leben. In einiger Entfernung sehen wir die großen Dickhäuter bereits genüsslich Bananenblätter in sich hineinstopfen, besichtigen aber erst einmal das Gelände und die Holzhütten darauf. Nach einer kurzen theoretischen Einführung in das Leben dieser erstaunlichen Tiere geht es auch schon los. Bewaffnet mit rund hundert Bananen gehe ich auf die vier Dickhäuter zu. Mein Gott, sind die groß! Wenn sie wollten, könnten sie uns gleich hier und jetzt mühelos niederwalzen. Aber die großen, dunklen Augen mit den langen Wimpern sehen mich sanft an, der Rüssel wird mir neugierig entgegengestreckt, die Banane sanft aus der Hand genommen und ins Maul gestopft. Die beiden jüngeren Elefanten im besten Teeniealter sind etwas forscher, aber nicht wirklich rabiat. Es verlangt mir einiges ab, die Bananen nicht nur aus der Hand zu füttern, sondern auch auf den Kopf zu legen oder sie mir hinter dem Rücken »klauen« zu lassen. Wir kommen uns näher, mehr und mehr entspannen sich die Elefanten und wir. Der Mahout, so heißen die Elefantenführer hier, erzählt uns weitere interessante Fakten über das Sanctuary und die Tiere.

Mein Elefant und ich nehmen ein Schlammbad, ich bin quasi seine persönliche Morast-Masseurin für den heutigen Tag. Mein Kopfkino läuft und ich stelle mir meine winzig erscheinenden Füße unter seinen tellergroßen, zentnerschweren Stampfern vor. Ich habe ordentlich Respekt und muss mich ermahnen, nicht so ein unglaublicher Angsthase zu sein. Braune, glitschige Masse quillt durch meine Zehen hindurch. Ein erdiger Geruch umgibt mich, als ich einen großen Haufen feuchten Dschungelbodens zwischen meine beiden Hände nehme. Immer wieder lange ich tief in den Matsch und reibe den Elefanten kräftig ein. Meine Schultern entspannen sich, meine Stirn glättet sich langsam und ein Lächeln breitet sich auf meinem Gesicht aus. Gibt es etwas Schöneres, als einem Elefanten so nah zu sein? Nein, in diesem Moment sicherlich nicht. Es ist heiß und er fächelt sich mit seinen riesengroßen Ohren Luft zu. Dabei streift er mein Gesicht und ich muss lachen. Vergnügt tätschle ich seine Haut, die bei Weitem nicht so hart ist wie angenommen. »Das ist bei den jungen Elefanten anders«, erklärt unser Mahout. »Die Haut wird auch bei Elefanten im Alter schlaffer.« Ha, jetzt muss ich wirklich lachen, zumindest eine Parallele, die uns verbindet. Da alles an Schlamm nach ein paar Stunden wieder runter soll, wandern wir nach der Mittagspause zum Fluss. Gewaltige 5.000 kg plumpsen neben mir ins kühle Nass. Eine gehörige Welle schubst das kleine Mädchen der englischen Familie zum Einstieg erst mal ins Wasser, was für viel Gelächter sorgt. Wir können es alle mit Humor nehmen und haben ordentlich Spaß und mit uns offenbar auch unser Elefant. Da sitzt er nun und erfreut sich des Wassers, das wir über ihn spritzen. Wie bei einer Wasserschlacht schaufeln wir mit den Armen Wasser auf die alte Elefantendame. Allerdings komme ich mir hier noch kleiner und hilfloser vor, denn während die Dicke kein Problem hat, den Strömungen des Flusses standzuhalten, sieht das bei uns schon anders aus. Das kleine Mädchen der englischen Familie kann sich nicht mehr halten und wird weggeschwemmt, findet aber zum Glück schnell wieder Boden unter den Füßen. Irgendwann hat der Elefant genug, steht auf und setzt sich gemächlich in Bewegung. Wieder zurück im Camp, umarmt mich *mein* Elefant noch einmal mit dem Rüssel zum Abschied. Das hat er in seinem früheren Arbeitslager gelernt, nur hier wird es nicht verlangt, er macht es einfach freiwillig. Was sind das doch für wunderbare Geschöpfe, die uns mit einem Rüsselschlag vernichten könnten, es aber nicht tun. Denn obwohl sie oft unter unhaltbaren Bedingungen zum Arbeiten gezwungen, mit Haken misshandelt und mit Ketten festgehalten werden, sind sie uns Menschen dennoch wohlgesinnt. Mein Herz hüpft vor lauter Glück, als ich mich von meiner alten Elefanten-Lady verabschiede. Was für ein wunderschöner Tag!

Nach meinem Elefantenerlebnis bleibe ich gleich da und fahre nicht wieder nach Chiang Mai zurück. Etwas abseits gelegen, mitten im Dschungel, liegt ein Camp für ungefähr 25 Personen. Doch anscheinend haben die anderen den Dschungel gerade nicht auf ihrem Plan, denn außer mir übernachtet hier keiner. Das Haus ist auf Stelzen gebaut, hat zwei riesige Veranden aus Holz, mit einer lässigen Hängematte, vielen gemütliche Kissen und einer fantastischen Aussicht auf die unberührten, dicht bewaldeten Berge und Hügel. Bananenstauden, Mango- und Papayabäume stehen in dem weitläufigen Garten und sorgen für das Frühstück. Mein Guide lädt mich ein, bei der Zubereitung des Abendessens zuzuschauen, und so erhalte ich auch noch einen Mini-Thaicooking-Kurs. Es gibt zur Vorspeise selbst gemachte Pommes, danach Gemüse mit leckerer Mango-Soße, Hühnchen mit ein bisschen Chili, Knoblauch, verschiedenen Kräutern und natürlich Reis. Lecker haben wir gekocht und mit einem Gläschen Wein (nicht gerade üblich hier) auf Veranda Nummer 1 beim Sonnenuntergang genossen. Der Dschungel überschwemmt mich mit vielfältigen Geräuschen: lautes Zirpen der Grillen, Vogelstimmen in den unterschiedlichsten Tonlagen, das Knacken und Rascheln am Boden. Über uns hängt ein großer Gecko am Gebälk und lauscht mit mir, was mein Guide über sein Volk, die Karen, als traditionell lebende »people of the jungle« zu erzählen hat.

Kurz bevor mein Guide geht, zeige ich ihm das Foto von der Schlange, die mir auf der Plattform des Kaffee-Dorfes am Tag zuvor begegnet ist. Er ist etwas beunruhigt, fragt mich nach der genauen Stelle und erklärt mir dann, dass es sich um eine sehr giftige Schlange handelt, für deren Gift noch kein Gegengift gefunden wurde. Ich muss schwer schlucken, das ist wohl gerade noch mal gut gegangen! Wir sprechen noch weiter über Kobras, die hier im Dschungel wohnen, Taranteln und Skorpione. »Kannst du hier alles antreffen. Aber die meisten wohnen in Höhlen und dunklen Unterschlüpfen.« Er muss es wissen, er ist hier aufgewachsen und kennt sich in seiner Heimat bestens aus.

So kurz vor dem Zubettgehen war das aber wohl nicht das beste Thema. Ich schlafe unruhig, wache zig Mal auf, weil ich irgendwelche Geräusche höre, und verkneife mir den Toilettengang im Dunkeln, denn die Toilette befindet sich in einem kleinen Verschlag neben dem Haus. Mein Zimmer hat zwar ein Dach, aber die Wände reichen nicht bis zur Decke und auch zwischen den Holzlatten am Boden sind große Spalten. Zum Glück habe ich ein Moskitonetz, sonst könnte ich gar kein Auge zutun!

Bei erneut extrem hoher Luftfeuchtigkeit begebe ich mich am nächsten Tag auf eine Trekkingtour durch den Dschungel. Ich liebe es, mich durch die wilden Wälder zu bewegen, über Äste und umgefallene Bäume, leuchtend grün bemoostes Gehölz zu steigen und das besondere Licht wirken zu lassen. Lange Lianen hängen von riesigen Bäumen, handtellergroße Spinnen haben ihr mächtiges Netz zwischen den Pflanzen gesponnen. Das Konzert des Dschungels in Kombination mit der feuchtwarmen Luft und dem Geruch von nasser Erde und den duftenden Pflanzen – hier könnte ich ewig bleiben.

Aber ich muss zurück nach Bangkok, denn dort habe ich eine wichtige Verabredung.

BANGKOK – QUIRLIGE METROPOLE MIT VIELEN GESICHTERN

Nach fünf langen Wochen sehe ich das erste Mal meinen Mann wieder. Das Herz flattert und hüpft, als wir uns wieder in den Armen liegen. Tausend Geschichten sprudeln aus uns heraus. Am liebsten würde ich ihn an der Hand nehmen und in den grünen Norden zerren, ihn die raue Haut des Elefanten spüren lassen oder kleine Kaffeebohnen in die Hand drücken. Unsere Münder stehen nicht mehr still, bis wir alle Erlebnisse und Neuigkeiten der letzten Wochen ausgetauscht haben.

Wir haben leider nur zehn Tage zusammen, aber die genießen wir in vollen Zügen. Endlich habe ich für Bangkok richtig Zeit und kann die Stadt auf mich wirken lassen. Jetzt schaffe ich es auch in die Khaosan Road, die allerdings nicht halb so spektakulär ist, wie überall geschrieben steht. Chinatown begeistert uns mit leckerem Essen und zaubert neue Empfindungen auf unsere

Geschmacksnerven. Wir können Leguane im Lumphini-Park beobachten, das moderne Einkaufszentrum bei der Central Station begutachten und müssen bei der bekanntesten Rooftop Bar der Stadt wegen des Dresscodes leider draußen bleiben. Im Business-Viertel reiht sich ein Mega-Tower an den anderen. Hin und wieder unterbrochen von vereinzelten alten Häuschen, ergänzen sich glänzend verspiegelte Fensterfronten mit architektonischen Spielereien. Wir weichen auf eine weniger angesagte Rooftop Bar aus und stellen nach einem kühlen Schluck der leckeren Cocktails fest, dass es bei dieser gigantischen Großstadtaussicht noch besser schmeckt. Es glitzert und funkelt in allen Richtungen, während die laue Abendbrise um unsere Nasen herumweht. Wir lassen uns nicht von den schicken neuen Gebäuden und dem Luxus blenden, eine Radtour mit Guide bringt uns in die kleinen Gassen der etwas ärmeren Bevölkerung. Abseits der üblichen Touristenpfade sieht es ganz anders aus. Winzige Wohnungen, die vollgestellt sind mit unzähligem Krimskrams, einer Couch, einem Fernseher und einem Bett. Die Kochstelle befindet sich halb auf der Straße vor der Tür, Einzimmerwohnung, all-in-one. Beim Durchradeln fällt aber auch auf, dass viele Bewohner hier einfach zusammensitzen, reden, lachen und eine gute Zeit zusammen haben. So ganz anders als die kühle Stimmung im Business-Viertel. Bangkok – eine Stadt mit vielen Gesichtern, lebendig, laut, aber auch faszinierend.

Nach ein paar Tagen haben wir genug vom Stadtleben. Wir möchten noch den Süden Thailands mit seinen Bilderbuchstränden sehen, packen unsere Siebensachen zusammen und reisen weiter nach Ao Nang bei Krabi an der Westküste Thailands.

KRABI UND BILDERBUCHINSELN

Krabi ist ganz anders als gedacht. Der Strand ist wild, aber schmal und eignet sich nicht wirklich zum Baden. Abends laufen wir durch den Ort und empfinden es als unwahrscheinlich touristisch. Unzählige gleiche Geschäfte, Restaurants und Reisebüros befinden sich entlang der Hauptstraße. Außer Thailändern bieten hier auch viele andere Asiaten ihre Waren an, denen die freundliche Gelassenheit fehlt und die uns eher durch aufdringliches Verkäufergebaren auffallen. Nachdem wir uns lautstark gegen einen unverschämten Verkäufer zur Wehr gesetzt haben und gerade noch einer Schlägerei entgangen sind (ja, der Verkäufer wurde tatsächlich bereits handgreiflich), verlassen wir kopfschüttelnd die Tourimeile. Was für eine Enttäuschung! Wir laufen in weniger beachtete Gassen und es verschlägt uns abseits des touristischen Getümmels in ein romantisches Lokal direkt am Strand. An einem kleinen Tisch aus weiß getünchtem Holz mit hübschen Muscheln in unterschiedlichen Formen dürfen wir unsere müden Beine ausstrecken. Sanftes Kerzenlicht taucht die Palmen am Strand in ein unwirkliches Licht und Enttäuschung wandelt sich in Verzückung. Wir sitzen mitten im Sand und unsere Füße wühlen sich in die weichen, weißen Körnchen; in den Mangrovenbäumen hängen große leuchtende Kugeln und werfen wirre Schattenformationen auf ihre Umgebung. Eine Bar aus Bambusholz lädt auf einen Cocktail ein und von den schrägen, fast waagrechten Palmen, die nahezu bis ins Wasser reichen, hängen Holzschaukeln aus dicken, naturbelassenen Balken an einfachen, stabilen Hanfseilen. Obwohl es bereits Abend ist, können wir bei immer noch warmen 28 Grad gegrillten Fisch und traditionelles Massaman Curry mitten im Sand am Strand genießen. Überhaupt ist das Essen in Thailand eine Wohltat für mich. Viel Kokosmilch, jeden Tag ein Smoothie aus den besten Früchten frisch zubereitet, Saté-Spieße in Erdnusssoße und Banane mit Honig zum Nachtisch. Zum Hineinknien, wie ich finde. Ich freue mich, nach den vielen gelaufenen Kilometern und den unterschiedlichen Eindrücken der letzten Wochen, es hier in Krabi etwas ruhiger anzugehen und einfach zu genießen.

Mit dem hölzernen Longtail-Boot knattern wir zu den Inseln mit den Bilderbuch-Buchten, die es hier zahlreich gibt. Türkisblaues Wasser, weißer Sand und Palmen, ich könnte nicht sagen, welche Insel die schönste ist. Beim Schnorcheln begegnen mir außer gelb-schwarz getigerte, grün-blau schimmernde kleine und große Fische eine lila-schwarz gestreifte Seeschlange. Nur etwa 1,5 Meter unterhalb von mir schwimmt sie um eine Koralle. Ich finde sie sehr interessant und schwimme noch ein wenig näher heran. Direkt zu ihr hinunterzutauchen, traue ich mich dann aber doch nicht. Gut so! Später erzähle ich meinem Bootsführer davon und er reißt die Augen auf. »Die ist giftig, schwimm nicht zu nah heran!«, warnt er mich. Mir läuft es eiskalt den

Rücken hinunter. Schon wieder eine giftige Schlange – irgendwie scheinen mich die Reptilien auf meiner Reise zu verfolgen! Nachdem ich mich wieder beruhigt und mein Kopfkino angehalten habe, geht es mir wieder besser. Wir wagen uns erneut ins Meer, erkunden Grotten, klettern auf Felsen und schwimmen abseits der üblichen Buchten. Erst später entdecken wir die Schilder, die vor der *Portugiesischen Galeere*, einer sehr giftigen Qualle, die schmerzhafte Verbrennungen verursacht, warnen, der wir aber zum Glück nicht begegnet sind.

Wir genießen die Zweisamkeit, aber dann sind die zehn Tage auch schon wieder abgelaufen. Schweren Herzens verabschieden wir uns. Zum Glück sehen wir uns in sechs Wochen, Anfang Dezember, bereits wieder.

SCHWEIGEN, HEILEN UND GENIESSEN

Allein ziehe ich weiter an die Ostküste Thailands auf die Insel Koh Phangan, gleich neben der weitaus bekannteren Insel Koh Samui. Bei meiner Ankunft regnet es wie aus Kübeln. Mein erstes Ziel ist ein Kloster auf den Bergen hinter dem Städtchen Thong Sala. Das Kloster bietet Schweige-Retreats an und ich möchte mich dieser Herausforderung stellen. Wie wird es wohl sein, zehn Tage nichts, rein gar nichts zu sprechen? Schweigend dazusitzen und nur zu meditieren? Achtsam sein, spüren, fühlen und hören – sonst gar nichts. Eine Einkehr zu mir selbst, keine Ablenkungen, eine Abkehr von der immer lauter werdenden Welt. Ich frage mich, was mich in der Stille erwartet, habe keine Idee, wie ich darauf reagieren werde, aber lasse mich einfach darauf ein. *Vipassana*, lese ich auf der Homepage des Klosters, ist eine der ältesten Meditationstechniken Indiens und bedeutet so viel wie »die Dinge zu sehen, wie sie wirklich sind«. Es soll ein Training sein, um einen gesunden Geist zu entwickeln. Es heißt, dass man körperliche Empfindungen vom Geist entkoppeln lernt und zum Beispiel Schmerzen auf einer anderen Ebene wahrnimmt. Viele sagen, dass sie am Ende der Vipassana eine Einheit und Wohlwollen mit allen Wesen und der gesamten Umgebung verspüren und sich als Teil eines größeren Ganzen begreifen. Ich bin gespannt, was mir diese Zeit offenbaren wird!

Bevor ich mich auf den Weg zum Kloster mache, versuche ich die auf der Webseite geforderten Vorbereitungen zu treffen. Ich renne im strömenden Regen die Straßen entlang auf der Suche nach einem Shop, in dem ich Kopien meines Reisepasses machen kann – die ich dann letztendlich gar nicht brauche. Schnell besorge ich mir noch ein Regencape und einen Schirm, die ich für die Geh-Meditation bei schlechtem Wetter brauchen werde. Die Ankunft ist irgendwie seltsam. Ich hatte geschäftiges Klosterleben erwartet, stattdessen herrscht hier Stille und keine Leute sind zu sehen. Bei der Anmeldung muss ich einen Fragebogen ausfüllen, ob ich Krankheiten habe oder einschneidende Erlebnisse mich prägen, weswegen ich die Vipassana mache. Dann folgt ein Gespräch mit der Managerin, einer kleinen Thailänderin in ihren späten Sechzigern, die einen sehr gebrechlichen Eindruck macht und nicht besonders gut Englisch spricht, mir aber verständlich mein Zimmer zuweist. Immerhin bin ich allein im Zimmer, das nicht sonderlich sauber ist und irgendwie aussieht, als wenn schon eine Weile keiner mehr darin geschlafen hätte. Komfort darf man hier nicht erwarten, das ist einer der Grundsätze der Vipassana. Die Dusche ist eine große Tonne Wasser mit einem Schöpfer drin, die genau neben dem Klo steht. Weder Duschraum noch Toilette sind sonderlich sauber, aber das muss ich fürs Erste ignorieren. Einer der Grundsätze der Vipassana ist die Entsagung jeglicher Ablenkung, um den Geist zu beruhigen. Dies sei eine notwendige Voraussetzung für die Arbeit der Selbstbeobachtung. Kein Schmuck, keine dekorative Kosmetik, kein ausschweifendes Essen, wenig Schlaf. Handy, Bücher und sonstige Ablenkungen sind sowieso tabu. Der Geist soll von möglichst wenigen Dingen zerstreut werden, um entsprechend klar zu werden. Essen gibt es einmal nach Sonnenaufgang und dann noch mal vor der Mittagszeit, danach gibt es nur noch einen Kräutertee, der den Hunger stillen soll. Mich beschleicht eine gewisse Unruhe und ich sehe mich bereits unleidig vor mich hin hungern. Anscheinend verbraucht der Körper bei der Meditation sehr wenig Kalorien und da unser Tag aus stundenlanger Sitting- und Walking-Meditation bestehen wird, sollte das Essen kein Problem darstellen.

Ich lerne die anderen Teilnehmer kennen, die aus Frankreich, Slowenien, Deutschland, Kanada, Lettland und Russland angereist sind. Wieder einmal bin ich die Älteste, aber das bin ich inzwischen gewohnt. Allesamt sind es sehr nette Menschen, die genauso gespannt sind wie ich, was in den folgenden Tagen passieren wird. Erst am nächsten Tag erfahren wir, dass der Mönch, der die Vipassana leiten soll, aufgrund einer Operation am heutigen Tag nicht da sein wird. Hm, das gefällt mir gar nicht. Die Managerin wird kommissarisch übernehmen. Ich zweifle ein wenig, ob ihr Englisch ausreichend sein wird und ob ihr gesundheitlicher Zustand die stundenlange Sitzmeditation übersteht. Bei einem Rundgang über das Gelände bekomme ich langsam einen Eindruck von der Klosteranlage. Der Tempel selbst ist klein und auf dem höchsten Punkt des Klostergeländes gelegen. Daneben befindet sich die Meditationshalle, die neu aussieht. Einige allein stehende Hütten auf Stelzen für Mönche und die Zimmer für die männlichen Teilnehmer der Vipassana liegen etwas unterhalb. Die Teilnehmenden werden streng nach Geschlecht getrennt, damit eine der grundsätzlichen Regeln, sich jeglicher sexuellen Aktivitäten zu enthalten, vereinfacht wird. Fast alle Hütten der Mönche sind einsam und verlassen. Die Anlage liegt wunderschön im wilden Dschungel, hat etwas Verwildertes, fast Verwunschenes an sich, aber irgendwie scheint hier etwas nicht zu stimmen. Normalerweise müssten doch viele andere Mönche hier wohnen! Ungewöhnlich.

Die Managerin hat uns bei der Anmeldung auch gleich einen Umschlag in die Hand gedrückt, in den wir die Spende von 5.000 Baht hineinlegen und in die bereitgestellte Box werfen sollen. Wenn man nicht genug hat, natürlich auch weniger, wenn man mehr hat, gern auch mehr. Ich entscheide mich für eine Spende am Ende der Vipassana, sodass ich dann den Betrag gegebenenfalls noch anpassen kann.

Am Nachmittag beginnt das Schweigen für die nächsten zehn Tage. Wir begeben uns zu unserer ersten Meditation. Die Managerin erklärt uns knapp, dass wir auf unseren Atem achten und im Lotussitz verweilen sollen, mehr aber auch nicht. Es ist ungemütlich und ungewohnt. Mein Rücken schmerzt und immer wieder vergesse ich, auf meinen Atem zu achten. Die Gedanken sprinten wirr im Kopf durcheinander, schreien lauter und wilder als je zuvor und boykottieren meine Bemühung nach Ruhe und Besonnenheit. Ich bin ehrlich erfreut, als nach 45 Minuten die Managerin unsere Sitzmeditation unterbricht und unsere erste Walking-Meditation in und um den Tempel herum beginnt. Wir sollen hören, sehen, riechen und nur die Gegenwart wahrnehmen. Barfuß fange ich an zu gehen, hebe ganz bewusst die Füße, stelle sie nach vorn und setze sie wieder auf dem Boden auf. Das fühlt sich gut an. Bei jedem Schritt achte ich auf das Knirschen und Piksen der Kieselsteine unter meinen Füßen, höre auf die Stimmen des Dschungels und genieße jeden noch so kleinen Windhauch. Das gefällt mir besser als die Sitzmeditation, bei der ich bereits nach zehn Minuten Schmerzen in Rücken und Beinen bekam und nach spätestens 20 Minuten meine Füße nicht mehr spürte. Dummerweise scheint sich eine Erkältung anzubahnen. Bei der nächsten Sitzmeditation fällt mir das bewusste Atmen dadurch noch schwerer, die Nase läuft beständig. Ich versuche zwar, mich möglichst wenig davon beeinflussen zu lassen, aber es gelingt nicht immer. Die Nase tropft fröhlich vor sich hin und erhält meine volle Aufmerksamkeit, die doch eigentlich auf das Atmen und das Kommen- und Gehenlassen der Gedanken gerichtet sein sollte. Die Managerin mault mich an, ich solle die anderen nicht stören – sehr witzig, als wenn ich steuern könnte, wann meine Nase läuft! Nach dem Nachmittagstee steht dann noch die Chanting-Meditation auf dem Programm. Dabei werden Verse aus dem Sanskrit erst auf Pali im Singsang gesprochen und dann auf Englisch vorgelesen. Leider erschließen sich mir die Verse weder auf Pali noch auf Englisch. Schade, aber auch so ist das musische Chanting erheiternd, ansprechend und eine willkommene Abwechslung zur stillen Meditation.

Das Duschen am Abend ist eine echte Herausforderung. Im Halbdunkel gemeinsam mit Spinnen, Ameisen und Tausendfüßlern kaltes Wasser über mich zu kippen, hat nicht wirklich etwas mit Entspannung zu tun. Erfrischend ist es trotzdem. Das schwülwarme Klima hier oben in den Tropenwäldern lässt die Kleidung schon nach kurzer Zeit am Körper kleben und ich würde sie mir gerne mehrmals am Tag vom Leib reißen. Um 21 Uhr wird offiziell der Tag mit einem Gong beendet und alle begeben sich in ihre Zimmer. Ich bin froh, schnell einschlafen zu können, schließlich wird um 4 Uhr in der Früh ein Gong mich wieder wecken. Verdutzt wache ich am nächsten Morgen auf, als es bereits hell wird. Das ist mit Sicherheit schon einiges später als 4 Uhr, denke ich mir, öffne schnell meine Zimmertür und sehe, dass auch vor den meisten anderen Türen die Schuhe noch nicht verschwunden sind. Ich renne schnell den Berg hinauf zur Meditationshalle und komme gerade noch rechtzeitig zum Guten-Morgen-Yoga. »Der Gong, der uns wecken sollte, war einfach nicht laut genug«, entschuldigt sich die Managerin. »Meine Beine können nicht mehr so viel laufen, deswegen habe ich vom Berg aus den Gong angeschlagen. Ab morgen soll jeder der Teilnehmenden einmal die anderen wecken.« Mit diesen Worten entzieht sie sich den Mühen und der Verantwortung.

Nach dem Yoga ist auch schon Frühstückszeit. Es ist bizarr, schweigend mit den anderen dazusitzen und Löcher in die Luft zu starren. Man soll achtsam essen, heißt es. Tatsächlich sensibilisiert sich der Geschmackssinn nach ein paar Minuten. Man fühlt genau hin: hart oder weich, süß oder salzig, trocken oder saftig. Ja, es schmeckt gut. Vor allem die Früchte sind wie immer unschlagbar lecker, genau auf den Punkt reif, wie wir sie in Deutschland nur selten bekommen. Nach dem Frühstück folgt ein einstündiger Dienst für die Allgemeinheit. Neben dem Schweigen und den Meditationen muss jeder eine Stunde täglich mit Hand anlegen: den Hof fegen, bei den Vorbereitungen in der Küche helfen, die Sanitäranlagen putzen. Am Abend werden wir ein weiteres Mal vertröstet, der Mönch kommt wieder nicht. Er sei immer noch nicht fit genug, heißt es.

Am nächsten Tag fühlt sich die Stille bereits anders an. Mein Gehirn führt in einer Tour Monologe mit sich selbst. Wie kleine Affen turnen die Gedanken in meinem Kopf von Synapse zu Synapse. Es ist unglaublich schwierig, die Gedanken einfach ziehen zu lassen, nicht zu bewerten und weiter auszubauen. Es scheint noch zu dauern, bis ich die Stille aushalten und akzeptieren kann. Je länger sie anhält, desto mehr tritt sie in den Vordergrund und bestimmt alles. Sogar das Schlucken beim Trinken lärmt. Hinzu kommen die Schmerzen vom Sitzen, die mich nicht wirklich entspannen. Ich frage mich, ob ich jemals den Zustand erreichen werde, an dem ich die Schmerzen von meinen Gedanken entkoppeln kann und sie nicht mehr als zu mir gehörig empfinde. Die Zeit zieht sich wie Kaugummi, ich bin unruhig, der Tag scheint endlos. Muss das so sein? Bin ich mit mir selbst überfordert? Oder etwa gelangweilt? Es fehlt mir ein richtungweisendes Gespräch, das mir die Vorgänge zumindest versucht zu erklären. Aber leider ist der Mönch nicht da und die Managerin sieht sich nicht in der Pflicht. Es gehen zwei weitere Tage in Schweigen, mit stundenlanger Meditation, ohne weitere Erklärungen ins Land. Dann schließlich kommt am Abend der Mönch, der schon so lange angekündigt war. Endlich erklärt er uns Grundlegendes zum Buddhismus, zur Meditation und was es mit den Pali-Versen beim Chanting auf sich hat. Doch leider währt die Freude nur kurz. Am nächsten Morgen gibt es noch mal eine Stunde mit ihm, dann muss er abreisen, da er gesundheitliche Probleme hat. Spontan entscheiden ein paar Leute und ich, dass wir unter diesen Umständen das Vipassana abbrechen möchten. Ich fühle mich hier nicht gut aufgehoben und denke, dass sich auf diese Art und Weise nichts entwickelt. Dafür bin ich dann doch zu sehr Kopfmensch. Ich möchte wissen, warum ich das genau so und nicht anders tun und wohin das täglich führen soll. Von einer anderen Teilnehmerin, die bereits eine Vipassana in Myanmar mitgemacht hat, erfahren wir, dass es normalerweise jeden Tag Anregungen für die Meditation gibt und auch viel mehr Hintergrundwissen zum Buddhismus und somit der Grundlage der Vipassana. Die Managerin ist aufgebracht, schreit uns an: »Ihr könnt alle gehen. Das Geld könnt ihr auch mitnehmen! Verschwindet doch einfach.« Sie ist eindeutig nicht einverstanden, aber das ungute Gefühl, dass es ihr nur um das Geld geht, lässt mich nicht los. Die meisten gehen, zwei werden rausgeschmissen, weil sie angeblich geredet haben (aber das nur, nachdem die Situation eskaliert ist). Eigentlich möchte ich ihr wenigstens Geld für die drei Tage geben, aber sie versteht mein Englisch wieder nicht. Außerdem finde ich es unmöglich, wie sie mit den Leuten umgeht, da ist es mit den barmherzigen Grundsätzen des Buddhismus nicht weit her. Ich drücke ihr das Geld in die Hand und bin froh, hier wegzukommen. Später erfahre ich, dass sie von der Kanadierin, mit der ich erst mal in ein Hostel nach Thong Sala ziehe, fast drei Viertel der Summe einbehalten hat. Für mickriges Essen und kaum Anleitung? Da ist doch was faul! Recherchen im Netz ergeben, dass einen Monat zuvor die Vipassana wegen Krankheit ausgefallen ist und in den beiden Monaten davor ebenfalls kein Mönch anwesend war. Aha, daher weht der Wind. Ich könnte wetten, dass der Mönch gar nicht wirklich immer da ist und die Managerin sich nur ihren Lebensabend sichert. Hier bin ich einem echten Touristen-

Nepp auf den Leim gegangen! Jetzt kann ich daran leider nichts mehr ändern. Ich konzentriere mich auf das Hier und Jetzt, möchte dieses unschöne Erlebnis vergessen und meine Zeit genießen.

Koh Phanghan hält noch so viel mehr für mich bereit. Abseits der kleinen Orte entlang des Strandes überzieht die hügelige Insel dichter Regenwald. Die Strände an der Küste sind ursprünglich und oft menschenleer. Wer unabhängig sein möchte, kann leider nicht auf öffentliche Verkehrsmittel zurückgreifen, daher leiht sich hier jeder einen Scooter aus – ob er fahren kann oder nicht. Das erklärt auch die vielen Verbände, Pflaster und Narben, die etliche Touristen zieren. Trotz Respekts leihe auch ich mir einen Motorroller aus und tuckere in Sonnenschein und Regen von Ost nach West und von Nord nach Süd. Zum Glück sehen die anderen Verkehrsteilnehmer meine geringe Fahrgeschwindigkeit sehr entspannt. Keiner hupt ungeduldig, die Einheimischen nehmen sowieso sehr viel Rücksicht auf die unerfahrenen Touristen. Hinzu kommt noch der Linksverkehr, der das Ganze nicht einfacher macht. Die Insel ist schnell abgefahren, viele Straßen gibt es hier sowieso nicht. Auch das macht die Insel so gemütlich. Ich finde einen hübschen, einfachen Bungalow direkt am Strand, so wie ich es mir gewünscht habe: auf Stelzen, mit Veranda, auf der eine Hängematte baumelt, mit direktem Blick auf das Meer. Die Aussicht könnte kaum besser sein! Weißer Sand und türkisblaues Meer direkt vor meiner Nase. So ungefähr könnte sich Hemingway in einer seiner kreativen Schreibphasen gefühlt haben, die er auf den Bahamas verbracht hat, denke ich mir schmunzelnd. Das Meer zieht mich und meine Gedanken in sein tiefes Blau hinaus zu anderen Welten und Betrachtungen. Der helle Sand glitzert fast wie Marmor im Sonnenlicht und bildet einen herrlichen Kontrast zum türkisfarbenen Wasser. Ein paar kleine Palmen spenden etwas Schatten, aber außer zum Sonnenuntergang sind nicht viele Menschen anzutreffen. Innerhalb weniger Tage verliebe ich mich in die entspannte Atmosphäre und das Leben der Menschen auf der Insel!

Ein pensionierter Engländer, ein Schweizer, der Besitzer der Anlage und ich finden uns zu einer unterhaltsamen Truppe zusammen, die allabendlich an der Bar sitzt und sich ein paar Getränke schmecken lässt. Mit meinen neuen

Freunden gehe ich in die *Monkey Bar* am Strand, schaue mir die Jamsession am *Zen-Beach* zum Sonnenuntergang an und wage mich auf die Dschungel-Experience, die eher einem Mega-Besäufnis gleicht als einer gigantischen Gute-Laune-Party mitten im Dschungel. Sri Thanu, das kleine Dorf, in dem ich wohne, ist speziell und sehr spirituell angehaucht. An jeder Ecke gibt es ein Yoga-Studio, vegane Restaurants und gemütliche Cafés säumen die Straße. Die Leute hier interpretieren den ehemaligen Hippie-Style neu: gebatikte Shirts, wehende Kleider, alltime barfuß (auch auf den Scootern). Ich empfinde es anders, spannend und möchte noch ein bisschen tiefer in die Atmosphäre eintauchen. Allerdings nur in die Stimmung, die Verkleidung lasse ich aus. Nach fast drei Monaten auf Reisen habe ich mich endgültig vom Hamsterrad verabschiedet. Ich kann uneingeschränkt einfach genießen, auch die kleinen wundervollen Ereignisse wertschätzen, die mein Herz vereinnahmen und unvergessliche Eindrücke in meine Seele meißeln. Wie das Gefühl der Freiheit, wenn der Wind durch meine Haare wirbelt, während ich durch Palmenhaine fahre. Oder der Geschmack der frischen Kokosnuss, die ich genussvoll schlürfe, während die Sonne langsam im Meer versinkt. Das klingt nicht spektakulär, aber ebendiese Kleinigkeiten vereinen sich zu einem harmonischen Bild, das ich wie auf Knopfdruck samt positiven Gefühlen zu jeder Zeit in mein Gedächtnis rufen kann.

Zusammen mit Irena aus Slowenien und ihrem Mann Matic, die ich im Schweige-Retreat kennengelernt habe, treffen wir Nipa. Sie bietet Kurse in Thaimassage / Crystal-Healing / Chakra-Balancing an. Mit ihren 55 Jahren strahlt die kleine Thailänderin eine heitere Gelassenheit aus. Bereits beim ersten Gespräch erscheint sie mir weise, geerdet, entspannt und dennoch lebensnah, sodass ich mir Unterricht bei ihr direkt vorstellen kann. Spontan entschließe ich mich, einen dreiwöchigen Kurs bei ihr zu machen. Genau wegen solcher Gelegenheiten wollte ich meine Reise vorher nicht bis ins Detail planen, so bin ich flexibel und kann ausprobieren, was immer ich möchte. Etwas nervös bin ich allerdings doch, schließlich habe ich noch nie etwas in diese für mich ziemlich spirituelle Richtung gemacht. Nipa warnt uns vor, dass der Kurs auch bei uns Spuren hinterlassen und unerwartete Reaktionen auslösen kann. »Ihr könnt euch sehr müde fühlen, Hautreaktionen zeigen oder müsst Stimmungsschwankungen ertragen.«

Tatsächlich bemerke ich ungewohnte Veränderungen. Was passiert da mit mir? Heiß, kalt, losgelöst und leicht, tiefe, schwarze Löcher, berauschendes Kribbeln wirbeln mich durcheinander. Nipa fungiert dabei eher wie ein Channel, welcher die Verbindung mit dem Universum, Mutter Erde, Vater Sonne und mir herstellt. Ich bin mir nicht sicher, ob ich das alles glauben soll, aber es tut auf jeden Fall gut, mich auf mich selbst zu konzentrieren und eine neue Verbindung zu meinem innersten Selbst aufzubauen. Nipa kombiniert geschickt Elemente aus Crystal-Healing, Chakra-Balancing und Thai-Massage. Sie kümmert sich um meine unbewegliche Hüfte und die Nervenschmerzen, die mich bereits in Deutschland seit geraumer Zeit belastet haben. Ich kann es kaum glauben, aber nach dem Kurs sind sie tatsächlich weg. Ich spüre eine unendliche Ruhe und Entspannung, die mich durch den Tag begleiten. In Gesprächen mit ihr lerne ich, nicht alles persönlich zu nehmen und immer auf mich zu beziehen. Unverschämte oder ungerechte Kommentare kann ich jetzt besser beiseiteschieben und nicht mehr so nah an mich heranlassen. Die Unzufriedenheit, angestrengte Stimmungen oder die persönlichen Probleme anderer muss ich nicht lösen. Ich lerne, negative Gedanken schneller loszuwerden und mich mehr auf die positiven Dinge zu konzentrieren. Eigentlich ist das alles nichts Neues, aber dennoch kann ich, nachdem ich mich damit intensiv auseinandersetze, eine Veränderung an mir selbst merken. Meine Haut zeigt indessen ebenfalls eine Reaktion, kleine Bläschen und rote Hubbel zieren Arme und Rücken. Ob es vom neuen Mückenspray kommt oder tatsächlich von der Behandlung – ich kann es nicht sagen.

Der Kurs entpuppt sich als weitaus umfangreicher als gedacht. Ich bemühe mich, alles schnellstmöglich zu lernen, was nicht immer funktioniert. Außerdem merke ich natürlich, dass ich in meinem bisherigen Beruf meine Hände zu nicht viel anderem genutzt habe, als auf Computertasten zu tippen. Mit viel Geduld werde ich Tag für Tag besser und zum Schluss massiere ich ein paar Versuchskandidaten, die tatsächlich die Behandlung nicht nur genießen, sondern auch positive Reaktionen zeigen. Sensationell. Vielleicht bin ich doch nicht so unbegabt, wie ich immer dachte?

An einem Sonntag lerne ich im Café eine Deutsche kennen, die zum *Ecstatic Dance* gehen möchte. »Das ist eine Tanzveranstaltung, die ungefähr drei Stunden dauert. Sie fängt bereits heute Vormittag an, Veranstalter ist eine Yoga-Schule mitten im Wald. Hast du Lust, mitzukommen?«, fragt mich Susanne aus Köln. Ich werde neugierig und da ich nichts weiter geplant habe, schließe ich mich ihr kurzerhand an. Auf einer Hügelkuppe, ungefähr 20 Fahrminuten von Sri Thanu entfernt, ist ordentlich was los. Wir laufen durch den Wald und erreichen eine große Holzplattform, seitlich nur durch grüne Moskitonetze begrenzt, über den Köpfen ein hohes Dach aus Wellblech, mit einem Lichtfenster in der Mitte. Vor dem Eingang zig Paar Flipflops – Schuhe sind auf der Tanzfläche nicht erlaubt, genauso wenig wie Handys und Alkohol erlaubt sind. Nur ein Wasserspender mit Leitungswasser steht in einer Ecke. Auf der einen Seite hat ein DJ sein Pult aufgebaut und lässt bereits vor offiziellem Beginn seine Beats über die Tanzfläche schallen. Es herrscht eine sehr entspannte Stimmung, die sich sofort auf mich überträgt. Nach der Begrüßung und einer kleinen Meditation beginnt die Musik: erst langsamere Lieder, dann immer kraftvoller, energetischer. Es geht darum, völlig loszulassen, sich gesellschaftlichen Vorstellungen, wie Tanzen aussehen sollte, zu entledigen. Einige wiegen sich nur schwach im Takt, andere scheinen von ihren Emotionen völlig eingenommen zu sein. Der eigene Körper übernimmt die Führung. Die Tänzer drehen und wenden sich so, wie es sich für sie gut anfühlt, wie die Bewegungen aussehen, ist dabei unwichtig. Niemand muss beeindruckt werden, es geht nur darum, sich selbst innerhalb einer Gemeinschaft zu spüren. Die Aufmerksamkeit ist auf den eigenen Körper gerichtet, die Tänzer dürfen andere durch nonverbale Gesten zu Partner- oder Gruppentänzen einladen. Und so steht irgendwann eine Frau vor mir und wir drehen und wirbeln uns umeinander und stampfen mit den Füßen rhythmisch auf den Boden. Es ist ein bisschen, wie sich selbst in einen Rausch tanzen, alles drum herum verschwimmt, es gibt nur uns. Wie elektrisch aufgeladen reagieren unsere Körper aufeinander und tanzen sich im Rhythmus der Musik im absoluten Hier und Jetzt in eine Art Ekstase. Eine irre Erfahrung, die mich auch irgendwie verwirrt. Ich bin wie auf einer Art Tanzreise und frage mich, ob traditionelle, rituelle Tänze von Urvölkern eine ähnliche Wirkung haben. Ein kleiner Kreis von etwa acht Leuten tanzt immer intensiver, geht in direkten Körperkontakt, wälzt sich am Boden übereinander, verflechtet Arme und Beine ineinander. Dann wird die Musik auch schon wieder leiser und langsamer, unglaubliche drei Stunden sind vorbei. Meine Füße brennen, aber ich fühle mich gelöst und entspannt. Ecstatic Dance, für mich eine unwirkliche Erfahrung, weit weg von meinem bisherigen Tanzverständnis.

Mein Leben plätschert auf der Insel fast einen Monat lang völlig entspannt dahin. Morgens besuche ich meinen Thai-Massagekurs und nachmittags gehe ich schwimmen, liege am Strand, chille in der Hängematte oder erkunde die Insel. Ich lasse mich treiben und genieße das Leben. Jede einzelne Stunde ist wertvoll, erkenne ich hier immer mehr, auch wenn sie unscheinbar daherkommt.

Nach ganzen sieben Wochen ist meine Zeit in Thailand vorbei. Ralph und ich haben uns am nächsten Ziel verabredet, sonst würde ich vielleicht noch länger bleiben. Es war eine unglaublich entspannte Zeit, ein losgelöstes Leben, sehr ursprünglich, einfach, aber dennoch friedlich. Ich frage mich, wie ich diesen Spirit wenigstens teilweise mitnehmen kann. Es wird sich zeigen.

Ich freue mich auf meinen Mann und mache mich auf den Weg nach Südamerika.

ARGENTINIEN

BUENOS AIRES – STADT DES TANGOS

Inzwischen ist es Anfang Dezember. Mein Wissen über Südamerika und Argentinien im Speziellen hält sich in Grenzen. Ich lande in Buenos Aires, Hauptstadt des Landes, 2,9 Millionen Einwohner, wirtschaftliches und kulturelles Zentrum Argentiniens. Ralph landet nur zehn Minuten später, das konnten wir unkompliziert planen. Es ist wundervoll, sich wieder in den Armen zu liegen, sich über den Flug auszutauschen, gemeinsam zu lachen. Herrlich vertraut fühlt es sich an, wieder vereint zu sein, und gleichzeitig doch ungewohnt nach der langen Zeit als Alleinreisende. Rund sechs Wochen lang werden wir gemeinsam Argentinien und Chile bereisen und die zauberhafte Spitze Südamerikas erkunden. Zur Eingewöhnung sind wir fast eine Woche in Buenos Aires. Das ist auch gut so, denn mich erwischt ein böser Jetlag. Fast die ganze Woche lang bin ich bereits nachmittags so müde, dass ich im Stehen einschlafen könnte. Tag für Tag kämpfe ich mich ein wenig mehr durch die bleierne Müdigkeit, um nicht das komplette Nachtleben zu verpassen. Wir wohnen in der Nähe der Plaza de Mayo, des Platzes, an dem die meisten Demonstrationen stattfinden und der wahrscheinlich schon am häufigsten im TV zu sehen war. Im Gegensatz zu diesem Platz ist es rund um unsere Unterkunft abends ruhig, was sofort ein Gefühl der Unsicherheit auf den Plan ruft. Wir erkundigen uns, wie es hier mit Überfällen aussieht und welche Orte wir besser meiden sollten. Diese Frage entwickelt sich zu einer der ersten Standardfragen über die nächsten Monate hinweg, sobald wir in neuen Orten ankommen. Wir werden ausdrücklich gewarnt, in der U-Bahn die Taschen immer vorn zu tragen und Schmuck besser gar nicht erst anzulegen. Es wird uns geraten, abends das Taxi zu nehmen und nicht die öffentlichen Verkehrsmittel zu benutzen, in gewissen Stadtvierteln wie La Boca sollten wir uns besser nur in den touristischen Zonen aufhalten. Das sind Ansagen, die wir beherzigen, auch wenn uns jedes Mal ein komisches Gefühl überfällt, sobald sich abends wenig bis keine Menschen in einer Straße befinden. Das ist schade, schmälert es doch die ungemeine Freude, endlich einmal die Füße auf südamerikanischen Boden gesetzt zu haben. Als eine der ersten Aktionen müssen wir argentinisches Geld in der gegenüberliegenden Bank holen. Drinnen hat sich eine lange Schlange vor den Automaten gebildet, die fast bis zur Tür reicht. Wir stellen uns an und ziehen unser Handy als Rechenhilfe für den Umrechnungskurs aus der Tasche. Augenblicklich erscheint der Sicherheitsmann der Bank und schimpft lautstark auf Spanisch auf uns ein. Wir verstehen leider kein Wort, erkennen aber, dass es etwas mit dem Handy zu tun haben muss. Brav stecken wir es wieder in die Tasche und schauen uns verwirrt an. Der Sicherheitsmann scheint zufrieden zu sein, behält uns aber strengen Blickes im Auge. »Das ist aus Sicherheitsgründen«, erklärt uns der Argentinier hinter uns in der Schlange auf Englisch. »Es gab hier schon mehrere Vorfälle, bei denen Bankkunden beraubt wurden. Ein Mann in der Bank informiert über Handy einen anderen außerhalb der Bank, wer gerade Geld abgehoben hat. Der zweite Mann passt den Bankkunden dann einige Meter nach der Bank ab und fordert das Geld ein.« Ui, willkommen in Südamerika, was sind wir doch verwöhnt von deutschen Sicherheitsstandards! Ich bin froh, diese Herausforderungen nicht allein meistern zu müssen.

Abgesehen von der Sicherheitslage ist Buenos Aires faszinierend. Neben modernen Glasbauten findet man historische, aufwendig restaurierte Gebäude neben halb zerfallenen ehemaligen Schönheiten, neben hässlichen Plattenbauten. Wider meine Erwartung sind die Menschen hier oft sehr hellhäutig. Schwarze und braune Haare überwiegen zwar, aber es finden sich durchaus auch blonde und rothaarige Argentinier mit entsprechend heller Haut. Die

Menschen hier sind stolz auf ihre spanischen, italienischen, portugiesischen, polnischen und nicht zuletzt deutschen Wurzeln und erwähnen das auch bei jeder Gelegenheit. Wir finden sofort einen Draht zu den quirligen Leuten, die alles mit der sprichwörtlichen südamerikanischen Leidenschaft erledigen und erklären. Gleichzeitig sind sie sehr entspannt und freundlich. Wann immer wir Hilfe brauchen, nehmen sie sich ausgiebig Zeit und erklären uns alles auch mehrmals.

Buenos Aires und der Tango sind unmittelbar miteinander verbunden, gilt die Stadt doch als Wiege des Tanzes. Natürlich müssen wir das auch ausprobieren und versuchen unter Anleitung das Tanzbein zu schwingen. Es klappt mittelmäßig, aber der Tango packt auch uns, weil er einfach eine ganz eigene Dynamik und Stimmung hat. Wir tauchen tiefer in die Welt des Tangos ein und holen uns Karten zu einer professionellen Tango-Show. Im Tango Porteño, einem umgebauten Art-déco-Kino, gehen wir in unserer Backpacker-Kleidung (die so gar nichts von Abendgarderobe hat) in eine der zahlreichen Shows. Acht Musiker mit Ziehharmonika, Saxofon, Klavier, Synthesizer und Kontrabass machen gehörig Stimmung. Ein älterer Sänger, der vom Publikum bejubelt wird und offenbar eine lokale Größe ist, gibt ein sentimentales Tangolied zum Besten. Dann erobern die Tanzpaare das Parkett. Mal wirbeln mehrere Paare zusammen über die Bühne, mal konzentriert sich alles auf ein einsames Pärchen. Mal wird ein theatralisches Stück über Liebe, Eifersucht und die Qual der Wahl eines Mannes zwischen zwei Frauen getanzt, mal ganz klassisch die Bühne erobert. Ich lasse mich restlos mitreißen, die Anmut und gleichzeitige Energie faszinieren mich. Aber nicht nur in großen Shows erleben wir den Tango. Auch auf Plätzen im Freien wie in San Telmo, zahlreichen Bars und kleinen Restaurants schwingen die Argentinier feurig ihre Frauen über die Tanzfläche. Herrlich, wie der Tango hier zelebriert wird!

Inmitten des typisch schwarz-weißen Bodens mit Karomuster, der Bar aus dunkelbraunem Holz und unzähligen Weinflaschen wird neben dem Tangotanzen leckeres argentinisches Rindersteak genossen. Matías, der Kellner, begrüßt uns in einem dieser Restaurants mit Handschlag und stellt sich mit Vornamen vor. Er plaudert ein wenig auf Englisch mit uns und schafft damit gleich eine lockere Wohlfühlatmosphäre. Überhaupt geht es hier ziemlich lebhaft zu. Es wird viel gelacht, die Leute ziehen ihre Tischnachbarn gerne in ihre Gespräche mit ein. Leider verstehen wir zu wenig Spanisch, um uns daran zu beteiligen. Unser Kellner serviert uns einen Malbec, einen argentinischen Rotwein, und zarte, saftige und unheimlich geschmackvolle Rindersteaks. Diese Kombination explodiert auf meinen Geschmacksnerven und entlockt uns ein genussvolles Stöhnen mit geschlossenen Augen. Das sind wirklich die besten Steaks, die ich je irgendwo gegessen habe!

Die nächsten Tage suchen wir nach ein paar typischen argentinischen Gerichten, die wir aber nirgendwo auf der Speisekarte finden können. *Locro* zum Beispiel: ein Eintopf aus Bohnen, Gemüse und Fleisch. Als wir danach fragen, wird uns erklärt, dass es diese Gerichte nur zu bestimmten Feiertagen und nur von Mama gibt. Schade, das hätte ich gern probiert.

Die Stadtteile präsentieren sich alle komplett unterschiedlich. Während in San Telmo alte Häuser im Kolonialstil und enge steinerne Alleen vorherrschen, in denen Flohmärkte und Tangokultur zelebriert werden, glänzen in Montserrat historische Gebäude, wie der Regierungspalast, auf dem schon Juan und Eva Perón (Evita) zu ihren Anhängern sprachen, das *Theatre Colón*, der *Palacio Barolo* und unzählige andere sehenswerte Architekturschönheiten. In *La Recoleta* besuchen wir *El Ateneo Grand Splendid*, ein altes Theater und heute der schönste Buchladen, den ich je gesehen habe. An den Decken schweben große, hölzerne Engel, deren goldene Bemalung an manchen Stellen bereits abblättert, die mir aber trotzdem wohlwollend zuzulächeln scheinen. Dicke burgunderrote Samtvorhänge rahmen die ehemalige Bühne ein, auf der jetzt ein paar Tische zum Kaffeetrinken einladen. Über vier Etagen befinden sich rechts und links der Bühne goldverzierte Balkone, in denen sich Kunden auf samtbezogenen Sesseln in Bücher vertiefen können. Unzählige runde Lampen, mal schlicht und einfach im Design, mal schnörkelig verziert, schlängeln sich entlang der Balkone und rund um die einzelnen Etagen und lassen den Buchladen noch prächtiger glänzen. Ich verliebe mich sofort in diesen Laden, stöbere in den unterschiedlichsten Büchern und lasse mich bei einer Empanada auf der Bühne vom Flair verzaubern.

Einen Gegensatz dazu bildet das Viertel Palermo, das eher hip und stylish daherkommt. Wir spazieren abseits der touristischen Pfade und ich sehe zum ersten Mal auf meiner Reise Street Art. Künstler verzieren mit fantastischen Malereien Hauswände, Betonmauern und andere hässliche Bauten. Bunt, realistisch, futuristisch, grafisch; beeindruckend finde ich diese Art der Verschönerung auf jeden Fall. Was könnten wir doch auch in Deutschland viele unschöne Betonbauten mit dieser Art von Kunst aufwerten.

Zum Abschluss unserer Zeit in Buenos Aires fahren wir mit Luca, einem Guide, der Sightseeingtouren anbietet, auf Fahrrädern durch die Stadt. Wie auch in Bangkok finden wir das die beste Art, die Stadt zu entdecken. Wir sehen das moderne Hafenviertel Puerto Madero, fahren entlang des Tigre-Deltas und durchqueren das berühmt-berüchtigte Stadtviertel La Boca. Neben dem bekannten Stadion *La Bombonera* des Fußballclubs Boca Juniors, in dem schon Diego Maradona gespielt hat, wird auf der Straße gefeiert. Abseits der touristischen Fußgängerzone *Caminito* gilt der Stadtteil als unsicher. Vor allem Seitengassen sind abends tabu. Die Kriminalitätsrate steigt jährlich an, einige Reiseführer schreiben schon von einer No-go-Area. Wir sind froh, Luca als Einheimischen dabeizuhaben. Bekannt ist der von italienischen Einwanderern geprägte Stadtteil vor allem für seine bunten Wellblechhäuser. Restaurants, Bars, Künstler und Souvenirshops zieren die Fußgängerzone. In einem Park am Rande des Viertels bietet uns Luca seinen mitgebrachten Matetee an, der in Argentinien zum Brauchtum gehört. Das Mate-Set besteht aus einem Becher und einem Trinkhalm aus Metall, der am unteren Ende wie ein Löffel aussieht. »Der Argentinier hält immer eine Thermoskanne mit heißem Wasser bereit und trifft sich auf einen Mate zu jeder Gelegenheit«, erklärt uns Luca. Der Becher wird mit Mateblättern gefüllt und heißem Wasser aufgegossen. Nach kurzer Ziehzeit wird er in der Gruppe weitergereicht, jeder darf ein oder zwei Schluck nehmen, dann wird nachgefüllt. Geht der Argentinier auf Reisen, nimmt er sein Mate-Set mit. Nachmittags trifft man sich mit Freunden auf einen Mate, bei der Arbeit in der Pause; macht man einen Ausflug, trinken alle Mate, trifft man sich zufällig auf der Straße, trinkt man Mate. Und manchmal darf auch ein Tourist mittrinken. Eigentlich wollte ich höflich sein, doch der erdig grüne Blättergeschmack mit einer kleinen miefigen Note lässt mich das Gesicht verziehen. Luca lacht und bestätigt, dass andere Nationen den Geschmack nicht wirklich zu schätzen wissen.

Nach nicht ganz einer Woche Großstadt sind wir froh, wieder ein wenig Landluft zu schnuppern, und machen uns auf den Weg Richtung Süden – zum Ende der Welt.

PUERTO MADRYN – SCHLAUCHBOOTERFAHRUNGEN

Bereits die Ankunft am Flughafen von Puerto Madryn, auf halbem Weg zum Ende der Welt, versetzt mich in pures Staunen. Außerhalb des Flughafens, der so klein ist, dass man zu Fuß über das Rollfeld läuft, und der nur über ein einziges Gepäckband verfügt, ist – nichts. So weit das Auge schauen kann, nur Pampa. Flach, sandiger Boden, kurzes gelbgrünes Gestrüpp. Keine Bäume, keine Flüsse, keine Häuser – nichts. Was für eine Weite. »Früher gab es hier Hunderte Rinder«, teilt mein Sitznachbar aus dem Flugzeug mir mit. Der 70-Jährige ist Engländer, aber seine Frau kommt aus der Gegend und sie verbringen hier immer die Winterzeit. »Der Klimawandel hat hier alles verändert. Es gibt nicht mehr genug Grün zu fressen«, erzählt er resigniert weiter und so finden sich hier riesige Weiden, die ungenutzt ihr Dasein fristen.

Unser Hostel im kleinen Städtchen Puerto Madryn ist mit Eisentoren vergittert. Auch hier habe ich ein komisches Gefühl in der Bauchgegend, als wir abends durch die halb leeren Straßen laufen. Ein weiteres Mal bin ich froh, Ralph an meiner Seite zu haben, mit dem ich zwielichtigen Gestalten, die uns anquatschen, ignorieren kann. Die Tage sind dafür umso schöner. Wir unternehmen einen Tagesausflug auf das UNESCO-Naturerbe, die Halbinsel Península Valdéz. Rund eine Stunde Fahrt mit einem Kleinbus entfernt liegt Puerto Pirámides, der einzige Ort, oder sagen wir besser, die einzige Häuseransammlung der Halbinsel. Dort steigen wir auf ein Schlauchboot um und hoffen, dass wir Glück haben und ein paar der größeren Meeresbewohner sehen werden. Schnell legen wir die orange leuchtenden Rettungswesten an und schon gehts los. Ich bin total aufgekratzt, noch nie habe ich Wale gesehen und mir ist zudem ein wenig mulmig zumute, wenn ich die Größe und die Stabilität unseres Schlauchbootes näher betrachte. Aber auch hier gilt wieder – einfach vertrauen und die Dinge nehmen, wie sie kommen. Die Chance auf so einen Augenblick, den Tieren für ein paar Minuten nah zu sein und all ihre Kraft und natürliche Schönheit zu erleben, möchte ich auf keinen Fall verstreichen lassen. Nach ungefähr 15 Minuten ruhigen Umherschipperns im Golfo Nuevo kommt eine Schule von Delfinen vorbei, schwimmt und springt an unserem Boot entlang, spielt mit den Wasserwirbeln, die unser Boot hinterlässt. Fröhlich tanzend begleiten sie uns. Hätten sie Hände, würden sie uns vermutlich einfach an der Hand nehmen, mitziehen und mit guter Laune anstecken. Zehn Minuten später schlägt unser Kapitän Alarm: Er hat einen Wal gesichtet! Vorsichtig, mit gedrosseltem Motor, schleicht sich unser Boot langsam näher heran. Wir machen zwei Walkühe mit einem Jungen aus – eine sehr seltene Kombination! Es sind gigantische Kolosse, die in ihrer vollen Größe bis zu 17 Meter lang und bis zu hundert Tonnen schwer werden. Immer wieder taucht ein Kopf auf, prustet Wasser durch das Blasloch in die Luft. Der massige Walkörper taucht wieder ab, dreht sich unter Wasser auf den Rücken und in einer rollenden mächtigen Bewegung wieder zurück. Neben diesen beleibten, kräftigen Kreaturen wird mir wieder bewusst, wie klein der Mensch doch ist. Wir sind einfach nur ein klitzekleiner Teil von dieser Welt, nur ein Teil in einer wunderschönen Natur, die wir uns mit all den anderen Geschöpfen zu teilen haben, es aber leider nicht immer tun. Die drei Wale kommen näher, sind jetzt ganz dicht am Boot. Ich halte die Luft an, so spannend finde ich das Schauspiel. Ich habe einen Platz vorn am Bootsrand ergattert und kann ungestört die majestätischen Bewegungen beobachten. Einer unserer drei Guides erklärt uns: »Die eine Walkuh nimmt ihr Junges nicht an oder kann es nicht füttern. Deswegen kümmert sich die zweite Walkuh um das Baby und fungiert als Amme.« Was für ein soziales Verhalten, das berührt mich zutiefst. Bei den Walen handelt es sich um Glattwale. Rund 2.000 Exemplare kommen hier jedes Jahr her, um ihren Nachwuchs zu bekommen, weil sie in der Bucht sicherer als auf offener See sind. Glattwale sind sehr freundliche Geschöpfe, die zwar sehr nah ans Boot schwimmen, aber dann sanft unter dem Boot hindurchtauchen oder nebenherschwimmen. Manchmal stecken sie ihre Köpfe aus dem Wasser oder zeigen majestätisch ihre Schwanzflosse. Mutter und Kalb schwimmen immer zusammen, dabei lernen die Kälber spielend alles von ihrer Mutter. Ich bin beeindruckt! Nach 45 Minuten macht sich unser Boot auf den Rückweg. Die Fahrten hier sind stark reglementiert, sodass den Meeresbewohnern nicht zu viel zugemutet wird. Wir sind noch lange total gefangen von diesen Momenten und können das Erlebte nicht ganz fassen. Zu schön war diese Erfahrung. Welch ein Glück ich doch habe!

Mit unserem Kleinbus fahren wir weiter Richtung Norden. Auf dem Weg sehen wir kuschelige Guanakos am Straßenrand (eine Art Lamas, die hier wild leben), kleine Vogelstrauße und Gürteltiere. An einem Aussichtspunkt sehen mich zwei Handvoll kleine, schwarz-weiße Magellanpinguine aus ihren schwarzen Knopfaugen neugierig an, bevor sie zurück zu ihren Artgenossen watscheln. Die Pinguine scheinen sich ein weißes Band um den Kopf und den Hals gebunden zu haben, das als Verzierung des schwarzen »Fracks« am Revers entlang nach unten zu den platten Füßen verläuft und sie verkleidet aussehen lässt. Faule, dicke See-Elefanten liegen grunzend im warmen Sand unterhalb des Aussichtspunktes und hin und wieder bringen sie ihre Massen mit wellenartigen Bewegungen in Schwung. »Sie warten hier auf den Fellwechsel, bevor sie wieder ins weite Meer schwimmen, um zu fressen«, sagt unser Guide. Wir sehen eine kleine Eule in ihrem Erdloch, und Maras, die wie eine Mischung aus Kaninchen und Kängurus aussehen. Bereits auf dem Rückweg rennt noch kurz eine handtellergroße Tarantel über die Straße. Da bin ich froh, im Bus zu sitzen, obwohl sie auch gleich wieder verschwunden ist. Ein Tag mit so vielen wild lebenden Tieren hätte ich mir nicht träumen lassen – er war gigantisch, herzberührend! Diese Vielfalt artenreicher Bewohner in natura zu sehen ist für mich ein ganz besonderes Erlebnis.

Unsere weitere Route bringt uns noch tiefer in den Süden bis ans tatsächliche »Ende der Welt«.

DAS ENDE DER WELT – FEUERLAND NICHT ABGEBRANNT

Rund 1.800 Kilometer weiter im Süden liegt die letzte Stadt Argentiniens am südlichsten Zipfel Amerikas. *Ushuaia* befindet sich in der Inselwelt von Feuerland, direkt am Beagle-Kanal. Schon der Anflug ist abenteuerlich. Auf einer Seite befinden sich die hoch aufragenden Gipfel des Gebirgszuges *Montes Martial.* Sie sind so nah, dass ich befürchte, unsere Tragflächen bleiben an ihnen hängen. Wir fliegen immer tiefer und tiefer und ich sehe nur Wasser unter uns. Die Landebahn ist direkt im Meer und man bekommt unweigerlich das beunruhigende Gefühl, dass es der Flieger nicht mehr schaffen kann, darauf zu landen. Zusätzlich bläst ein kräftiger Wind, der unser Flugzeug durchschüttelt, aber die Piloten sind geübt und bringen uns sicher auf den Boden. Kurze Zeit später stehen wir bereits vor dem Flughafen, der den Charme einer großen Berghütte ausstrahlt und perfekt hierher passt. Wir sind glücklich, hier zu sein, aber wir wissen nicht genau, was uns hier erwarten wird, weil wir aus Beschreibungen und Erzählungen nicht schlau geworden sind. Zu viele unterschiedliche Meinung zu diesem Fleckchen Erde kursieren im Netz. Doch von der ersten Sekunde an herrscht hier ein ganz besonderes Flair – und schon wieder verliebe ich mich auf der Stelle. Die Landkarte ist hier zu Ende, hier geht's nicht weiter. Oder doch? Die Antarktis ist ganz nah, Expeditionsschiffe zum Südpol stehen in Ushuaia zur Abfahrt bereit. Wie gern würde ich die verlassene Polregion erkunden, aber im Moment sprengt es den zeitlichen und finanziellen Rahmen. Vielleicht das nächste Mal.

Große, vertrocknete Flächen, endloses Gestrüpp, angenehme Temperaturen – so hatte ich mir Argentinien vorgestellt, aber hier am »Ende der Welt« sieht es nicht annähernd so aus! Vielmehr ist es eine Mischung aus Norwegen und Alpen – viel Grün und vor allem bergig. Die Landschaft ist der absolute Wahnsinn! Sofort wollen wir aktiv werden, die Landschaft durchforsten, Berge erklimmen. Es ist sehr windig und mit knapp unter zehn Grad richtig ungemütlich. Unsere Unterkunft ist dieses Mal eher wie ein Airbnb, sehr persönlich mit Frühstück in der Küche, einem Kühlschrank, in dem wir unsere Sachen deponieren können, und einem Herd, den wir mitbenutzen dürfen.

Der argentinische Vermieter kümmert sich rührend um uns, er gibt uns Tipps für Touren und vermittelt uns einen günstigen Mietwagen. Die Häuser Ushuaias spiegeln indes die unterschiedlichen Gesellschaftsschichten der Stadt wider: Im Zentrum entlang des Hafens findet man moderne Restaurants, Outdoor- und Souvenirshops sind wie auf einer Perlenkette aneinandergereiht. Bekannte Einzelhandels- und Restaurant-Ketten haben sich hier niedergelassen, aber immer mal wieder sieht man auch alteingesessene Traditionsbars, die den gemütlichen Charme alter Zeiten ausstrahlen. Wir laufen an prunkvollen Häusern mit großen Gärten vorbei, passieren aber gleich daneben heruntergekommene winzige Hütten. Die Kontraste sind groß und konzentrieren sich nicht auf bestimmte Gegenden, sondern mischen sich über das gesamte Stadtgebiet.

Gleich am ersten Abend sind wir völlig irritiert, als wir gegen Mitternacht zu unserer Unterkunft laufen. Die Stadt ist in ein geheimnisvolles Licht getaucht, und immer noch ist es hell und alles gut zu erkennen. Es ist nicht so strahlend hell wie um die Mittagszeit, eher unwirklich unscharf wie in einem schlecht ausgeleuchteten alten Film. Damit hatten wir nicht gerechnet, aber als wir über das Datum und unsere geografische Lage nachdenken, fällt es uns wie Schuppen von den Augen: Klar, hier ist es Mittsommer! Es ist kurz vor Weihnachten und wir befinden uns in der Nähe des Südpols! Das magische Licht der Mitternachtssonne nimmt uns gefangen und verzaubert die Landschaft um uns herum trügerisch. Eine spannende Erfahrung für uns. Unseren Schlaf beeinflusst das Ganze zum Glück nicht weiter und wir sinken nach einem ausgiebigen Nachtspaziergang in einen traumlosen Schlaf.

Die erste Trekkingtour unternehmen wir zur *Lagoon Emerald*. Mit dem öffentlichen Bus fahren wir zur Haltestelle an einem Parkplatz. Wir sind allein, als wir uns auf den verwunschenen Weg durch den bemoosten, wilden Wald machen. Zwar begegnen uns hin und wieder ein paar Wanderer, aber allzu viele sind es nicht, kein Handy stört – Empfang hat man hier oben in der Wildnis nicht. Der Nationalpark ist ein lebendiges Beispiel für den Lauf der Natur. Alte Baumstämme werden liegen gelassen, verrotten, dienen unzähligen Krabbeltieren als hochwertige Nahrungsquelle und neues Zuhause, Pflanzen und Moos vereinnahmen das alte Holz und bewuchern es wieder. Uns empfängt eine unwirkliche, märchenhafte Landschaft, die durch die einfallenden Sonnenstrahlen in den unterschiedlichsten Grüntönen leuchtet. Ein Traum! Nach der Zeit in der Stadtwüste von Buenos Aires und der Steppe in Puerto Madryn merke ich, dass sie mir gefehlt haben: die Bäume. Endlich wieder einatmen, ausatmen, aufatmen. Am liebsten würde ich jeden einzeln begrüßen, von einem zum anderen rennen und ihnen allen sagen, wie sehr ich sie vermisst habe. Mit ihnen kommt auch ein anderes, dunkleres, saftigeres Grün wieder in mein Leben zurück, das ich willkommen heiße. Der Weg führt uns weiter über ein Hochmoor mit torfigem Boden, der lustig unter unseren Füßen wippt. Ein entspanntes Gefühl beim Laufen macht sich breit. Dann wird die Landschaft schroffer, vereinzelt liegen Felsbrocken auf den almähnlichen Wiesen herum. Über einen leichten Anstieg entlang eines Baches erreichen wir unser heutiges Ziel, die Lagune. Umrahmt von Bergen, liegt sie in strahlendem, türkisem Blau vor uns. Traumhaft schön, wie sie sich an die Felsen schmiegt, die zum Teil schneebedeckt sind. Wir genießen die Ruhe, machen ein Picknick am See, lassen uns die Sonne auf den Pelz scheinen. Mich endlich wieder frei draußen in der Natur zu bewegen, das hatte ich vermisst. Sosehr ich auch das pulsierende Leben und die vielen Möglichkeiten einer Stadt zu schätzen weiß, fühle ich mich in der Natur wohler, bin hier Teil eines größeren Ganzen, kann mehr genießen. Wir lassen die Seele baumeln, ein wenig zu lange, sodass wir uns auf dem Rückweg sehr beeilen müssen. Ich mag mir gar nicht ausmalen, was passiert, wenn wir den letzten Bus zurück nach Ushuaia verpassen, ohne Handyempfang und ohne Spanischkenntnisse müssten wir trampen oder laufen. Nein, ich versuche mich zu beruhigen und keine Panik aufkommen zu lassen. Ich zwinge mich, an andere Dinge zu denken, und sporne mich zu mehr Tempo an, obwohl die Beine bereits schmerzen. Wir rennen so schnell es mit dem Rucksack geht. Bereits nach 20 Minuten wollen meine Beine nachgeben, meine Schenkel brennen wie Feuer, als wir den Bus an der Haltestelle durch die Bäume hindurch stehen sehen. Genau in dem Moment, in dem wir das Waldstück verlassen und nur noch wenige Meter vom Bus entfernt sind, schließt er die Türen. Laut schreiend, soweit es meine Lunge noch hergibt, geben wir nochmal alles und erreichen den Bus im letzten Moment. Wir sind überglücklich, als der Busfahrer Erbarmen hat und noch mal die Türen für uns öffnet. Erleichtert lassen wir uns mit Schweißperlen auf der Stirn in die Sitze plumpsen und nehmen uns fest vor, mehr Zeit als angegeben für zukünftige Touren einzuplanen. Das Bestaunen der Kleinigkeiten auf dem Weg kostet einfach zu viel Zeit.

Für den nächsten Tag haben wir dieses Problem gelöst: Wir fahren mit dem Mietwagen. Erstes Ziel ist der Nationalpark Tierra del Fuego (Feuerland), in dem wir schon allein einen ganzen Tag nur mit Wandern verbringen könnten, so groß und abwechslungsreich ist er. Wir begnügen uns stattdessen mit einem Spaziergang durch die knorrigen, windgebeugten Bäume entlang des bemoosten Weges. Wilde Papageien (Canchanas oder auch Smaragdsittiche genannt) beobachten uns in Scharen von ihrem Posten auf den Bäumen zwischen den sommergrünen Blättern. In einer Wellblechhütte, mit argentinischer Flagge, verkauft ein knautschiger, älterer Postmann mit weißem Rauschebart Postkarten – im letzten Post-Office der Welt. Er drückt den Karten noch einen Extra-Stempel »Fin del mundo« (Ende der Welt) auf und lässt uns wissen: »Es dauert ein bisschen, bis die Karte ankommt. Aber vom Ende der Welt ist das eben so«, und lacht ein trockenes, grummeliges Lachen. Auf dem Steg hinter dem Post-Office, der über den Beagle-Kanal verläuft, ergreifen mich ein paar sentimentale Gedanken. Ich stehe am Ende der Welt und fühle mich unendlich weit weg von zu Hause. Zum Glück ist Ralph bei mir, der mir die Distanz zur Heimat nimmt und mit dem Gefühl der Nähe auffüllt. Da stehen wir nun, halten uns in den Armen und schwelgen gemeinsam im Augenblick. Es sind Momente wie diese, wenn wir gemeinsam erleben, sehen, fühlen, die uns zusammenschweißen und unsere Zeit intensiv machen. Sie sind in ihrer Intensität der Ausgleich für die Zeit, die wir getrennt verbringen. Statt stetiger Gleichförmigkeit im Alltag, die zu gewissen Zeiten im Leben angenehm sein kann, leben wir in diesem Jahr belebend ausgeprägte Distanz und Nähe.

Distanz wollen wir auch heute noch in Kilometern zurücklegen und fahren weiter in die Pampa entlang des Beagle-Kanals. Im Wald tauchen am Rand des holprigen Matschweges immer wieder einfache Blockhütten auf, vor denen

Bewohner stehen, die uns unfreundlich anstarren. Es hat etwas vom Beginn eines Horrorfilms, hier möchte ich keine Panne haben! Aber unser Kleinwagen zuckelt uns tapfer erst durch den Wald, dann durch struppig graugrüne Wiesen. Ziel ist die *Estancia Harberton*, erste mit Schafzucht bewirtschaftete Farm in Feuerland, die von Thomas Bridges, einem englischen Missionar, 1886 gegründet wurde. Thomas Bridges studierte die Sprache der hier ursprünglich lebenden Indigenen, der Yámana, und erstellte dazu ein umfassendes Wörterbuch. Er setzte sich für sie ein, forderte ein Reservat zu ihrem Schutz, weil eingeschleppte Krankheiten und Verfolgung mit der Zunahme von Einwanderern eine starke Bedrohung für die indigene Bevölkerung darstellten. Leider hatten seine Forderungen keinen Erfolg. Die letzte nach dem ursprünglichen Lebensstil und der Tradition lebende Yámana, Rosa Yagan Yagan, starb 1983 in Chile. Lucas Bridges, Adoptivsohn von Thomas Bridges, veröffentlichte 1948 das bekannte autobiografische Buch »Uttermost part of the earth« über das Leben der Indigenen auf Feuerland und die Veränderungen durch die Kolonisation. Er wollte die Indigenen nicht wie viele andere beherrschen, sondern durch Austausch von Wissen und Kultur wachsen. Ohne ihn würden wir weitaus weniger über die Yámana und ihre alte Kultur wissen. Er lebte von der Schafzucht, aber irgendwann im Laufe der Jahre wurde die Schafzucht durch den extrem kalten Winter und die nachlassende Nachfrage nach Schafprodukten unrentabel und Mitte der 90er-Jahre endgültig eingestellt. Heute lebt die Farm vom Tourismus. Es ist eine einfache Farm, aber für damalige Verhältnisse sicherlich stattlich. Benannt nach der Heimatstadt seiner Frau, erstreckt sich die Estancia über mehr als 200 Quadratkilometer Berge, Hügel, Wälder, Seen und Inseln. Die fünf weißen Gebäude mit den roten Dächern liegen direkt an einer geschützten Bucht, umgeben von Hügeln, mit Blick auf die weiß gezuckerten Andenausläufer. Es fühlt sich unwirklich an, hier zu sein. Wir könnten uns auch in einem anderen Jahrhundert befinden. Auf dem Ort liegt ein Hauch von Langsamkeit und Ruhe. Gleichzeitig kann ich mir wunderbar vorstellen, welchen Pioniergeist und welche Neugier die Bridges gespürt haben, als ich durch den Garten des Haupthauses schlendere. Rosensträucher, Blümchen in zartem Rosa und leuchtendem Gelb, Apfelbäume und Pinien – man könnte fast meinen, man wäre in England. Allein der riesige

Kieferknochen eines Wales, der als Torbogen über dem Garteneingang thront, ruft mich zurück nach Feuerland. »Die Knochen sind mit einem gekenterten Boot an den Strand gespült worden. Hier gab es früher viel Walfang, da ist das eine oder andere Boot schon mal verloren gegangen«, erzählt uns unser Guide Linda. Linda ist voll in ihrem Element, führt uns über die Farm, zeigt uns die Scheune mit den historischen Gerätschaften, in der die Schafe ihres Fells entledigt wurden, und die ehemaligen Schlachtgebäude, die heute nichts mehr Blutiges an sich haben.

Direkt nach der Tour müssen die anderen Teilnehmer, die alle mit dem Boot gekommen sind, dank Gruppenzwang und straffem Zeitplan wieder los. Ein Hoch auf die Unabhängigkeit mit dem eigenen Auto! Wir bekommen noch eine exklusive Führung über den Friedhof etwas abseits auf einem Hügel. Das Besondere an diesem Friedhof ist, dass er gleichzeitig ein kleines Naturreservat ist, in dem die unterschiedlichsten Baumarten, Sträucher und Pflanzen bemoost und beschützt stehen. Ein kleiner, grauer Fuchs verschwindet hinter einem Grabstein, als wir den Friedhof betreten, einige Graugänse fliegen über uns hinweg, schreiend und anklagend, ihre heile Welt gestört zu sehen. Blauer Himmel, weiße Wolken, grüne Hügel, dunkles Wasser mit hellen Schaumkronen – Harberton versetzt mich in eine andere Zeit. Doch so schön es auch ist, wir müssen das Auto zurückgeben und machen uns auf die Fahrt zurück zu unserer Unterkunft.

PATAGONIEN – WEIHNACHTEN IM NATIONALPARK LOS GLACIARES

Das nächste Abenteuer wartet bereits auf uns, morgen geht es weiter in die Nationalparks Patagoniens. Gefühlte eintausend Bilder habe ich davon schon gesehen, mich hingeträumt und jetzt wird es wahr! Ich muss mich bremsen, um nicht zu viele Erwartungen aufzubauen. Etwas auf sich zukommen lassen, einfach erleben, kleine Details sehen – das bietet Entfaltungsmöglichkeiten für die schönsten Erlebnisse.

El Chalten erwartet uns mit seinen 2.000 Einwohnern am Fuße der Berge im Nationalpark *Los Glaciares*. Charmant umwirbt es uns mit einer Mischung aus einheimischer Natürlichkeit und touristischem Komfort. Wir schlendern durchs Dorf, stoßen auf ein kleines Konzert draußen im Hof einer Eisdiele, zu dem wir gleich herzlich rangewunken werden. Eine Mischung aus Ska und argentinischer Musik zieht die unterschiedlichsten Menschen in den Innenhof und verführt sie zum Tanzen. Teenies und Omas, Touristen und Argentinier hüpfen, wackeln mit den Hinterteilen, trinken Cocktails und Bier und haben eine wundervolle Zeit miteinander. Was für ein schöner Einstieg in dieses Dörfchen, das jetzt schon mein Herz im Sturm erobert.

Leicht verkatert sitzen wir am nächsten Morgen am Frühstückstisch unseres Hostels. Eine Mutter mit ihrer Tochter aus Italien sitzt mit uns am Tisch und hat auch den Bus gebucht, der uns heute zum Ausgangspunkt für die Wanderung zum viel beachteten *Fitz Roy*, der Hauptattraktion des Nationalparks, bringt. Sie quatschen uns das Ohr voll und wir sind froh, als sie sich schnellen Schrittes in Richtung des Bergs davonmachen. Bis auf den letzten Anstieg soll die Wanderung nicht zu anspruchsvoll sein, das kommt mir entgegen. Durch Wälder hindurch erreichen wir das Basecamp, auf dem jeder, der mehrtägige Touren unternimmt, campen kann. Es ist unglaublich windig und für die Zelte wurden kleine Schutzbuchten aus Ästen aufgebaut. Entlang des Camps fließt ein kristallklarer Bach mit Trinkwasserqualität, heißt es. Wir vertrauen den Worten eines Mannes und füllen gutgläubig unsere Flaschen auf. Erst jetzt fällt mir ein Warnschild auf: ein Verhaltenskodex, falls ein Puma vorbeikommt. Was? Hier gibt es Pumas? Ich bin geschockt und gleichzeitig neugierig. Im Moment ist es mit den zahlreichen anderen Wanderern ziemlich laut, da bin ich mir sicher, dass wir heute keine Pumas sehen. Aber nachts? Ich würde wahrscheinlich bei jedem Geräusch in meinem Zelt vor Angst erstarren und auch ein nächtlicher Pipigang wäre undenkbar. Das ist wieder so eine Situation, die mich reizt und mir gleichzeitig gehörig Respekt einjagt. Ich würde es auf einen Versuch ankommen lassen, aber das Hostel ist bereits bezahlt und ein Zelt haben wir auch nicht mit. Also bleiben wir auf dem Weg und machen uns an den letzten Abschnitt zum Fitz Roy. Es geht einen felsigen Anstieg hinauf, der den bisher sehr moderaten Weg dann doch noch anstrengend macht. Ordentlich aus der Puste erreichen wir den Kamm direkt oberhalb der Lagune vor dem gewaltigen, schroffen Granitberg. Was für ein Anblick! Der schweißtreibende Aufstieg der letzten Stunde hat sich definitiv gelohnt. 3.406 Meter ist der Fitz Roy hoch. Das klingt vielleicht nicht nach sehr viel, aber nur die besten Kletterer der Welt können ihn überhaupt bezwingen. Da wir nicht dazu gehören, betrachten wir ihn von unten. Der Himmel ist in langweiligem Grau wolkenverhangen, doch während wir andächtig den Berg bewundern, kann sich plötzlich für ein paar Minuten die Sonne durchsetzen. Das Wasser der Lagune verfärbt sich augenblicklich in ein unglaubliches Türkis. Welch ein Farbspiel der gigantischen Art! Dazu fließt blau schimmernd die Gletscherzunge neben dem Berg bis in die Lagune hinein. Eine fantastische Komposition von Farben, die uns Mutter Natur da wieder präsentiert! Und schwups, ist die Sonne auch schon wieder verschwunden. In der Sprache der Teheuelche-Indiander, die hier beheimatet sind, heißt der Fitz Roy *Chaltén*, »der Rauchende«, da dessen Gipfel meist von Wolken umkreist wird. Auch bei uns bleibt der Fitz-Roy-Gipfel wolkenverhangen – bis wir den Abstieg hinter uns haben.

Kaum sind wir unten, zeigt sich der Gipfel dauerhaft in seiner ganzen Pracht. Will der mich veräppeln? Ein stetiger Wind ärgert uns zusätzlich und trübt die Stimmung. All die Bilder, die ich irgendwann irgendwo gesehen habe, sind in meinem Kopf verankert und genau deswegen bin ich hier – das will ich sehen und erleben. Aber wehe, Kleinigkeiten stellen sich mir in den Weg, dann ist da ein kleiner Stachel, der permanent pikst. Natürlich weiß ich, dass ich nichts erwarten sollte, die meisten Fotos sind bearbeitet, geschönt, und dennoch ist es meine Idealvorstellung. Ich schüttele mich und mache mich frei von Erwartungen. Wer bin ich, dass ich mir einbilde, alles hat perfekt zu sein? Wir machen uns auf den Rückweg, durch unwirkliche Sanddünen, die mich an die Niederlande erinnern, und dann durch Wald mit knorrigen Bäumen über immer lieblichere Wiesen. Meine Füße brennen und wir nutzen einen Bergsee für eine Pause und hängen die nackten Schönheiten ins erfrischend kalte Wasser, machen ein kleines Nickerchen im Sonnenschein, um uns dann wieder weiterzuschleppen. Nach elf Stunden erreichen wir unser Hostel. Die Beine sind schwer, der Rücken schmerzt. Wie habe ich die Trekkingtour im Himalaja bloß geschafft? Man wächst wohl doch mit den Anforderungen …

Aber da wir in der Trekking-Region schlechthin sind, heißt es auch am nächsten Tag: Rauf in die Berge! Wir starten unsere Tour zur Lagune am Fuße des *Cerro Torre*. Auch diese Tour ist nicht schwierig, nur lang. Sieben Stunden sind veranschlagt – und die haben es in sich! Auf dem Weg zum Cerro Torre fängt es an zu regnen, zwar nicht stark, dafür dauerhaft. Doch an der Lagune vor dem Cerro Torre weht ein eisiger, stürmischer Wind und peitscht uns den Regen ins Gesicht. Haben wir gerade noch überlegt, unsere Jacken auszuziehen, sind hier Handschuhe und Mütze angesagt. Mitten in der gelbgrauen Lagune treibt meine erste Eisscholle. Das leuchtende Blau hebt sich vom Rest ab und macht die Scholle zu einem Außenseiter inmitten dieser Berglandschaft. Schon das allein fesselt meinen Blick. Leider können wir aufgrund des Wetters nicht näher zur Gletscherzunge herangehen. Der Berggipfel des Cerro Torre ist leider auch wolkenverhangen und nur schemenhaft zu sehen. Schade! Auf dem Rückweg folgt uns der Regen hinunter ins Tal, wir nehmen ihn mit nach El Chalten. Später erfahren wir, dass ein Kletterer, der den Torre an diesem Tag bezwingen wollte, es nicht geschafft hat und in die Tiefe gestürzt ist. Eine gruselige und traurige Vorstellung. Das passiert hier immer wieder: Das Wetter schlägt zu schnell um und viele bringen nicht genug Zeit mit, um auf optimale Verhältnisse zu warten. Ob es das wert ist?

Es ist der 24. Dezember – Weihnachten! Viel Weihnachtsstimmung gibt es im Hostel nicht. Jeder daddelt am Handy rum, um Weihnachtswünsche zu beantworten (Deutschland ist vier Stunden voraus, da sind die Vorbereitungen schon in vollem Gange). Im ganzen Ort gibt es wenig Weihnachtsschmuck, weihnachtliche Musik ist auch nicht zu hören. Heute gehen wir alles etwas gemütlicher an. Wir genießen die kurze Wanderung zu einem Aussichtspunkt vor El Chalten. Kormorane fliegen über uns, während wir unseren Blick bei einem Picknick über die unendliche raue Weite bis hin zur *Laguna del Viedema* schweifen lassen. Beautiful. Gelb, Grün, Grau, leuchtendes Türkis. Wieder einmal werden meine Augen mit einer unbegreiflichen Farbpalette beschenkt und der Anblick öffnet mein Herz.

Am Abend feiern wir noch ein wenig mit leckerem, argentinisch zubereitetem Lamm, Forelle und angenehmer argentinischer Musik. Bei schnulzigen Songs von Elvis und Sinatra denken wir an unsere Familie und Freunde und sinnieren darüber, wie anders dieses Weihnachten doch ist.

PATAGONIEN – GLETSCHERGIGANTEN

Ein klappriger VW-Bus holt uns am nächsten Tag gleich nach dem Frühstück ab und fährt uns weiter nach El Calafate. Dieses kleine Städtchen ist der Ausgangspunkt zum Gletscher *Perito Moreno*, zu dessen Gletscherzunge man mit dem Schiff bis auf wenige Meter hinfahren kann. Eines meiner Traumziele, schon bevor ich meine Reise angetreten habe.

El Calafate hat sich auf Touristen eingestellt, es gibt eine richtige Touri-Meile mit Läden, Reisebüros, Restaurants und Kneipen. Ich möchte ganz nah und direkt mit dem Gletscher in Berührung kommen und deswegen unbedingt ein Gletschertrekking machen. Meine Euphorie wird jedoch in allen Reisebüros hart ausgebremst: Auf Wochen ausgebucht, heißt es überall! Meine Laune sinkt in den Keller. Das darf doch einfach nicht wahr sein! Aber egal, in welches Reisebüro ich auch gehe, immer wieder die gleiche Antwort: »Sorry, in drei Wochen können wir Ihnen wieder ein Trekking anbieten. Bis dahin sind bereits alle Plätze vergeben!« Das ist wohl die Kehrseite vom freien, flexiblen und ungeplanten Reisen. Dafür sollte man nicht zu konkrete Wünsche haben oder viel Zeit mitbringen. Da wir die nächsten Wochen bereits konkret geplant haben, gibt es keine Möglichkeit, zu warten. Ich könnte heulen vor Wut. Selbst wenn ich jemals wieder hierher zurückkommen sollte, wird es nicht mehr so sein wie jetzt. Wer weiß, ob das überhaupt jemals passiert? Wird dieser Traum auf ewig ein Traum bleiben? An keinem mir bekannten Ort der Welt kann man sich so nah und so einfach an eine gigantische Gletscherzunge heranwagen. Der Tag ist für mich gelaufen.

Statt des Gletschertrekkings buchen wir eine Bootsfahrt zu den verschiedenen Gletschern *Sarmiento*, *Upsala* und *Perito Moreno*. Bereits auf der Fahrt zu den Gletschern begegnen uns immer wieder kleine Gletscherbrocken, die intensiv in dunklem Königsblau, hellem Himmelsblau oder türkisem Karibikblau strahlen. Der Gletscher Upsala kalbt so oft, dass wir nicht näher als etwa zehn Kilometer hinfahren können. Meine positive Erwartung verpufft mit einem Windhauch. Ich würde am liebsten hineinkriechen in das zerstörerische trügerische Weiß.

Der Gletscher Sarmiento ist schon beeindruckender, da wir noch näher hinfahren können. Rund 40 Meter ist er hoch. Wir kommen uns vor wie Zwerge, die wahnwitzig mit ihren kleinen Kameras herumfuchteln und verzweifelt versuchen, die Schönheit des Gletschers in einem Bild einzufangen.

Und dann ist er nach der nächsten Kurve da: der Perito-Moreno-Gletscher! Rechts und links grüne Bäume, ein Berg, neben dem sich der Gletscher in den Fluss arbeitet. Riesig türmt sich die 70 Meter hohe Gletscherwand vor uns auf. Unschuldig weiß mit bläulichem Unterton steht er tief zerfurcht in seiner gigantischen Größe im milchig grüngraublauen Wasser des *Lago Argentino*. Ständig gibt er knarzende und knurrende Geräusche von sich, er scheint immer in Bewegung zu sein. Hin und wieder bricht ein Stück aus den vorderen Reihen ab und rauscht tosend in den See. Es ist ein beeindruckendes Schauspiel, das für mich in seiner Schönheit und Gewaltigkeit die verzweifelten Versuche der Menschen, wichtig zu sein, mit selbstlosem Dasein zunichtemacht. Wir werden an Land abgesetzt, wollen uns den Gletscher von dieser Seite aus nochmals ansehen. Ein paar der Mitfahrenden bleiben an Bord. Das Boot dreht ab und fährt erneut am Gletscher vorbei. Plötzlich bricht nur wenige Meter vom Boot entfernt ein riesiges Stück des Gletschers ab. Genau vor dem Boot und ich bin nicht mehr an Bord! Ich fasse es nicht! Hätte das nicht vorher passieren können, als wir noch auf dem Schiff waren? Ich bin enttäuscht, aber fest entschlossen, mir dieses Mal nicht die Laune verderben zu lassen. Wir laufen auf den hölzernen Walkways auf Landseite entlang des Gletschers. Mal sehen wir ihn von unten und er erscheint mächtig, wie er sich vor uns auftürmt, dann wieder sehen wir ihn von oben, wie er sich über mehrere Kilometer nach hinten in die Bergwelt erstreckt. Ein stark zerklüftetes, lang gestrecktes Feld. Das Farbenspiel und der unwirklich erscheinende Gletscher hypnotisieren uns regelrecht. Ich könnte stundenlang darauf starren, den Geräuschen lauschen und gespannt warten, wo als Nächstes ein Stück abbricht und geräuschvoll in den See stürzt. Ein absolut unvergessliches Schauspiel der Natur! Wie schön da ein Gletschertrekking gewesen wäre. Aber auch ohne Trekking schließe ich die Gletscherwelt Argentiniens fest in meine Erinnerungen und mein Herz.

Abends lernen wir im Restaurant den Filmproduzenten Carlos Kargauer kennen. Er hat deutsche Vorfahren und lädt uns spontan auf seine Ranch ein. Auf einem Ausritt durch die argentinische Steppe erzählt er uns unglaubliche Geschichten von der Umrundung des Cerro Torres und seinem spannenden Leben in Argentinien und Amerika. Wir reiten durch Dünen zum Lago Viedema und galoppieren am Sandstrand entlang. Man könnte meinen, mein Pferd, ein Criollo, möchte den Fitz Roy im Hintergrund einmal aus der Nähe sehen, so kraftvoll und ungestüm fliegt es über den Sand. Carlos macht uns irgendwann auf frische Pumaspuren aufmerksam. Auf dem Pferd fühle ich mich sicherer und ich würde mich tatsächlich über ein Treffen mit der Großkatze freuen, doch leider bleibt es bei dem Wunsch.

CHILE

PATAGONIEN IM TORRES DES PAINE NATIONALPARK

Mit dem Bus geht es über die chilenische Grenze nach Puerto Natales. Nein, schön ist das Städtchen nicht, aber wir sind sowieso nur hier, um unseren Mietwagen abzuholen. Ziel der nächsten Tage ist der Nationalpark *Torres del Paine*. Erst sind die Straßen noch geteert und gut befahrbar, doch je näher wir dem Parkeingang zum Torres del Paine Nationalpark am *Rio Serrano* kommen, desto schlechter wird auch die Straße. Auf einer Erhöhung erblicken wir das erste Mal das Tor zum Nationalpark. Die Aussicht ist gigantisch! Die Weite scheint unendlich und die Ursprünglichkeit der rauen Natur nimmt mich gefangen. Im Tal schlängelt sich der Fluss durch saftige Wiesen, im Hintergrund die schneebedeckten Berge und Gletscher. Vor uns liegen ein paar wenige Häuser und Estancias im Tal. Auf dem Weg zu unserer Estancia laufen Kühe, Pferde, Hühner frei herum, queren unseren Weg, schauen uns gelassen an. Der Zauber dieser wunderschönen, weitläufigen Ebene nimmt mich sofort gefangen, ungestüm drehe ich mich im Kreis, spüre den kalten Wind auf meinen Wangen und die Freiheit in meinem Geist. Ich kann nicht erklären, warum es sich so völlig anders, freier und weiter anfühlt als bei uns zu Hause, vielleicht nehme ich einfach nur alles intensiver wahr, weil ich es zum ersten

Mal sehe und mich mittendrin befinde. Könnte man diese Sicht nicht einfach einblenden, wenn es wieder einmal zu langweilig und monoton wird?

Unser Wellblechhaus ist sehr gemütlich. Julie aus Frankreich, die hier gerade für ein paar Monate jobbt, begrüßt uns mit einem Kaffee. Und so sitzen wir in der untergehenden Sonne auf einem dicken Schaffell, eingehüllt in Decken aus Alpakawolle, und genießen den Blick auf die Pferdeherde, die friedlich auf den riesigen Weiden neben unserem Häuschen grast. Ein Kaminofen verbreitet gemütlich flackerndes Licht und wohlige Wärme, große Fenster bringen die Weiden und Wiesen ganz nah zu uns. Wer Luxus erwartet, ist hier allerdings fehl am Platz. Strom gibt es nur für ein paar Stunden am Abend und die Zimmer sind einfach und nicht beheizt. Irgendwie mag ich die unkomplizierte Schlichtheit der Unterkunft, sie passt hierher.

Am nächsten Morgen werden wir von den Hühnern geweckt. Ich schiebe den dicken grünen Vorhang beiseite und linse vorsichtig durch das Fenster. Drei Pferde grasen direkt vor unserem Fenster! Ein Gaucho treibt in ein paar Metern Entfernung eine Herde Schafe auf eine Weide. Lässig sitzt er auf seinem Criollo, zwei Hunde begleiten ihn und reagieren sofort auf seine Pfiffe und Kommandos. Der dicke Pelz der Schafe wackelt von rechts nach links und von links nach rechts, wenn sie auf ihren dünnen Beinen davonrennen. Dabei sehen sie aus wie eine wackelnde Wolke. Was für ein Idyll.

Nach einem leckeren Frühstück mit frischem Rührei, das Julie für uns brät, machen wir uns auf den Weg zu den drei Granittürmen, den *Torres*. Sie sind die Wahrzeichen des Nationalparks, die wir natürlich mit eigenen Augen sehen möchten. Achteinhalb Stunden trekken wir durch die Wiesen, Wälder, Sträucherebenen, silbern glänzenden toten Bäume, hinauf auf die felsigen Höhen bis zum *Mirador Base las Torres*. Das Wetter an der Lagune vor den Torres präsentiert sich launisch. Innerhalb von einer halben Stunde haben wir Sonnenschein, Regen, Schnee, stürmischen, kalten Wind von vorn, seichte Brise von hinten – einfach alles. Jacke an, Jacke aus, Mütze und Handschuhe raus, dann aber doch wieder zurück in den Rucksack. Es nervt, obwohl der Anblick der Türme fantastisch ist. Also machen wir uns auf den Weg zurück, der sich irgendwann wie Kaugummi zieht. Zu viele Menschen sind hier auch unterwegs, Campingplätze und Rastplätze überfüllt. Einzig die immer wieder auftauchenden Lagunen und das landschaftliche Farbspiel machen es zu einer besonderen Tour. Wenn ich alles andere ausblende, sehe ich die Besonderheiten: die weißen Gletschergiganten, die die Lagunen mit dem blausten Wasser füllen, das ich je gesehen habe. Je nach mineralischer Zusammensetzung wechselt das Blau in ein strahlendes Türkis oder ein schimmerndes Grün. Umrahmt vom anthrazitfarbenen Gestein der aufragenden Berge ergibt sich ein wunderschöner Kontrast. Dazwischen gold-grünes Pampasgras und braun-graues Gestrüpp, rote Calafate-Beeren und in niederen Lagen auch ein paar Bäume. Die Vielfalt beeindruckt mich total.

Die nächsten Tage trekken wir weiter auf verschiedenen Routen durch den Nationalpark. Am *Lago Grey* werden wir fast weggepustet. Hier sind wir diese kleinen Kreaturen auf zwei Beinen, die versuchen, dem gewaltigen Wind standzuhalten. Der Wind wirbelt feine Sandkörner auf, die auf unserer Haut bitzeln und uns die Augen zusammenkneifen lassen. Er scheint alle überflüssigen Gedanken und fragwürdige Gefühle mitzunehmen und aus dem Kopf zu blasen. Zurück bleibt das Gefühl grenzenloser Freiheit und eines süßen Empfindens, dennoch eingebettet in alles um uns herum zu sein. Wir können spüren, dass wir Teil des großen Ganzen sind und hier genauso hergehören wie alle anderen Geschöpfe und Pflanzen. Wie die Guanakos zum Beispiel. Die kuscheligen kleinen Verwandten der Lamas stehen immer wieder am Straßenrand und beäugen uns skeptisch. Sie sehen so flauschig und weich aus, dass wir sie am liebsten umarmen würden. Aber natürlich sind sie wild und scheu, galoppieren über das borstige Gras ins ferne Nirgendwo, sobald wir ihnen zu nahe kommen.

Viele, die keinen Platz mehr auf den Campingplätzen gefunden haben, müssen täglich mit dem Bus von Puerto Natales in den Nationalpark fahren und abends stundenlang wieder zurück, ohne an all die Plätze zu gelangen, die sie sehen wollten. Wir sind froh über unseren Mietwagen, der uns ermöglicht, überall hinzukommen, und uns die Freiheit schenkt, die Zeit zu vergessen.

JAHRESWECHSEL ZWISCHEN DEN FJORDEN

An Silvester fahren wir zurück nach Puerto Natales. Mit einer umgebauten, in die Jahre gekommenen Fähre geht es durch Fjorde und Inselketten von Puerto Natales hinauf nach Puerto Mont. Am Silvesterabend dreht die chilenische Crew auf und ersetzt das fehlende Feuerwerk mit heißen Latinomoves. Hinreißende Rhythmen und ausgelassene Chilenen, die uns immer wieder zum Mittanzen bewegen, lassen uns ein ganz anderes Silvester erleben. Prost Neujahr! In Gedanken sind wir bei unserer Familie und unseren Freunden. So viele Monate liegen noch vor mir, so vieles habe ich bereits erlebt. Wir stoßen an auf die Erlebnisse der letzten Monate, die Reisesehnsucht, die im Moment gestillt wird, und auf die dankbaren Gedanken an unsere Heimat.

Vier Tage lang schippern wir gefährlich nah an den grünen Inseln entlang, dürfen uns das winzige Dörfchen Puerto Eden anschauen, in dem die letzten Nachfahren des indigenen Volkes der *Kawesqar* leben. Einmal in der Woche kommt unsere Fähre vorbei, bringt Waren und nimmt die unterschiedlichsten Sachen wieder mit. Ansonsten gibt es in nächster Nähe des 300-Seelen-Dorfs nichts, außer grüne Inseln weit und breit. Nach den vielen aktiven Tagen ist es herrlich langweilig an Bord. Wir lernen eine Menge Leute aus den unterschiedlichsten Ländern kennen und ich bin erstaunt, wie viel die jungen Leute, gerade mal halb so alt wie wir, bereits von der Welt gesehen haben. Wir hören Geschichten über Südafrika, vom Einsiedlerleben in Alaska und umtriebigen Langzeitreisenden, die sich kein anderes Leben mehr vorstellen können. Jeder bringt seine eigenen Erfahrungen mit. Wir trinken eingeschmuggelten Wein und halten nach Walen Ausschau, die nicht aufkreuzen wollen. Herrlich gelöst und locker ist die Stimmung an Bord. Das langsame Dahinschippern entschleunigt alle, während die Brise an Deck auch die letzte Anspannung einfach davonzublasen scheint.

Und dann sind wir auch schon in Puerto Mont, nicht ganz in der Mitte des langen Landes Chile. Es ist ein seltsames Städtchen, irgendwie etwas heruntergekommen, mit kleinen Shops, vielen verkommenen Häusern und Baracken, aber auf der anderen Seite auch einem supermodernen Einkaufszentrum. Auch die Menschen sehen hier anders aus als noch in Puerto Natales. Sie sind kleiner, haben eine breitere Nase und die Frauen tragen mit Stolz ihre rundlichen Formen. Das gefällt mir! Bei ersten Kontakten zu den Chilenen hier erscheinen sie etwas grummelig und distanziert, nach etwas Small Talk tauen sie aber auf und sind so herzlich wie die Argentinier. Im Hintergrund des Städtchens erhebt sich aus der sonst eher flachen Gegend der erste kegelförmige Vulkan, der seine schneebedeckte Spitze in den Himmel reckt. Es ist der 2.000 Meter hohe Vulkan *Calbuco*. Und auch wenn er einer der aktivsten Vulkane Chiles ist, fühle ich mich magisch angezogen. Wir haben leider keine Zeit, uns die Schönheit näher anzuschauen, denn das Flugzeug, das uns in die Hauptstadt Chiles bringen wird, wartet nicht auf uns. Von dort aus wird Ralph wieder nach Hause fliegen, und ich werde wieder allein weiterziehen.

Nach einem unspektakulären Flug machen wir uns von Santiagos Flughafen auf in die Stadt. Die Außenbezirke sind gesäumt von grauen, großen und sehr uncharmanten Betonklötzen. Klar, wer will schon neben der Autobahn wohnen? Die verläuft entlang eines Flusses, an dessen Ufer entsetzlich viel Müll liegt. Kein schöner Anblick und ein deutliches Statement zum Thema Umweltschutz. Wir nähern uns dem Stadtzentrum und fahren durch eine Gegend mit vielen kleinen Geschäften, die aber alle bereits geschlossen haben. Die Läden sind mit Rolltoren abgesichert, die farbige Graffitis zieren. Es ist nichts los auf der Straße, eine fast feindliche Atmosphäre umhüllt unser Taxi. Zum Glück wird die Gegend, in der unser Hostel steht, wieder angenehmer. Wir schlendern nach dem Einchecken noch etwas in den Straßen herum und unser Viertel entpuppt sich als DAS Ausgehviertel in Santiago. Ein paar Straßen weiter befindet sich eine Kneipe an der anderen, Restaurant um Restaurant ziert die Straßen und Plätze. Eine Gruppe Chilenen tanzt auf einem kleinen Platz, hat Trommler mitgebracht, die in packenden Rhythmen das Tempo vorgeben. Spontan finden sich Zuschauer, die sich anstecken lassen und mittanzen. Die Füße fliegen nur so über den Boden, leicht und leidenschaftlich reißen sie auch uns mit. Wir tanzen, fühlen uns lebendig, genießen es, frei und unbeschwert zu sein. Die Straße Santiagos gehört uns, ich fühle mich hier sofort wohl. Nach der Einsamkeit Patagoniens ist die hektische Stadt mit den vielen Menschen irgendwie verrückt und anstrengend, aber auch gleichzeitig auf- und anregend. Ganz Santiago breitet ich vor uns aus, als wir uns auf den *Cerro Sentario*, mit 300 Metern das höchste Gebäude Südamerikas, fahren lassen. Mit dem Sonnenuntergang verwandelt sich die Stadt in ein unglaubliches Lichtermeer und uns in winzige Schausteller. Es lässt sich nicht mehr erkennen, ob sich dort hinten rechts eine schicke Gegend oder heruntergekommene Häuser befinden, die Dunkelheit der Nacht verschluckt die Unterschiede und lässt alles in einem anderen Licht erscheinen. Was bleibt, ist ein Funkeln und Strahlen.

Hundert Kilometer weiter westlich liegt die Küstenstadt Valparaiso, zu der wir einen Ausflug machen. Die Altstadt ist bunt. Sehr bunt sogar. Wer sein Haus hier weiß lassen möchte, hat keine Chance, denn Künstler aus der ganzen Welt bemalen die Fassaden der Häuser mit ihren Kunstwerken. Oft erzählen die Bilder von Lebensgeschichten, schönen und schrecklichen Momenten, Krieg und Frieden. Warum gibt es das in Deutschland so selten? Graffitis, mal schöner, mal weniger schön, sind bei uns noch zu finden, aber richtige Gemälde über ganze Häuserfronten nicht so häufig. Ich denke an all die hässlichen Betonfassaden architektonischer Fehlgriffe, die in jeder Stadt zu finden sind. Würde mir solch ein Gebäude gehören, würde ich es bemalen lassen!

Unser Hostel ist beeindruckend. Aus hauptsächlich recycelten Materialien hat sich hier ein Neuseeländer seinen Traum verwirklicht. Unser Zimmer ist ein alter Schiffscontainer, Badewannen werden als Sofas genutzt, alte Flaschen als Lampen. Abends auf der Rooftop Bar genießen wir endlich einen leckeren Wein. Hm, das schmeckt fantastisch! Irgendwie habe ich den Geschmack schon vermisst. Wein ist überhaupt die Leidenschaft des Hotelbesitzers, der mit uns anstößt und uns etwas über Valparaiso erzählt. Der kühle Wind bläst uns sanft durchs Haar, während wir die Sicht auf das Meer genießen. Einige andere Gäste bestaunen mit uns die Häuser, die sich steil an die Hügel der Stadt schmiegen. Fast wie ein riesiges Kolosseum rund um den Hafen sieht es von hier aus. Und wir mittendrin, als Zuschauer auf hervorragenden Plätzen, welche das Stadtspektakel interessiert verfolgen.

Zurück in Santiago, ist er dann auch schon wieder da, der letzte gemeinsame Tag mit Ralph. Nach sechs langen Wochen, die wir jeden einzelnen Tag Stunde für Stunde miteinander verbracht haben, fliegt er zurück nach Deutschland. Und wieder stehen wir gemeinsam am Flughafen und jeder checkt an einem anderen Schalter ein. Einmal durch die Sicherheitskontrollen und der Zauber der vereinten Zeit ist vorbei, jeder muss an sein Gate. Das Herz wird schwer. Würden wir nicht wissen, dass wir uns im April bereits wiedersehen, würde es sich aussichtslos anfühlen. Ich frage mich, ob es das alles wert ist. Aber genau da erreicht mich die WhatsApp meines Mannes: »Was für eine klasse Zeit wir hatten! Liebe dich. Freue mich auf April. Alles gut!« Da weiß ich wieder, dass alles genau richtig ist.

WÜSTENLEBEN IN DER ATACAMA

Mein Flieger und ein Bus bringen mich weiter in den Norden Chiles, in die Atacama-Wüste. San Pedro de Atacama ist ein kleines Dörfchen, das so völlig anders ist als das bisherige Chile, das ich gesehen habe. Das Zentrum besteht aus alten Lehmhäusern und unbefestigten Straßen, die sich im Sonnenuntergang in ein mystisches Rot verwandeln. Indigene und Reisende aus aller Welt sorgen für ein vielfältiges Mischmasch in den kleinen Restaurants, Shops und Kneipen. Eigentlich stand San Pedro gar nicht auf der Liste meiner Reiseziele, aber Sally aus Neuseeland hatte mir in Patagonien davon erzählt: »Da musst du wirklich hin, das ist unbegreiflich schön dort! Total unwirklich mit all den Geysiren, Salzpfannen, Felsformation und Lagunen. Mach das, wenn du eh schon in der Nähe bist!« Und da ich an kaum einen Termin gebunden bin – warum nicht? Die Wüste im nördlichen Teil Chiles erstreckt sich über 1.200 Kilometer entlang der Pazifikküste bis nach Peru. Es ist die trockenste Wüste der Erde, habe ich gelesen, und entsprechend wenig Grün erwarte ich. Von wegen! Aus dem Bus heraus sehe ich keine Sanddünen, sondern kurzes goldgelbes Gestrüpp und ein paar rote Felsen. San Pedro de Atacama liegt auf 2.500 Metern und die merke ich auch sofort, als ich mich mit meinem riesigen Backpack auf den Weg zu meinem Hostel mache. Etwas außer Atem komme ich in meinem Hostel nahe dem Zentrum an. Bei einem Begrüßungskaffee auf der Hostelterrasse quatscht mich ein Österreicher an. Alexander heißt er, ist seit zwei Tagen hier und wohnt eigentlich in Brasilien. Er erzählt mir, dass zwei Australier und er morgen ein Auto mieten und damit zu den Geysiren und Lagunen fahren wollen. »Wir suchen noch jemanden, der mitfährt. Wegen der Kosten, du weißt schon. Hast du nicht Lust?«, fragt er mich. Warum nicht? Spontanität und Flexibilität sind schließlich meine neuen Freunde, die mich meistens zu den einprägsamsten Erlebnissen mitnehmen. Also lerne ich die Jungs noch schnell kennen, sage kurzerhand zu und schon befinde ich mich am nächsten Morgen zu quälend früher Uhrzeit um 4:30 Uhr in der in der Hostelküche, um mir noch einen Koka-Tee aufzubrühen. Alexander hat mir ein paar Blätter geschenkt, die angeblich gegen die Höhenkrankheit helfen sollen. Eigentlich heißt es, dass man sich erst mal ein paar Tage an die Höhe gewöhnen sollte, bevor man sich zu den Geysiren, Vulkanen und Lagunen wagt. Das ignoriere ich gekonnt, es wird schon alles gut gehen, ich habe ja jetzt Koka-Blätter. Um es klarzustellen: Koka-Blätter und Kokain sind zwar von der gleichen Pflanze, werden aber unterschiedlich weiterverarbeitet. In Deutschland ist der Tee verboten, hier aber absolut verbreitet. Der Geschmack ist ähnlich dem von grünem Tee und man wird davon auch nicht abhängig.

Mit unserem Kombi geht es mal eben so auf gut 4.300 Meter Höhe zu den *El-Tatio-Geysiren*. Alles ist dunkel, bereits nach wenigen Kilometern endet die befestigte Straße und wir holpern über die festgefahrenen Sandpisten, in denen sich immer wieder große Steine verstecken. Zum Glück ist der Australier es gewohnt, auf Offroad-Straßen zu fahren. Über eine Stunde werden wir von rechts nach links geschaukelt, hauen uns die Köpfe am Autodach an, wenn es wieder ein tiefes Loch oder einen großen Felsen auf der Strecke zu überwinden gibt. Kaum jemand fährt mit uns auf der Strecke, das macht uns ein bisschen stutzig, denn die Geysire sollen gerade zum Sonnenaufgang ein besonders attraktives Schauspiel bieten, da sollte doch mehr los sein. Nach einer kleinen Pinkelpause will der Wagen dann nicht mehr anspringen. Außer ein paar kleinen Hustern gibt der Motor keine Geräusche mehr von sich. Wir sind mitten in der Wüste, weit und breit ist niemand zu sehen, eine Stadt sowieso nicht, und das Handy hat hier draußen keinen Empfang. Mist, und jetzt?! Ich versuche, mich mit dem Gedanken zu beruhigen, dass im Laufe des Tages sicher irgendwann jemand vorbeikommen wird, der uns helfen kann. Also tief durchatmen, keine Panik aufkommen lassen und eine Prise Humor mit hinzustreuen. Wir erzählen uns gegenseitig, welche gruseligen Horrorgeschichten sich hier abspielen könnten … Das hilft kurz, aber eigentlich wollen wir jetzt sofort weiter. Also steigen wir bei frostigen –7 Grad aus und schieben das Auto ein Stück, um es zum Anspringen zu bewegen. Beim ersten Mal funktioniert es noch nicht, beim zweiten, dritten, vierten auch noch nicht, aber beim fünften Versuch wird unsere Hartnäckigkeit belohnt, unser roter Kombi läuft an und der Motor schnurrt plötzlich wieder wie ein Kätzchen. Glück gehabt! Schnell springen wir wieder ins Auto, um noch rechtzeitig die Geysire zu erreichen. Statt eines Sonnenaufgangs erwartet uns allerdings Nebel. »Das ist hier selten der Fall«, sagt uns eine Frau, »normalerweise kann man hier den schönsten Sonnenaufgang überhaupt erleben!« Super, wieder einmal den richtigen Tag erwischt! Doch auch so haben die Geysir-Felder einen eigentümlichen Reiz, überall qualmt und raucht es aus den Löchern im Boden. Es brodelt und blubbert zu unseren Füßen und plötzlich zischt und faucht es neben uns und eine Wasserfontäne schießt mehrere Meter hoch aus dem Boden. Das Wasser, das brodelt, spritzt und zischt, hat eine Temperatur von 80 bis 95 Grad Celsius. Tatsächlich sind hier oben bereits Leute gestorben oder haben sich höllische Verbrennungen zugezogen. »Ein paar Monate zuvor ist hier ein russisches Pärchen beim Selfie-Schießen ums Leben gekommen. Die waren zu nah an einem der Löcher dran und sind hineingefallen«, erzählt uns die Frau weiter. Welch gruselige Vorstellung!

Nach dem Schauspiel bei den Geysiren fahren wir weiter auf die Hochebene des *Altiplano* und bewundern die malerischen Lagunen zwischen den Vulkanen *Miscanti* und *Meniques*. Mit guter Musik cruisen wir mehr oder weniger schnell durch die verlassene Wüste und einsamen Dörfer. Wir singen, lachen und erzählen uns Anekdoten und Geschichten unserer Reise. Ach, ein richtiger mehrtägiger Roadtrip wäre echt klasse! Und das in dieser gigantischen Landschaft! Jetzt genieße ich erst mal diesen einen Trip. Zum Schluss des Tages landen wir an den *Roten Felsen, Pedras rojas*. Wieder einmal kann ich die vielen unterschiedlichen Farben der Landschaft kaum erfassen. Das Bild, das sich mir hier bietet, ist eine bezaubernde Zusammenstellung: mehrfarbige

Berge an einem See mit weißer, salziger Kruste, die sich am Ufer entlangschlängelt und das dunkelbaue Wasser des Salzsees kontrastreich umrahmt. Dazu rotes, felsiges Plateaugestein im Vordergrund. Dafür gibt es von mir die »Beauty of the day«-Auszeichnung!

Am Abend gesellt sich Linda aus Freiburg auf der Hostelterrasse zu uns, ein Energiebündel ohnegleichen, das ständig in Bewegung zu sein scheint. Wir essen gemeinsam und bekommen dann von ihr einen heißen Tipp. In einer Bar am Ortsrand soll heute eine geheime Party stattfinden. – Nichts wie hin! Eigentlich ist Musik in den Bars von San Pedro verboten, denn es gab schon zu viele Partys, die ausgeufert sind und randalierende, laute Einheimische und Touristen durch die sonst friedlichen Straßen San Pedros laufen haben lassen. Eine laute, ausgelassene Stimmung empfängt uns in der Bar, die versteckt in einem Hinterhof ist. Etwa 80 Menschen tummeln sich in der Bar, die etwa so groß ist wie drei Doppelgaragen. Am einen Ende werden Trinkspiele gespielt, einige Tische stehen an der Seite und der ein oder andere bewegt die Hüften zu schnellen südamerikanischen Rhythmen. Leute aus aller Welt und aller Altersklassen unterhalten sich, haben Spaß und erzählen sich ihre Lebensgeschichten. Gerade als Linda den Flummi in sich kaum mehr bändigen kann und wild durch die Bar hüpft, geht die Musik aus. Was ist jetzt los? »Sit down!«, ruft uns einer der Kellner eindringlich zu. Wie in der »Reise nach Jerusalem« suchen sich alle hektisch einen Platz an den Tischen. Zwei Minuten später tritt die *Policia* ein, schaut sich genau um und steuert mit mürrischem Gesichtsausdruck auf die Barkeeper zu. Nach einem kurzen Gespräch, einem netten Lächeln der britischen Bedienung an der Bar, die mit engelsgleichen Haaren und großen blauen Augen die beiden Polizisten bei einem Bier bequatscht, gehen die beiden wieder. Es dauert noch weitere zehn Minuten, dann ertönt erneut die Musik. Als wenn ein Schalter umgelegt worden wäre, bricht schlagartig Jubel aus, alle springen von ihren Stühlen auf und das Lachen kehrt zurück. Auf einer Geheimparty zu feiern lässt mich wieder wie 20 fühlen, so wunderbar leicht, unerschrocken und unbezähmbar.

Am nächsten Tag erlöst eine Kopfschmerztablette mich von der Lethargie des »day after«. Nach einem leckeren Frühstück wage ich mich allein mit dem

Fahrrad ins *Valle de la Muerte*. Ich fand die Idee charmant, die Gegend auf dem Drahtesel zu erkunden. Slow Motion – aber dafür umso intensiver. Übersetzt heißt Valle de la Muerte das »Tal des Todes«. Ich hoffe, der Name ist nicht wirklich Programm.

Die Sonne scheint erbarmungslos, die Luft ist staubig. Es gibt nur wenige Touristen und ich kann die roten Felsformationen allein durchqueren. Hier wird Erdkunde praktisch veranschaulicht: Durch die tektonische Plattenverschiebung haben sich die senkrecht aufsteigenden Felsrippen gebildet und es sieht tatsächlich so aus, als hätte jemand die Erde mit einem Bagger weggeschoben, nur eben Hunderte von Metern hoch. In Wellen türmen sich die Felsen auf, offenbaren Muster verschiedener Gesteinsschichten und ergeben ein faszinierend schönes Bild. Dazwischen türmt sich dann auch endlich eine rote Sanddüne auf. Auf der Düne versuchen sich ein paar Leute im Sandboarden. Auch ich plage mich die Sanddüne nach oben – um hinunterzurennen. Schließlich habe ich auf meinem Fahrrad nicht auch noch ein Board mitgebracht. Gedacht, getan, ich schlittere und springe durch den weichen Sand nach unten, falle hin, rolle ein paar Meter, komme zum Stehen und renne weiter. Ich lache, bekomme ein wenig Sand in den Mund, meine Haare wirbeln um mein Gesicht. Die Düne ist lang, es will gar nicht mehr aufhören. Was für ein Vergnügen! Was ich nicht bedacht habe: Der Sand ist heiß, sehr heiß! Er rinnt in meine kurzen Sneakersöckchen und als ich unten ankomme, habe ich tatsächlich eine Brandblase. Egal, den Spaß war es wert!

Auf dem Heimweg dann eine böse Überraschung: Das Fahrrad fährt nicht mehr richtig, irgendwie eiert es herum. Als ich absteige, sehe ich einen platten Reifen. Natürlich habe ich die Telefonnummer des Verleihers in meinem Eifer nicht mitgenommen. Da stehe ich nun mit meinem Fahrrad und muss es wohl oder übel durch die öde Wüstenlandschaft schieben. Es ist noch heißer geworden und mir rinnt der Schweiß an den Schläfen hinab, mein T-Shirt klebt bereits an mir. Zu allem Unglück hat sich die Brandblase von meinem Sanddünenlauf aufgescheuert und schmerzt höllisch. Es wird Stunden dauern, bis ich wieder zurück in San Pedro bin. Ich bin kurz vorm Verzweifeln, doch in dem Moment fährt ein großes Auto mit Ladefläche an mir vorbei und hält ein paar Meter weiter. Als ich aufschließe, spricht mich der Fahrer aus dem Fenster an. Er ist ungefähr in meinem Alter und fragt, ob er mich nach San Pedro mitnehmen könne. »Dich schickt der Himmel!«, freue ich mich. Was für ein Glück! Neben ihm sitzt eine junge Frau, die vermutlich seine Tochter ist. Noch ein Pluspunkt, der mir die Entscheidung mitzufahren leichter macht. Sie sehen nicht aus, als wollten sie mich irgendwohin verschleppen. Also stemme ich das Fahrrad rauf auf die Ladefläche und nehme entspannt auf dem Autositz platz. Diego und seine Tochter Valeria unterhalten sich in einem Mischmasch aus Spanisch und Englisch mit mir. Sie sind tatsächlich in San Pedro aufgewachsen und kennen auch noch den Vermieter des Fahrrads. Mann, habe ich ein Glück! Eine halbe Stunde später sind wir bereits am Laden. Ich bedanke mich mit einem Drink aus der Bar nebenan und werde mit einer herzlichen Umarmung verabschiedet. Ob mich jemand in Deutschland einfach so mitgenommen hätte?

Zurück im Hostel, treffe ich die quirlige Linda in der Küche. Wir lassen nochmals den Abend in der Bar Revue passieren und müssen immer noch lachen. In ein paar Tagen wollen wir weiter Richtung Bolivien. Warum nicht zusammen fahren? Spontan verabreden wir uns, morgen eine geeignete Agentur für die Fahrt dorthin zu suchen.

BOLIVIEN

ROADTRIP NACH UYUNI

Zwei Tage später werden wir wieder in den frühen Morgenstunden noch vor Sonnenaufgang am Hostel zu unserer dreitägigen Jeep-Fahrt durch die Ausläufer der Anden nach Bolivien abgeholt. Da habe ich meinen Roadtrip und bin schon mächtig gespannt. Nach 45 Minuten Fahrt erreichen wir bereits den Grenzübergang von Chile nach Bolivien mitten im Nirgendwo. Wer ein schickes Gebäude erwartet hat, wird zutiefst enttäuscht: Zwischen den Vulkanen steht ein kleines, in die Jahre gekommenes Häuschen, in dem ein schlecht gelaunter Beamter unsere Pässe stempelt. »Eintreten darf immer nur einer«, gibt er uns auf Spanisch, unterstrichen von einer demonstrativen Geste und mürrischem Gesichtsausdruck, zu verstehen. Brav warten wir in einer Schlange. Als ich endlich dran bin, mustert er mich mit durchdringendem Blick von oben bis unten, bevor er mir den Einreisestempel endlich in meinen Reisepass drückt. Kann man noch mehr Show aus so einer einfachen Sache machen?

Wieder raus aus dem Häuschen, wird unser Gepäck auf einen bolivianischen Jeep umgeladen. Die Rucksäcke, Getränkekanister und Taschen türmen sich auf dem Dach und wir quetschen uns zu fünft plus Fahrer in den Innenraum. Es ist echt eng, vor Nähe darf hier keiner Angst haben. Zum Glück halten wir alle paar Stunden an und schauen uns die großartigen landschaftlichen Schönheiten an. Und die sind absolut bemerkenswert! Lagunen in Grün, Weiß, Rosa mit unzähligen Flamingos zwischen Vulkanen, Hügeln und Wüstenlandschaften. Einmal sieht es aus wie auf einem Gemälde von Dalí dann wieder kommen wir uns wie Ameisen in einem riesigen Lavafeld mit gigantischen Brocken vor. Lamas und Alpakas schauen uns unter verwuscheltem Haar skeptisch entgegen und bolivianische Frauen in herkömmlicher Tracht tragen ihre Kinder in farbenfrohen Tüchern quer über den Rücken durch die Pampa. Die Landschaft ist so vielfältig und unberührt, dass ich mich frage, warum ich davon nicht schon früher gehört habe. Am letzten Tag unseres Trips fahren wir in die Salzwüste *Salar de Uyuni*, eine riesige Ebene, bestehend aus verkrustetem Salz. Und weil wir die Salar gerade in der Regenzeit besuchen, werden wir mit wunderschönen Spiegelungen belohnt, die nicht erkennen lassen, wo der Horizont endet. Boden und Himmel verschmelzen zu traumhaft schönen Bildern, wie auf einem Klatschbild. Obwohl wir bereits um 4 Uhr aus dem Bett geworfen wurden, um den angeblich magischen Sonnenaufgang zu erleben, hat die Sonne erneut kein Erbarmen mit uns und zeigt sich nicht. Egal, es sieht trotzdem verdammt schön auf dieser verlassenen, riesigen verspiegelten Ebene aus. Wir schießen perspektivische Fotos im trockenen Teil der Salzwüste und haben unglaublich viel Spaß damit, uns immer wieder neue Posen einfallen zu lassen. Die Gruppe habe ich super erwischt: Das junge chilenische Pärchen mit Enrique und Lucia singt uns chilenische Lieder vor, die in unseren Ohren eher schmalzig klingen und irgendwie einen Touch Bollywood in unsere Tour bringen. Betty und Nicolas aus Australien leben die *G'day and No Worries*-Mentalität und kommentieren alles mit coolen Sprüchen. Und Linda ist ohnehin immer gut drauf. Abends kommt eine Flasche Wein auf den Tisch. Ich muss lachen, der Wein heißt tatsächlich »Kohlberg«, wie eine kleine Gemeinde in der Nähe meiner Heimatstadt. Und das hier in Bolivien, ungefähr 10.000 Kilometer von Deutschland entfernt. Da stoße ich doch gleich auf meine Freunde an und genieße noch ein Glas mehr!

Nach einer Nacht im Salzhotel mit Salzbetten, -tischen und -stühlen beenden wir die Tour mit einem Besuch auf dem Zugfriedhof nahe der etwas hässlichen Stadt Unyuni, in der ich die nächste Nacht verbringen werde.

Nach dem Einchecken in meinem Hostel schlendere ich erst einmal durch die Straßen. Finstere Blicke begegnen mir skeptisch. Meine Wertsachen fest an mich gepresst und gut versteckt unter der Jacke, versuche ich einen Adapter für die Steckdosen hier in Bolivien zu kaufen. Keine einfache Sache, wenn man nur ein paar Brocken Spanisch spricht. Die Läden sind irgendwie »Allesläden«. Einer reiht sich neben den andern, vollgestellt und behängt, nicht größer als ein Wohnzimmer. Mit Händen und Füßen klappt es aber doch noch, verständlich zu machen, was ich will. Zufrieden, dass ich es bekommen habe, mache ich mich zum Busbahnhof auf, um ein Ticket nach Sucre für den nächsten Tag zu kaufen. Überrascht stehe ich am angeblichen Busbahnhof: Eine gewöhnliche Straße, an der ein paar klapprige Busse stehen, das war's. Ich finde am Straßenrand eine dunkle, muffige Agentur, in der man angeblich Bustickets kaufen kann. Die sogenannte Agentur besteht aus einer Theke, daneben befindet gleich ein Wohnzimmer mit Fernseher und Sofa. Auch hier komme ich mit meinem Englisch kaum weiter. Als ich es irgendwie doch endlich schaffe, mein Anliegen verständlich zu machen, lacht mich die Bolivianerin an der Theke herzlich aus. »Nein, Tickets gibt es nicht im Voraus, einfach morgen kommen. Alle drei Stunden fährt ein Bus, der erste um sechs Uhr morgens«, lässt sie mich wissen. Habe ich das jetzt richtig verstanden? Da hilft nur ruhig bleiben, durchatmen und hoffen, dass alles gut wird. Ich werde es morgen sehen.

Das Hostel hier in Uyuni ist weder besonders gemütlich noch zeigen sich die Gäste offen und gesprächig. Es wird ein ruhiger Abend, an dem ich meine Erlebnisse der letzten Tage aufschreiben und mal wieder allein in einem Zimmer schlafen kann. Nach einem lieblosen Frühstück, passend zum Hostel, mache ich mich auf den Weg zum sogenannten Busbahnhof. Und siehe da, tatsächlich stehen da mehrere Busse. Vor jedem Bus steht ein Ticketverkäufer und schreit, was das Zeug hält. »Hier nach Potosi«, »Alota, Alota, Alotaaaaaa!« Ich komme mir vor wie auf dem Hamburger Fischmarkt. Schnell finde ich heraus, dass es keinen direkten Bus zu meinem nächsten Ziel Sucre gibt. Erst muss ich nach Potosi, dann umsteigen in den Bus nach Sucre. Also gut. Der Bus ist weder besonders alt noch neu, einigermaßen bequem und nur mäßig gefüllt. Touristen gibt es außer mir keine, ich sitze zwischen lauter Bolivianern und genieße es, sie ein wenig zu beobachten. Nach ungefähr vier Stunden durch viel Land und wenig Stadt komme ich in Potosi am Busbahnhof an. Ich quetsche mich durch die vielen Menschen von einem Schalter zum nächsten und finde einfach den Bus nach Sucre nicht. Mit meinem sehr rudimentären Spanisch versuche ich herauszubekommen, wo ich hin muss. Zum Glück stoße ich auf einen verständnisvollen Bolivianer, der mit mir geduldig ist wie mit einem Kleinkind. Er wiederholt in wechselnder Reihenfolge immer wieder die gleichen Worte, bis ich es endlich kapiere: Der Bus fährt nicht von hier. Es gibt noch einen anderen Busbahnhof, etwas außerhalb vom Stadtzentrum. »Gibt es einen Bus dorthin?«, versuche ich noch herauszufinden. »Nein, du musst dir ein Taxi nehmen. Am oberen Ausgang stehen welche.« Tja, und dann stehe ich da, am oberen Ausgang und suche verzweifelt nach einem Taxi. Die Zeit wird knapp, schließlich brauche ich nochmals vier Stunden mit dem Bus nach Sucre. In der Dunkelheit will ich nicht in einer neuen Stadt ankommen. Wenn ich ein bisschen Zeit in einem Land oder einer Stadt verbracht habe, kann ich Situationen viel besser einschätzen. Mein inneres Alarmsystem, das viel gepriesene Bauchgefühl, springt bei zwielichtigen Bekanntschaften und alarmierenden Situationen sofort an und bittet mich um nochmalige genaue Prüfung. Als Neuling funktioniert das nicht. Ich bin praktisch in latentem Daueralarmzustand. Etwas anstrengend, weswegen ich es vermeiden möchte, mit meinen zwei Backpacks durch das dunkle Sucre zu stolpern, zumal Bolivien ein Land mit einer ziemlich hohen Kriminalitätsrate ist. Taschendiebstähle, organisierte Bandenkriminalität oder bewaffnete Überfälle in der Nacht sind hier nichts Außergewöhnliches. Durch die weitverbreitete Armut und der faktisch nicht vorhandenen sozialen Unterstützung durch den Staat bleibt oft nur der Weg in die Kriminalität. Menschen, die keine Arbeit haben, leben meist von der Unterstützung ihrer Familien. Ein großer Teil der Bevölkerung lebt daher weit unter dem Existenzminimum. In den Augen dieser Menschen ist jeder ausländische Tourist unermesslich reich, egal ob dies nach unseren Maßstäben tatsächlich der Fall ist oder nicht. Daher gilt die weitverbreitete Meinung, dass eine kleine Umverteilung zugunsten der ärmeren Bevölkerung nur gerecht ist.

Endlich kommt ein Taxi und bringt mich zum nächsten Busbahnhof. Wow, ein schmucker Neubau erwartet mich hier. Ich finde schnell den Schalter für den nächsten Bus nach Sucre und darf gerade noch auf den letzten Platz springen. Hätte mir jemand gesagt, dass es nur ein Notsitz mit der Hälfte der Sitzfläche ist, hätte ich wahrscheinlich auf den nächsten Bus gewartet! Aber jetzt gibt es kein Zurück mehr. Also quetsche ich mich mit einem Bolivianer für die nächsten vier Stunden in der letzten Reihe auf eineinhalb Plätze. Mein Sitznachbar entpuppt sich als äußerst gesprächig, er schreckt auch nicht vor meinen stümperhaften Spanischversuchen zurück und erzählt mir die nächsten vier Stunden, woher er kommt und wie das alles funktioniert in Bolivien. Seine indigenen Wurzeln kann er kaum verleugnen, lange schwarze Haare, dunkler Teint, markantes Kinn. Rund 60 Prozent der Einwohner Boliviens haben indigene Wurzeln. Mein Sitznachbar gehört zum Stamm der *Quechua*, neben den *Aymara* der größte Stamm Boliviens. Ich höre das erste Mal, wie groß die Gräben zwischen den Indigenen und den Bolivianern mit europäischen Wurzeln sind. Zurückgedrängt, vergessen, unterdrückt, so sehen sich hier viele und haben über Jahrzehnte hinweg eingetrichtert bekommen, dass sie weniger wert sind. Wer helle Haut hat, ist im Vorteil. Die Oberschicht ist meist weiß und lebt ein eher westlich angehauchtes Leben, während etwa zwei Drittel, meist Indigene, ein besonders hartes Leben führen.

DINOS UND PARTY IN SUCRE

Bereits auf der Busfahrt durch das Altiplano nach Uyuni war ich überrascht zu erleben, wie groß der Unterschied zwischen Chile und Bolivien ist. Die Bergdörfer sind alle von einer gewissen Armut gekennzeichnet, die Häuser klein bis winzig, die Straßen nicht geteert. Hier scheinen die alten Traditionen noch zu leben. In Sucre jedoch erwartet mich eine weiße Stadt mit vielen Häusern im Kolonialstil und wunderschönen Innenhöfen rund um kleine Springbrunnen.

Mein Hostelzimmer müffelt feucht, schimmelig und alt. Außerdem gibt es hier keinen Gemeinschaftsraum, was bedeutet, dass ich niemanden treffe. Als Alleinreisende nicht besonders schön. Ich möchte länger in Sucre bleiben, also suche ich nach einer Nacht bereits eine neue Unterkunft. Leider finde ich kein günstiges Hostel mit Einzelzimmer, was aber Voraussetzung wäre, da ich zwei Wochen lang einen Sprachkurs machen möchte. Mit Englisch komme ich hier immer weniger zurecht, deswegen möchte ich unbedingt mein praktisch nicht vorhandenes Spanisch verbessern. Ich finde ein sogenanntes *Hostal*, eine Mischung aus Hostel und Hotel. Es hat sogar einen Pool! Welch Luxus! Und eine Küche, sodass ich nicht immer essen gehen muss. Das wird das Budget freuen.

Nachdem das Grundbedürfnis Schlafen geklärt ist, komme ich endlich dazu, die Sprachschule zu kontaktieren, die ich mir bereits im Web ausgesucht habe. Entsetzt muss ich bei meiner intensiven Online-Recherche feststellen, dass momentan nur noch Nachmittagskurse frei sind. Ich wollte aber unbedingt vormittags einen Kurs besuchen, um die Nachmittage frei zu haben. Wozu habe ich denn bitte einen Pool? In eine andere Schule möchte ich nicht gehen, da die gewählte ein Zusatzprogramm mit Volleyball (heißt hier Wally-Ball, hihi) Kochkursen oder Salsa anbietet. Das ist mir wichtig, da es mindestens zwei Wochen werden, die ich in Sucre verbringe, und ich gerne Menschen kennenlernen möchte, mit denen ich in meiner Freizeit etwas unternehmen kann.

Am nächsten Morgen gehe ich einfach persönlich in der Schule vorbei. Durch das große halbrunde Holztor betrete ich eines der hübschen Kolonialhäuser. Die Wände sind gelb und rot gestrichen, die Balustrade der Quergänge weiß getüncht. Der Patio ist zwar nicht besonders groß, aber mit kleinen Sitzgruppen aus filigran verzierten Eisenstühlen und weißen Sonnenschirmen einladend. Mehrere mannshohe, üppig und farbenfroh blühende Pflanzen, die in der Sonne duften, laden mich ein, hierzubleiben. Der Schulleiter ist ein leicht gestresster Mann, der kurz vor seinem Urlaub steht und wahrscheinlich noch alles Mögliche zu erledigen hat. Noch vor einem Jahr hätte ich das sein können, damals in meinem Leben als Angestellte eines aufstrebenden Industrieunternehmens. Schon allein deswegen hat er mein volles Verständnis. Er nimmt sich trotzdem die Zeit für mich, hört mir zu, nickt, versteht und siehe da, tatsächlich kann er noch eine Lehrerin für den Vormittagsunterricht aus dem Ärmel zaubern. Zwar nicht mehr für heute, sondern erst ab morgen, aber das ist nicht schlimm. Ich bin ja in meiner Zeiteinteilung flexibel.

Sucre ist schön, hier ist viel los, viele Restaurants und Kneipen beleben das Städtchen mit seinen etwa 215.000 Einwohnern. Im Stadtzentrum sind die Straßen sauber, wenig Müll steht an den Straßenlampen herum. Und es gibt viele, sehr viele Straßenhunde. Wenn ich sie als Rudel zu zehnt durch die Straßen tigern sehe, denke ich mir, dass sie, abgesehen von der Nahrungssuche, sicherlich glücklich sind. Sie machen, was sie wollen, sind den ganzen Tag draußen, spielen, befinden sich im Schutz des Rudels, das manchmal den kompletten dreispurigen Verkehr rund um die *Plaza de Mayo* lahmlegt. Eigentlich doch viel artgerechter als unsere Hundehaltung, oder?

In meinem Hostal ist noch eine Schülerin der Sprachschule. Eine junge Irin, Aislin, 26 Jahre alt und sehr nett. Und auch die bolivianische Hauswirtin, Annabella, ebenfalls 26, ist sehr witzig. Sie trägt einen Kurzhaarschnitt, was total untypisch für eine Bolivianerin ist. Die städtischen Bolivianer kleiden sich meistens westlich modern, aber immer körperbetont sexy. Und die Frauen haben so gut wie immer lange Haare. In den ländlichen Gegenden treffe ich auf etwas traditionellere bolivianische Frauen. Sie tragen zwei lange, geflochtene Zöpfe, mehrere Röcke übereinander, um breite Hüften vorzutäuschen, Blusen oder Shirts, die über eine Strickjacke oder einen Poncho gezogen werden. Auf dem Kopf thront ein zu kleiner Hut, das gehört sich hier so. Und an den Füßen finden sich zierliche Ballerinas, meist ohne Socken und auch ungeachtet, ob es regnet, kalt oder matschig ist. Die Männer werfen sich ebenfalls einen Poncho aus Alpakawolle über, tragen Stoffhosen und sehr oft Sandalen. Die Bolivianer sind klein, haben eine dunklere Haut als die Argentinier und Chilenen und sind auf den ersten Blick nicht gerade freundlich. Kommt man in einen Laden, schauen sie kurz auf, erwidern vielleicht noch das »Hola« und wenden sich dann wieder ihren Mitarbeitern, Zeitschriften, Handys oder irgendeiner anderen Beschäftigung zu. Als freundlicher Deutscher steht man da nun und wartet höflich, bis der Angestellte Zeit für einen findet. Tja, und da steht man dann. Der bolivianische Angestellte zuckt kein bisschen, um auch nur ein kleines Signal zu geben, er wolle einem jetzt weiterhelfen. Na gut, dann eben auf die harsche Tour – »Ich brauche x y z.« Und zack, dann wird man komischerweise bedient. Da muss ich mich erst dran gewöhnen.

Nach einem leckeren Frühstück mit Ei und frischem Obst, das alle Gäste des Hostals gemeinsam an einer langen Tafel einnehmen, machen Aislin und ich uns am nächsten Morgen auf den Weg in die Spanischschule. Es ist mein erster Tag und nach vier Stunden Einzelunterricht bin ich fix und alle. Ich hole mir eine *Saltenia* (Teigtasche mit Hackfleisch in einem eher süßlichen Teig) und eine *Empanada* (mit Käse) und setze mich relaxt auf unseren Patio. Aislin ist bereits da und futtert ebenfalls etwas vom Bäcker. Ach, herrlich, einfach in der Sonne zu sitzen. Ich habe heute überhaupt keine Ambitionen, etwas in der Stadt anzuschauen. Vielmehr lasse ich mich nach der Schulzeit auch die nächsten Tage treiben – vom Patio in den Pool, vom Pool ins Bett und wieder zurück auf den Patio.

Ich verbringe viele Tage einfach nur im Hostal, manchmal gehen Aislin und ich mittags essen, manchmal schauen wir uns tatsächlich etwas in der Stadt an und ganz oft machen wir einfach nichts. Neben traditionellen bolivianischen Gerichten (Fleisch mit Reis und Kartoffeln, Empanadas, Saltenas oder Chorizo, alle leider ohne Gewürze) sind auch Burger, Pizza und Pasta in den Restaurants, Cafés und Kneipen zu finden. Und es gibt unglaublich günstige Tagesmenüs mit Suppe, Hauptgang, Nachtisch für gerade mal drei, vier Euro, die auch noch schmecken. Ich bin überrascht, dass wir hier vegetarische und sogar vegane Restaurants finden. Eines Abends kochen wir zusammen mit unserer Landlady Annabella und trinken dazu Wein. Wir befinden uns hier auf einer Höhe von 2.800 Metern, das heißt, mit zunehmender Höhe sinkt der Luftdruck und der Siedepunkt erhöht sich. Dadurch dauert es viel länger, bis unser Essen fertig ist. Also werden aus dem Glas Wein zwei Flaschen, bevor wir die leckere *Sopa de Mani* essen, eine Erdnuss-Suppe mit Nudeln, Fleisch und frischem Gemüse. Wie zu erwarten, entlockt die gelöste Stimmung uns Geheimnisse aus unserem Leben, ebenso wie manch kleine Diskussion über alltägliche Dinge, die in jedem Land eben anders funktionieren. Ein wunderbarer Austausch, der auf Reisen fantastisch funktioniert, weil alle aufeinander angewiesen sind, und uns wieder einmal klarmacht, wie viel Einfluss Erziehung, Kultur und Werte eines Landes auf die eigene Meinung haben.

Mittwochs ist Salsa im Party-Hostel/Disco *Kultur Berlin Café*. Eine spaßige Angelegenheit, bei der erst allein getanzt wird und wer später noch Lust hat, kann dann einfach mit Partner loslegen. Erstaunlicherweise sind ungefähr 30 Prozent tatsächlich Bolivianer, die auch keine Scheu haben, mit den Touris zu tanzen. Und ja, man sieht sehr deutlich, wer hier den südamerikanischen Rhythmus im Blut hat und wer die westliche Steifheit mitbringt! Alles in allem amüsieren wir uns prächtig. Bei einem Cafébesuch am Samstag (hier findet fast jeden Tag irgendeine Party statt) treffe ich den Australier Sam wieder, den ich bereits aus dem Hostel in der Atacama-Wüste kenne. Wir fallen uns in die Arme und freuen uns total, dass unsere Wege sich wieder kreuzen. Es fühlt sich an, wie einen guten alten Freund wiederzutreffen, so unglaublich nahe. Später am Abend kommt dann auch noch Alexander, ebenfalls aus dem Atacama-Hostel, ins *Kultur Berlin*. Großes Hallo, dicke Umarmungen folgen und wir verbringen eine sehr lustige Nacht mit Storys, Lachen, Tanzen und dem ein oder anderen Drink. Schade, dass die beiden am nächsten Tag bereits wieder weiterziehen in die nächste Stadt.

Am Wochenende steht der Dinosaurierpark auf meinem Plan. Bereits auf der Hinfahrt lerne ich eine junge Amerikanerin kennen, mit der ich auch die anschließende Woche immer wieder etwas unternehmen werde. Im Dino-Park angekommen, sind wir überrascht von den vielen Dinosaurierspuren, die aber ungeschützt der Witterung ausgesetzt sind. Das finde ich unglaublich. Die Spuren – wenn sie denn echt sind – sind wirklich beeindruckend, zumal sie auf einer vertikalen Wand zu sehen sind. Natürlich sind die Dinos nicht senkrecht die Wand nach oben gelaufen, vielmehr wurde der Boden durch die architektonische Plattenverschiebung an der Nazca-Linie irgendwann wie ein Buchrücken aufgerichtet. So kann man heute mehrere Hundert Meter entlang einer Wand laufen, die unterschiedliche Spuren von kleinen und großen Dinos zeigt. Unser engagierter Guide erklärt uns mit aller Leidenschaft, was es mit den Fußspuren auf sich hat und wer sich hier vor Millionen von Jahren bewegt hat. In Deutschland wäre diese Attraktion sicherlich geschützt, bewahrt und als riesige Sensation verkauft worden. Es wäre schade, wenn diese Zeichen unserer Vorfahren einfach vom Regen weggewaschen werden und zu

Staub zerfallen. Aber wer wird die Erosion stoppen? Hier scheint kein Geld für solche Evolutionsschätze vorhanden zu sein, was angesichts der sonstigen Armut und Probleme im Land verständlich ist.

Mein Spanisch wird langsam besser. Aber meine Lehrerin und ich merken, dass ich einfach schon sehr lange unsere Lehranstalten verlassen habe. Mein Gehirn ist darauf ausgerichtet, Informationen in »nachlesbar« und »muss ich mir behalten« zu sortieren. In den letzten Jahren ging es mehr darum, Arbeitsprozesse neu zu denken, sie effizienter zu gestalten oder Strategien aus Informationen abzuleiten. Reines Behalten von Informationen hat wenig stattgefunden. Und so ist der Unterricht superanstrengend für mich. Ich habe keine Möglichkeit, auch nur fünf Minuten unkonzentriert zu sein. Meine Lehrerin redet ständig spanisch mit mir und möchte, dass auch ich nur spanisch rede. Leider fehlen mir Unmengen von Wörtern, was das Ganze noch anstrengender und aufwendiger macht. Außer zu den Hausaufgaben habe ich nachmittags nicht mehr viel Energie, um zu lernen. Ich übe lieber praktisch: einkaufen auf dem Markt, ins Kino gehen … Meine Kenntnisse reichen gerade so, um das Spanisch-Zertifikat nach zwei Wochen in den Händen zu halten.

Und dann ist er da, trifft mich unvermittelt, aber ernüchternd – der Hänger in der Hängematte. Nach den vielen Tagen, Wochen und Monaten unterwegs stellt sich bei mir ein kleiner Reise-Burn-out ein, über den ich schon viel gehört habe. Obwohl ich häufig mit anderen unterwegs bin, packt mich das Heimweh. Wenn ich in einem Jahr wieder in die Welt hinausziehen könnte und Wochen oder auch Monate verreisen könnte, würde ich sofort nach Hause fliegen und eine Pause einlegen. Ich vermisse meine Familie und meine Freunde. Ich habe bereits so viele wunderbare Dinge gesehen, dass ich bemerke, wie ich manchmal abstumpfe. Die Taktung ist unglaublich hoch. Jeden Tag sieht man Neues, versucht, andere Kulturen zu begreifen, lernt neue Leute kennen. Auf der einen Seite fantastisch und genau das, was ich erleben möchte, auf der anderen Seite fast unmöglich, alles zu verarbeiten und wirken zu lassen. Andere Langzeitreisende erzählen mir das Gleiche, dieser Hänger ist anscheinend normal. Allerdings finde ich das unglaublich schade und möchte es gern ändern. Vielleicht sollte ich länger an einem Ort bleiben, um alles anders auskosten zu können? Das Gefühl schlägt mir aufs Gemüt, beeinflusst meine Wahrnehmung, die sonst offen und positiv ist. So gefällt mir auch Sucre nicht so gut wie vielen anderen. Ich finde es nicht entspannt, wie andere in ihrem Blog geschrieben haben oder erzählen. Dauernd denke ich, ich muss extrem auf meine Sachen aufpassen, obwohl Sucre als sehr sichere Stadt Boliviens beschrieben wird, kann ich mich nicht tiefenentspannen.

Gäste im Hostal erzählen von der Möglichkeit, ein Volontariat im *Ambue Ari Nationalpark* zu machen. Dort gibt es Pumas, Jaguare, Ozelote, Tapire, Affen, Papageien und vieles mehr. Ich schaue mir die Sache im Internet an. Völlig im Dschungel gelegen, keine warmen Duschen, alles sehr basic – will ich das? Für zwei Wochen muss man einen gewissen Betrag spenden und darf dafür auch noch acht Stunden helfen. Hm, ich weiß nicht ... Andererseits auch etwas, was ich schon immer einmal machen wollte. Alternativ würde ich auch gern mehr über die traditionellen Heilungsmethoden der indigenen Bevölkerung erfahren. Hier gibt es über 80 verschiedene indigene Gruppen! Nach einigem Hin und Her, Recherchieren, Lesen und Abwägen fällt die Entscheidung für den Nationalpark.

Nach fast drei Wochen in Sucre fahre ich über das kleine Dörfchen Samaipata, das mir andere Reisende empfohlen haben, Richtung Santa Cruz, der nächsten größeren Stadt, bevor es in den Dschungel gehen wird.

SAMAIPATA – TYPISCH BOLIVIEN

Nachts um drei werde ich aus dem Bus geworfen. Es stehen nur zwei Bolivianos am Straßenrand rum, lallen etwas betrunken unverständliches Zeug, kein Taxi ist in Sicht. Zum Glück hält ein paar Minuten später noch ein Bus, der einen Engländer ausspuckt. Er hat keinen Plan, wo er den Rest der Nacht verbringen soll, und läuft mit mir zu meinem Hostel. Es geht den Berg hoch und mein 20-Kilo-Rucksack macht mir das Laufen schwer. Total verschwitzt kommen wir beim Hostel an, das natürlich am Ende des Dorfes liegt. Die Hostelleute haben mir schon vorab angeboten, in der Hängematte im Garten zu schlafen, bis der Hostelbetrieb morgens losgeht. Das mache ich dann auch, der Engländer schnappt sich ebenfalls eine und ich versuche zu schlafen. Das funktioniert leider nicht besonders gut, weil es ziemlich kalt ist. Aber immerhin gibt es am nächsten Morgen ein leckeres Frühstück und die beiden Hostelbesitzer mit ihren zwei Kindern heißen uns herzlich willkommen.

Es fühlt sich hier so heimelig an und so kommt es, dass ich anstatt der geplanten drei Tage tatsächlich sieben bleibe. Zum einen, weil ich immer noch ein wenig Auszeit brauche, zum anderen, weil ich mir einen Darminfekt eingefangen habe. Das Fleisch hier ist wirklich mit Vorsicht zu genießen. Bis auf ein Restaurant in Sucre, das wirklich nur von Bolivianern besucht wird, habe ich die fleischigen Speisen nirgendwo recht vertragen. Montezumas Rache hat mich einige Zeit fest im Griff. Abgesehen von den körperlichen Strapazen finde ich es nicht weiter schlimm, weil mir ein paar Tage Nichtstun guttun. Ich hänge meinen Gedanken nach und frage mich:

Was will ich noch auf meiner Reise erleben? Tief in meinem Inneren weiß ich, dass es nicht nur das Anschauen der bekannten Highlights ist. Ich möchte noch mehr Kontakt zu den Einheimischen, möchte völlig in das Leben der Leute eintauchen. Und ich möchte all die Dinge ausprobieren, die ich schon immer interessant fand, für die ich aber nie die Zeit hatte. Wildlife Rescue, die indianische Lebensweise kennenlernen, mit Schlittenhunden leben, das Farmleben mit der harten Arbeit und der ganzen Natur drum herum am eigenen Leib erfahren, mit Pferden leben und sie Tag und Nacht um mich haben. Galapagos sehen, Alaska spüren, in Hawaii am Strand tanzen, am südlichsten und am nördlichsten Ende der Welt stehen. Rituale und Weisheiten der Ureinwohner kennenlernen, um vielleicht das eine oder andere mit nach Hause zu nehmen. Und nicht zuletzt meine Aufgabe finden, die mich nach meiner Rückkehr beschäftigen wird.

Ich habe keine Ahnung, ob ich es schaffen werde, all diese Wünsche zu verwirklichen, und ob ich eine Idee für meine Zukunft finden kann. Irgendwie fände ich es beruhigend, einem Ruf zu folgen und mich leiten zu lassen. Aber ich möchte auch nicht zu viel planen, nicht zu viel denken und mehr auf mich zukommen lassen. Denn wie singt John Lennon so schön? – Leben ist das, was passiert, während du andere Pläne machst. In diesen Minuten möchte ich viele Dinge meines alten Lebens loslassen und den Weg für Neues öffnen.

Nachdem es mir wieder besser geht und ich es auch wieder ohne Toilette in der Nähe aushalte, geht es auf eine Tour in den Amboró Nationalpark. Stundenlang wandere ich mit einer kleinen Gruppe über matschige Wege aufwärts, bis wir auf einer Anhöhe stehen, von der wir einen Panoramablick auf den Nationalpark und die Hochgebirgskette *Cordillera Oriental* haben. Begleitet werden wir dabei ständig von bunten Schmetterlingen, einige sind handtellergroß. In der Region gibt es über 200 Vogelarten, unzählige Schmetterlinge und sogar Papageienschwärme zu entdecken. Nach ungefähr zwei Stunden durch eine sich ständig ändernde Landschaft erreichen wir den Abschnitt mit den Riesenfarnen. Lucia, unser Guide, erzählt uns, dass einige Farne nur ungefähr einen Zentimeter pro Jahr wachsen. Das heißt, einige der Farne hier sind fast tausend Jahre alt! Gigantisch! Grün leuchten die Riesenschirme über unseren Köpfen, spenden Schatten und geben uns ein Gefühl der Geborgenheit. Was diese Farne wohl schon alles gesehen haben? Die Atmosphäre in dem Wald ist besonders, vor allem, weil vorbeiziehende Wolken diesen Abschnitt nun in einen Nebelwald verwandeln und die Wanderung noch unwirklicher erscheinen lassen. Als wir wieder im Tal sind, hat sich der Nebel bereits verzogen, zurück bleibt das Gefühl, Teil einer mystischen Welt gewesen zu sein.

Am nächsten Tag wage ich mich allein zu den 20 Kilometer entfernten Wasserfällen. Die sind wunderschön und enden kaskadenartig in mehreren Naturpools. Spontan reiße ich mir die Kleider bis auf die Unterwäsche vom Leib und springe ins kühle Nass des Pools. Die anderen scheint das nicht zu stören. Es ist schließlich heiß, da kann man die üblichen Konventionen vergessen und sich genießerisch im Wasser rekeln.

Die Zeit tröpfelt dahin, ich laufe durch den Ort, erkunde die nähere Umgebung. Hier gibt es viele Straßenhunde, die einen wenig freundlich anbellen.

Das ist mir altem Schisser unangenehm, aber wenn ich irgendwo hinwill, muss ich daran vorbei. Und so mime ich Coolness und schlendere an den giftig kläffenden Hunden vorbei, obwohl ich lieber rennen würde. Das junge Pärchen, das das Hostel besitzt, lacht über meine Vorsicht mit den Straßenhunden. Sie sind supernett, laden mich zum Abendessen ein, haben immer Zeit für ein Schwätzchen und geben mir Tipps für Ausflüge. Sie empfehlen mir den Hausberg, der ein Wahrzeichen der indigenen Bevölkerung hier ist und immer noch dazu dient, Rituale auszuführen. Ich bin mächtig stolz, dass es mir trotz der Straßenhunde, nicht ausgeschildertem Weg, Schlangenwarnungen, Überquerung von Stacheldrahtzäunen und einer Pferdeherde gelingt, den Weg zu finden. Ein paar Schrammen und einen kleinen Sonnenbrand kann ich als Preis dafür verkraften!

Es heißt wieder Abschied nehmen. Ich mache mich auf den Weg nach Santa Cruz, um dort meinen Aufenthaltsstempel im Reisepass zu verlängern. In der Behörde ist ziemlich viel los und mein Vorhaben entpuppt sich als umständliche Angelegenheit, weil ich mit all den Antragstellern für Langzeitaufenthalte in einer Schlange stehe. Und da gibt es einige! Vielleicht hängt das mit der Krise in Venezuela zusammen, vor der viele Menschen fliehen und Zuflucht in den anderen Ländern Südamerikas suchen? Ich weiß es nicht.

Man muss eine Nummer ziehen und dann brav warten, bis man aufgerufen wird. Unendlich viele Menschen warten zusammen unendlich lange Zeit, so erscheint es mir wenigstens. Ich möchte doch nur einen Verlängerungsstempel für die nächsten sechs Wochen in den Pass und keine Genehmigung für einen mehrmonatigen Aufenthalt ... Nach drei Stunden ist es mir zu blöd. Eigentlich mache ich so etwas nicht, aber als sich wieder einmal keiner bei der aufgerufenen Nummer zum Schalter vorkämpft, springe ich ein. Der Beamte schaut mich zwar schief an, erklärt mir dann aber, ich müsse mit einem Antrag, den er mir in die Hand drückt, im Untergeschoss ein Foto schießen lassen und anschließend mit beidem wiederkommen. Ich ignoriere die bösen Blicke der anderen Wartenden, lasse das Foto machen, das wieder Wartezeit beinhaltet, und mache mich erneut auf den Weg zu meinem Beamten im zweiten Stock. Er berät gerade ein Pärchen, hat aber Mitleid mit mir und winkt mich zum Schalter. Und endlich, endlich, während er noch mit dem Pärchen spricht, drückt er mir den Stempel in mein rotes Büchlein. Juhu, nach fast fünf Stunden habe ich es geschafft! Jetzt steht meinem Volontariat im Regenwald nichts mehr im Weg!

Santa Cruz fühlt sich merkwürdig an. Abseits des Zentrums sind die Straßen abends fast leer, nur ein paar seltsame Gestalten lungern in Hauseingängen herum und schleichen die Gassen entlang. Das trägt nicht gerade dazu bei, dass ich mich sicher fühle. Ich treffe in meinem Zimmer auf die 20-jährige Deutsche Annika, mit der ich die beiden Abende quatschend auf der Dachterrasse und in der Bar nebenan verbringe. Sie kann sich kaum retten vor Bolivianern, die ihr immer wieder Komplimente machen und soooo gern nach Deutschland kommen würden. Klar, sie ist jung, sieht gut aus, hat Charme und lange blonde Haare. Damit ist sie für die Bolivianer, glaube ich, der Inbegriff für die westliche, schöne Welt. Sie aber lacht bei den Komplimenten nur und gibt den Helden höflich, aber unmissverständlich zu verstehen, dass sie kein Interesse hat. Und schließlich sitze ich auch noch neben ihr, ich könnte ihre Mutter sein. Ein strenger Blick meinerseits und die Herren ziehen weiter. Wir haben einen riesigen Spaß und genießen noch ein paar Cocktails, bevor es wieder ins Hostel zurückgeht.

An Tag drei in Santa Cruz mache ich mich dann zum Busbahnhof auf. Der ist in Santa Cruz ziemlich groß, aber die Verkäufer an den Ticketschaltern sind nett und verweisen mich an die entsprechenden Bushaltestellen. Ich hoffe, ich habe den Busfahrer richtig verstanden, als ich meinen Rucksack im Bauch des Busses verschwinden lasse. Auf der Webseite des Wildlife Sanctuary stand zwar beschrieben, wo ich aussteigen muss, dort stand aber auch, dass es keine offizielle Bushaltestelle gibt. Nach dreimaligem Nachfragen und genervtem Augenrollen des Busfahrers lasse ich es gut sein und begebe mich auf meinen Platz.

Es ist eine stundenlange Fahrt über holprige Straßen hinein ins ursprüngliche Hinterland abseits der touristischen Pfade. Versorgt werden wir in kleinen Städten oder an größeren Kreuzungen durch das Fenster. Hält der Bus kurz an, weil er gerade nicht vorwärtskommt, stehen entlang des Busses augenblicklich ein Dutzend Frauen und Männer und bieten unterschiedliche Speisen an: Teigtaschen wie Saltenas und Empanadas, Popcorn, Bohnen, Fleischspieße, süßes Gebäck und natürlich Getränke. Sogar Eis trägt eine Verkäuferin durch den Bus. Toller Service! So haben alle etwas davon: Die Einheimischen müssen keine Ladenmiete zahlen und die Reisenden sind versorgt. Viele Bolivianer besitzen kein Auto, deswegen ist der Bus das Reisemittel Nr. 1 und daher gut frequentiert.

DSCHUNGELZEIT IM AMBUE ARI NATIONALPARK

Nach sieben Stunden Busfahrt komme ich in Ambue Ari, etwa eine Stunde nördlich der Provinzhauptstadt Ascensión de Guarayos, mitten im dichten Dschungel an. Es regnet in Strömen. Unter einem kleinen, kreisrunden Dach auf der gegenüberliegenden Straßenseite stehen drei Frauen, die mich herzlichst begrüßen und sich total freuen, dass ich heute einfach so hereinschneie. Ich habe die Aussage »Du brauchst dich nicht anzumelden und kannst einfach vorbeikommen« auf der Webseite ernst genommen und bin ohne vorherige Kontaktaufnahme hergefahren. Die Organisation *Comunidad Inti wara Yassi* im Park Ambue Ari ist die größte Wildschutzorganisation Boliviens, die Tiere aus dem Wildtierhandel rettet und bei sich aufnimmt. Hier gibt es Leute, die nicht nur Wochen, sondern Monate oder Jahre dort verbringen. Es ist anstrengend und mit all ihrer Hingabe und ihren Mühen versuchen sie, den Tieren ein annähernd natürliches Leben zu ermöglichen. Die Tiere sind fast allesamt irgendwann als Babys viel zu früh von ihren Müttern weggenommen worden, bevor sie die lebenswichtigen Instinkte richtig ausbilden konnten. Gierige, selbstgefällige Menschen, die es toll fanden, eine Raubkatze im Haus zu halten, haben sie auf dem Schwarzmarkt für viel Geld gekauft. Aber eine Raubkatze bleibt eine Raubkatze! Kaum werden die Tiere groß, sind sie nicht mehr familienverträglich und taugen nicht mehr als Haustier. Also werden sie abgegeben. Meistens unter dem Vorwand »haben wir gefunden« oder sie werden einfach ausgesetzt. Manchen werden sogar die Beine gebrochen, damit sie niemanden mehr anspringen können. Jetzt müssen sich über Jahre hinweg andere tagtäglich kümmern, um die Tiere halbwegs glücklich zu machen, Geld sammeln, um die Unkosten zu decken, während die ehemaligen Besitzer sich wahrscheinlich schon die nächste kleine Raubkatze, den nächsten Affen oder Nasenbären kaufen. Traurig! Umso mehr ziehe ich meinen Hut vor all den Volontären und Angestellten des Parks! Lara aus Australien, Etienne aus Kanada und Claire aus England, die hier seit Monaten als Angestellte arbeiten, erzählen mir sofort, wie schön es hier ist, und stellen mir eine Frage nach der anderen. Wie lange willst du bleiben? Woher kommst du? Wie bist du auf uns aufmerksam geworden? Auf einem schmalen Fußweg gehen wir hinein in das Camp, es wird bereits dunkel. Ein paar Bretter über den größten Pfützen auf dem Weg verraten mir schon, dass es hier öfter regnet. »Die Regenzeit ist gerade in vollem Gange«, zuckt Lara mit den Schultern, als sie meinem Blick folgt. Wir betreten das erste kleine Haus und klären die Formalien, dann zeigt sie mir die anderen Gebäude im Camp. Mein erster Eindruck? Nichts für Zartbesaitete und Sauberkeitsfanatiker. Alles ist etwas in die Jahre gekommen, die Bretter der Türen sind an der Unterseite schon morsch, fallen langsam auseinander und natürlich stehen im Moment alle Wege unter Wasser. Ich bekomme eine Decke zum Zudecken, Kissen gibt es gerade keine mehr, deswegen bekomme ich noch eine zweite Decke, die ich zu einem Kissen zusammenrollen kann. Die Unterkünfte sind fast alle in der unteren Hälfte gemauert, darüber hält ein Moskitonetz bis zum Wellblechdach die Insekten draußen. Zwischen vier und acht Personen können in Stockbetten in einer Unterkunft wohnen. Aber auch dort schleppt jeder die Spuren des Dschungels mit hinein, alles ist feucht. Die Matratze besteht aus Stroh, das mit einer Plastikplane überzogen wird. Durch die Nässe müffelt auch sie ein wenig zu sehr nach feuchter Regenzeit. Für zwei Wochen wird es gehen. Beim Abendessen lerne ich die anderen Volontäre kennen.

Ungefähr 30 Personen im Alter zwischen 18 und 60 Jahren aus den unterschiedlichsten Ländern helfen mit, gestrandete wilde Tiere aufzupäppeln, zu pflegen, zu versorgen und ihnen ein möglichst ihrer Natur entsprechendes Leben zu ermöglichen. Die Leute sind alle unheimlich nett, begrüßen mich herzlich und kommen gleich mit mir ins Gespräch. Sie erzählen mir ausführlich von den Erlebnissen mit den großen Katzen im Camp. Der schnelle

Wechsel der Betreuer schlägt den Großkatzen allerdings auf das Gemüt, deswegen muss man für die Betreuung mindestens vier Wochen hier verbringen. Also werde ich mich die nächsten zwei Wochen um die anderen Camptiere kümmern. Das sind ein Tapir, zwei kleine Wildschweine, ein großer Emu, sechs Nasenbären, sieben unterschiedliche Papageien, ein kleiner Emu namens Mc Fly und ein Aguti, das aussieht wie eine Art großes Dschungelmeerschweinchen. Die Käfige befinden sich alle tief im Dschungel, es führen nur Trampelpfade hin und ich verirre mich natürlich einige Male, muss die Wege doppelt und dreifach laufen. Aber die Tiere sind unwahrscheinlich süß und erobern mit ihren putzigen Gesten sofort mein Herz. Müssen sie auch, um mich die fordernden Aufgaben des Tages mit Freude bewältigen zu lassen.

Am ersten Morgen bin ich völlig erstarrt, als ein tiefes Gebrüll mich aus dem Schlaf reißt. Ich kann es nicht zuordnen, es könnten Pumas oder Leoparden sein, die sich in der Nähe des Camps befinden. Mein Herzschlag ist deutlich an meinem Hals zu spüren, ich traue mich nicht mal richtig ein- und auszuatmen. Ich kann nur einigermaßen ruhig bleiben, weil meine Mitbewohner völlig unberührt gähnend aufstehen und zum großen Waschbecken zwischen den Häusern schlappen. »Was ist das?«, frage ich beunruhigt Dorothée, meine französische Mitstreiterin. Sie grinst nur und beruhigt mich: »Die Brüllaffen starten ihr Konzert. Die turnen hier jeden Morgen durch den Dschungel und lassen uns wissen, dass der Tag jetzt begonnen hat.« Ich atme tief durch und gewinne das Geschrei am Ende sogar richtig lieb. Es wird für mich zum Inbegriff meiner direkten Verbundenheit zum Regenwald, so nah, so ursprünglich und gewaltig.

Ein Tag im Camp läuft folgendermaßen ab: Um 6.30 Uhr läuft ein auserkorener Volontär mit Musik durch das Camp und weckt uns auf – wenn wir nicht schon von dem tiefen Röhren, eindeutig tierischer Herkunft, geweckt wurden. Um 7 Uhr bereite ich dann das Frühstück für die Nasenbären zu. Das heißt: Gemüse zusammensuchen, schnippeln und durch den Dschungel zu den Gehegen tragen. Zum Füttern müssen die kleinen Nasenbären in einen sogenannten Management Cage, der an ihr Gehege angeschlossen ist. Da die

Nasenbären unglaublich fresssüchtig sind und mich sofort überfallen und ausrauben würden, wenn ich mit Futter in den Käfig käme, werden sie erst in den Management Cage gelockt, bevor ich das Fressen an den unmöglichsten Plätzen im ganzen Gehege verteile. Erst wenn ich wieder draußen bin und die Tür sicher verschlossen ist, dürfen die kleinen Racker das Futter suchen. Blitzschnell führt sie ihre Nase von einem Leckerbissen zum nächsten.

Zurück im Camp, erledige ich meinen Beitrag für die Camp-Community. Das kann Duschen und Toiletten putzen oder das Frühstück vorbereiten sein. Um 8 Uhr ist dann endlich Frühstückszeit. Dieses besteht fast immer aus bolivianischen Brötchen, Banane und Kaffee. Die meisten Volontäre kaufen sich Aufstriche und Joghurt, damit das Frühstück ein wenig abwechslungsreicher wird. Von 9 bis 12:30 Uhr geht es für mich dann bei den Gehegen der Tiere weiter. Meine Aufgaben bestehen aus dreimal täglich füttern, Käfige möglichst naturgetreu dekorieren, mit den Tieren spazieren gehen und sie sonst in irgendeiner erdenklichen Weise zu beschäftigen. Ich entferne alte Zweige aus den Käfigen, wandere im Dschungel umher und schlage mit der Machete neue Zweige ab. Erdnüsse werden in Blätter eingeschlagen und mit den Ranken lianenartiger Kletterpflanzen umwickelt – Papageien und Nasenbären lieben diesen kleinen Snack und sind eifrig im Auspacken. Ich bastle Schaukeln für die Papageien, drapiere neue Bäume im Freigehege, auf denen die Tiere sitzen und umherklettern können.

Eine besonders zickige kleine Wildhuhndame möchte eines Tages nicht mehr in ihren Käfig zurück. Da sie schlechte Erfahrung mit Männern gemacht hat und diese sofort attackiert, muss Volontär Alex als Köder herhalten. Sobald sie ihn sieht, schlägt sie aufgeregt mit den Flügeln, kreischt empört, fliegt aber todesmutig zu ihm und hackt mit ihrem spitzen Schnabel auf sein Ohr ein. Zumindest kann Alex sie zum Gehege locken, in das sie sich schützend zurückzieht und einschließen lässt. Der arme Alex reibt sich sein Ohr und stellt gleich klar, dass er das nicht so schnell wiederholen möchte. Cusy Blue, ein Papagei, ist verrückt auf Musik und wippt eifrig im Takt zu meinen Handysongs. Ganz besonders mag er den Rhythmus der 80er und so läuft »Girls just wanna have fun« von Cindy Lauper in Dauerschleife. Der kleine Emu Mc Fly bekommt neue Gräser und Petuablätter in sein Gehege gepflanzt und weicht mir dabei nicht von der Seite. Schließlich tauchen beim Eingraben viele leckere Würmchen auf, die er mit Genuss und vielen kleinen Fiepsgeräuschen verspeist. Dann mache ich wieder Futter für alle meine Tiere und verteile es in den einzelnen Käfigen.

Um 12:30 Uhr gibt es Mittagessen. Fand ich am Anfang das Essen gar nicht schlecht, sehne ich mich, wie alle anderen, bereits nach fünf Tagen nach etwas Abwechslung und vor allem Gewürzen. Die Mahlzeiten bestehen meist aus Reis, Kartoffeln, manchmal Nudeln, fast immer ohne Soße, und zweimal die Woche Fleisch. Gemüse gibt es so gut wie gar nicht, das ist den Tieren vorbehalten.

Ab 14 Uhr geht's dann weiter. Ich gehe mit den drei etwas zahmeren Nasenbären spazieren. Ein Heidenspaß! Zuerst wird ein bisschen gekratzt und gekuschelt. Dabei wollen sie mir auch etwas Gutes tun und knabbern an meinem Arm herum. Die Geräusche, die sie dabei von sich geben, erinnern mich stark an Scrat aus dem Film *Ice Age*. Mit Halsband und Leine geht es hinaus in den Dschungel. Nasenbären lieben alte, halb vermoderte Baumstämme, wühlen mit ihrer Nase den Boden nach Insekten durch, reißen mit ihren scharfen, langen Krallen Rinde von den Stämmen und klettern auch gern spontan einen Baum hinauf. Ich muss ständig auf der Hut sein, dass sich die Leine im dichten Wirrwarr des Dschungels nicht verheddert. Aber es ist einfach herzerweichend und spannend, den kleinen Rackern zuzuschauen!

Wenn nur die Moskitos nicht wären ... Bleibe ich irgendwo stehen, sind sofort gut und gerne 50 bis 100 Moskitos um mich herum. Sie piesacken mich richtig, ich habe inzwischen um die 200 Stiche, die natürlich ohne Ende jucken. Manche Campbewohner sind völlig entspannt, ich hingegen könnte ausflippen!

Nach den Nasenbären gehe ich eine Runde mit dem großen Emu spazieren. Wenn er den Kopf streckt, ist er gut und gerne zwei Meter groß. Und Männer mag er nicht, auf die geht er los, sobald sie das Gehege betreten. Glück gehabt, von mir lässt er sich sogar streicheln. Anschließend wird wieder Futter für alle gemacht und ich muss den sumpfigen Weg durch viele tiefe Pfützen zu Tapir Titus und den Wildschweinen gehen. In meine Gummistiefel schwappt von oben Wasser hinein und durch ein vorher nicht sichtbares

Loch drückt sich Matsch von unten hinein, sodass mich bei jedem Schritt ein schmatzendes Geräusch begleitet. Ständig bin ich bemüht, das Gleichgewicht trotz der Sogwirkung des Matsches nicht zu verlieren und die großen Futterschüsseln nicht umzukippen. Das ist anstrengend. Überhaupt ist das viele Laufen über den Tag hinweg kräftezehrend. Aber dafür ist es auch wunderschön, allein durch den Dschungel zu streifen, den Vogelstimmen zu lauschen und mir immer wieder Neues für die lieben Tiere einfallen zu lassen. Hin und wieder springen Affen durch die Baumkronen oder ein Tukan in buntem Gefieder präsentiert sich, während ich seine Schönheit noch zu begreifen versuche. Nach drei Tagen werden wir gewarnt: Eine sehr giftige Schlange ist in der Nähe des Camps gesehen worden. Für diese Art von Schlange gibt es kein Gegengift – wir möchten doch bitte aufpassen. Ich muss schlucken, bei solchen Nachrichten kann einem schon anders werden und ich werde mir wieder bewusst, wo ich mich befinde! Bis zum Ende meines Aufenthalts sehe ich aber nur zwei kleine Schlangen, die auch nicht in bedrohlicher Nähe sind.

Sobald die Versorgung der Tiere gegen 18 Uhr beendet ist, beginnt der Run auf die Duschen. Das dauert bei 30 Personen … Obwohl nur mit kaltem Wasser geduscht werden kann, genießen es einige ausgiebig und es wird so manches Mal die Dusche im Dunkeln mit romantischem Kerzenlicht zelebriert. Nach dem Abendessen sitzen wir zusammen und reden oder spielen noch ein wenig. Außer dienstags und freitags: Dienstag gehen abends alle in ein Bistro in das nächste Dorf. Rund 20 Minuten braucht man in das Dorf Santa María. Wenn man Glück hat, fährt der Bus aus Trinidad pünktlich am Camp vorbei. Dazu muss man dann wild winkend mit der Handytaschenlampe auf der Straße stehen, Straßenlaternen gibt es nämlich keine. Wenn man Pech hat, ist der Bus nicht pünktlich oder er fällt ganz aus. Dann wird getrampt, was hier durchaus üblich ist. Allerdings ist oberstes Camp-Gebot: Niemals allein einsteigen! Meistens müssen wir nicht allzu lange warten und es erbarmt sich ein Autofahrer, der uns mitfahren lässt. Es gibt in Santa María nicht wirklich viel zu sehen. Ein kleiner »Alles-Laden«, ein Restaurant und eben der Imbiss mit ein paar Stühlen und Tischen, mit einer Jukebox und natürlich Unmengen bolivianischem Bier. Es herrscht eine ausgelassene Stimmung, die mit inbrünstigem Mitsingen und herrlich unsinnigen Gesprächen eine willkommene Abwechslung bringt.

Am Freitag laufen alle in eine Art Jugendhaus, das allerdings nur für die Camp-Leute betrieben wird. Nach exzessiven Bierpong-Spielen, die ich eigentlich nie spielen wollte, zu denen ich mich jetzt aber hinreißen lasse, wird getanzt, gelacht und es werden weitere Trinkspiele erfunden. Alle vergessen für einige Stunden die Anstrengungen der Woche. Ich bin die Älteste, aber das macht hier keinen Unterschied. Die ausgelassene Stimmung reißt mich mit und ich kann sogar das eine oder andere amüsante Spiel aus meiner Jugend ausgraben.

Samstag ist dann unser freier Tag. Es geht mit dem Bus ins eine Stunde entfernte Ascensión de Guarayos. Dort gibt's Strom, WIFI, Obst, Gemüse und auch sonst alles, was man brauchen könnte, wie zum Beispiel extrem teures, aber auch extrem leckeres Nutella. Es ist absolut kein Touristenort, sondern das wahre Bolivien mit kleinen Läden, die nicht größer sind als unser Wohnzimmer, Marktständen auf staubigen Straßen und vielen Motorrädern statt Autos. Nachdem wir uns einen frischen Obstsmoothie auf dem Markt gegönnt E-Mails gecheckt, an die Lieben zu Hause ein Lebenszeichen geschickt und ausgiebig geshoppt haben, fahren wir zu einem Seebad und relaxen im Wasser oder der Hängematte … Bevor am Sonntag wieder alles von vorn beginnt.

KEVO, DER OZELOT

Am vorletzten Tag darf ich dann zum Abschluss (und wahrscheinlich auch, um mir ein Wiederkommen schmackhaft zu machen) mit zu einer der Raubkatzen. Zusammen mit dem eingeteilten Pfleger kümmere ich mich heute um Ozelot Kevo. Die mittelgroße Raubkatze, die vom Aussehen her stark an eine verkleinerte Ausgabe eines Leoparden erinnert, ist erst vier Jahre alt. Ich bin supernervös und total aufgeregt. Seit meinen Kindertagen, als ich das Spiel »Wildlife« geschenkt bekommen habe, möchte ich einen Ozelot in freier Wildbahn erleben. Zwar lebt er hier nicht ganz in Freiheit, aber zumindest in seiner natürlichen Umgebung. Wir laufen bestimmt 30 Minuten lang durch tiefe

Pfützen, immer weiter hinein in den dichten Dschungel. Dann entdecke ich das Gehege mitten zwischen riesigen Bäumen mit langen Lianen. Scott, der Betreuer, macht mir vor, wie er Kontakt aufnimmt. Er geht ans Gehege und streckt seine Fäuste durch den Zaun. Kevo riecht an ihnen und schleckt sie ab. Jetzt bin ich dran. Soll ich wirklich? Etwas mulmig ist mir schon zumute, aber ich überwinde mich. Die Zunge ist rau, aber nicht unangenehm. Blöderweise habe ich meinen Daumen nicht in die Faust eingeschlossen und schon landet er in seinem Maul. »Oh Gott, bitte nicht zubeißen!«, schicke ich ein stilles Stoßgebet zum Himmel – und werde erhört. Kevo beißt nicht richtig zu, es ist mehr wie das Knabbern eines jungen Hundes. Glück gehabt, Kevo ist eben doch ein Raubtier und könnte sicherlich ratzfatz den Daumen abbeißen. Als Nächstes möchten wir mit ihm eine Runde durch den Dschungel laufen. In einem Zwischenkäfig bekommt er von außen die Leine angehängt. Diese ist mit einem Bauchgurt am Betreuer befestigt, der zusätzlich noch eine Notfallleine mitnimmt, die ich in die Hand gedrückt bekomme. Raus aus dem Käfig, strecken wir ihm nochmals die Hände zum Beschnuppern und Lecken hin. Dann lässt er sich tatsächlich auch noch von uns streicheln. Wow, was für ein Fell! So flauschig, dicht und mit unwirklich schöner Musterung. Da hat Mutter Natur wieder ganze Arbeit geleistet! »Dreh ihm auf keinen Fall den Rücken zu!«, impft mir Scott ein. »Er könnte dich von hinten anspringen und dann hast du keine Chance.« Auch wenn es für Kevo nur Spiel wäre, Raubkatze bleibt Raubkatze. Kevo ist mit seinen vier Jahren noch jung und entsprechend verspielt. Er kommt zu uns, rennt dann von einer Sekunde auf die andere los, hechtet auf den Baum hinauf, balanciert auf dünnen Ästen, bevor er mit einem Satz wieder hinunterspringt und in die andere Richtung rast. Ein Energiebündel, das sich im Spiel verliert und dann doch plötzlich wieder an uns erinnert. Der Weg führt durch einen vier Meter breiten Wassergraben. Ein wahrhaft einprägsames Bild, wie vor uns der Ozelot durchs Wasser watet und aufmerksam nach jeder Bewegung am Rand Ausschau hält. Eingerahmt vom grünsten Grün der halbhohen Dschungelpflanzen und herabhängenden Lianen riesiger Bäume und Palmen, bewegt sich der gelb-braune Körper mit den dunklen Ringflecken geschmeidig und aufmerksam durchs Wasser. Dieses Bild gräbt sich tief in meinen Kopf ein. Ich muss mir in den Arm kneifen, so unwirklich kommt es mir vor, hier zu sein und einen so fantastischen Moment erleben zu dürfen. Ein Moment für meine Ewigkeit!

Als wir zurück zum Gehege kommen, wird der Kleine an einem Seil, das fest verankert von einem Baum zum anderen gespannt ist, eingehakt. So kann er noch ein wenig Zeit in seiner Umgebung verbringen, ohne dass er sich gefährlich weit vom Gehege entfernt. Scott und ich verpacken währenddessen sein nächstes Mahl, einige Fleischbrocken, in Blättern und verstecken die Pakete in seinem Käfig. Nicht zu einfach, sodass er wirklich suchen und klettern muss. Eine Beschäftigungstherapie für Ozelote sozusagen. Kaum in seinen Käfig zurückgekehrt, streckt er sofort seine Nase in die Luft, reckt sich und schnuppert. Nach ein paar Minuten hat er bereits alle Leckerbissen gefunden, gierig ausgepackt und genüsslich verspeist. Was für ein schönes Tier: wild, rau, mit unbändiger Kraft und natürlicher Schönheit.

Und dann ist meine Zeit im Camp auch schon wieder vorbei. Ob ich es noch mal machen würde? Für die Erfahrung auf jeden Fall. Und für die bemerkenswerten Menschen, die ich dort getroffen auch. Für die Moskitos und die kalte Dusche eher nicht.

Als die Abfahrt naht, stehen einige der lieb gewordenen Camp-Leute am Bus und winken mir zum Abschied. Es war wirklich eine unglaubliche Zeit!

Kaum sitze ich im Bus, kann ich es spüren: Irgendetwas hat sich verändert. Ich fühle mich beschwingt, fühle die Leichtigkeit des Lebens wieder und eine gewisse Energie. So wie ich mich früher immer nach einem guten Urlaub gefühlt habe, aber eben schon lange nicht mehr. Sechs Monate hat es gedauert. Ein wunderbares Gefühl! Vielleicht wirklich zu beschreiben mit »die Leichtigkeit des Seins«. Ich hoffe sehr, dass dieser Zustand bleibt. Dann hätte sich diese Reise auf jeden Fall gelohnt!

LA PAZ – HÖCHSTE HAUPTSTADT DER WELT

Mit fast 4.000 Metern ist La Paz ganz weit oben. Das merke ich auch gleich, als ich abends aus dem Flugzeug steige. Schwindelig torkle ich zum Gepäckband, an dem ich auf eine Deutsche treffe, die bereits seit ein paar Monaten beim Auswärtigen Amt in La Paz als Praktikantin arbeitet und sich meiner annimmt. Das ist das Schöne am Reisen: Man trifft unterwegs immer jemanden, der einem hilft und erklärt, wie die Dinge funktionieren. Sie sucht mit mir zusammen den öffentlichen Bus und begleitet mich sogar zu meinem Hotel, das ich mir nach der Dschungelzeit geleistet habe. Wow, schönes Hotel, sauberes Zimmer, warme Dusche – was für ein Genuss! Ich glaube, ich habe den Warmwasserverbrauch des Hotels etwas in die Höhe getrieben. Auf den Straßen im Zentrum ist mächtig was los. Das finde ich natürlich gut, als allein reisende Gringo-Frau sind einsame Straßen ein Graus. Es heißt auch, dass La Paz eine der gefährlichsten Städte Südamerikas ist, da ist es mir am liebsten, mich mitten im touristischen Trubel zu befinden.

Der Stadtkern liegt in einer Senke, die nicht breiter als zwei- oder dreihundert Meter ist. Alle weiteren Häuser, Straßen und Stadtteile verteilen sich über die steilen Hänge drum herum. Seit einigen Jahren gibt es zum Glück moderne Gondeln, um in die unterschiedlichen Stadtteile zu kommen, und so fahre ich zwischen Häuserschluchten in luftiger Höhe durch die ganze Stadt. La Paz strahlt auf mich eine merkwürdige Atmosphäre aus. Es gibt Gemüsemärkte, die mehr zum kommunikativen Austausch gedacht scheinen als zum Verkaufen. Es gibt viele Straßenhändler, wenig Touristen für diese große Stadt und zwischen traditionellen kleinen Straßenimbissen platzieren sich moderne Hipster-Restaurants. Es gibt einen Hexenmarkt, auf dem man Salben, Opfergaben für *Pachamama* (Mutter Erde) und tote Lamaföten kaufen kann, die beim Hausbau Glück bringen sollen: Es gibt gruselige Geschichten über die indigene Tradition des Vergrabens eines Opfers unter dem Fundament beim Hausbau – kleines Haus, kleines Opfer (ein Lamafötus), großes Haus, großes Opfer ... Und gleich im Anschluss erhalte ich den sicherlich schlauen Rat, mich nachts nicht hoffnungslos betrunken in den Straßen von La Paz zu verirren, da hier wohl immer wieder Personen verschwinden. Das ist nicht gerade vertrauenerweckend! Dem nicht genug, gibt es in La Paz das merkwürdigste Gefängnis Südamerikas: *San Pedro*. Die Gefängnisstadt wird in Eigenregie von den Häftlingen verwaltet. Wer viel Geld hat, kann sich die Luxus-Zellen mit viel Komfort und TV leisten. Wer keines hat, muss in den dreckigsten Schlafsälen hausen und in ständiger Angst leben. Die Regeln machen die rund 2.000 Insassen selbst. Sogar ihre Familien können sie zu sich holen – alles eine Frage des Preises. Und auch aus dem Knast heraus wird Kokain produziert und verkauft. Eine Welt für sich. Rusty Young hat ein interessantes Buch über seine Zeit hier geschrieben: »Marschpulver«.

Irgendwie fasziniert mich die Stadt. Nur die alkoholisierten Typen, die gerade jetzt in der Faschingszeit häufig unterwegs sind, mich des Öfteren anquatschen und Deutschland gaaaanz toll finden, nerven.

In der letzten Nacht weckt mich lautes Gepolter und Geschrei auf dem Gang. Ich höre, wie zwei Männer eine Frau, die eindeutig betrunken ist, auf mein Stockwerk schleifen, aber nicht genau wissen, wo sie hinmüssen. Sie klopfen an jede Tür und rütteln am Türgriff. Begleitet wird die Zimmersuchaktion von dem ständigen Geschrei »No, por favour, no! Help me!« der Frau. Was bin ich froh, dass meine Tür abgeschlossen ist! Sie wandern ein paar Zimmer weiter und scheinen ein offenes Zimmer gefunden zu haben. Es hat geklungen, als ob die Frau Hilfe braucht. Das kann ich nicht einfach so hinnehmen. Also werfe ich mir kurzerhand ein paar Kleidungsstücke über und renne zum Portier hinunter. Der schlummert seelenruhig in seinem Stuhl vor der Rezeption und bekommt gar nichts mit, bis ich ihn unsanft an der Schulter rüttle. Auf Spanisch versuche ich ihm zu erklären, was eben im zweiten Stock los war. Er scheint nicht zu verstehen, steht aber auf und macht sich auf den Weg nach oben. Ich höre Geschrei und Gepolter, aber kurze Zeit später bringt der Portier die zwei Männer und die Frau, die sich kaum auf den Beinen halten kann, ins Foyer. Und dann kommt auch noch die Polizei, mit der wild diskutiert und gestikuliert wird, bevor sie die drei mitnehmen. Keine angenehme Situation, vor allem, weil einer der Männer mir drohend die Faust entgegenstreckt und mich unschön beschimpft. Keine Ahnung, wo ich da hineingeraten bin. Aber zum Glück kommt am nächsten Morgen mein Bus zum Titicacasee und ich kann La Paz den Rücken kehren. Ich möchte kein falsches Bild entstehen lassen: Die Bolivianer, die ich näher kennenlernen durfte, waren allesamt sehr nett, sehr hilfsbereit und sie haben sich rührend um mich gekümmert. Sie haben mich zum Essen eingeladen, mir die Stadt gezeigt, mit mir landestypische Gerichte gekocht und sind mit mir abends zum Salsatanzen gegangen. Wir hatten unheimlich viel Spaß, sie lachen gern und geben einem das Gefühl, willkommen zu sein. Aber unangenehme Zeitgenossen gibt es eben überall auf der Welt.

Morgens um fünf werde ich am Hotel vom Bus abgeholt. Ich habe mich für die Weiterfahrt nach Peru für einen echten Touristenbus entschieden, der verschiedene Ziele anfährt und mich direkt am Hostel abholt. Der erste Stopp ist die Copacabana am Titicacasee. Die Grenze zu Peru läuft mitten durch den See. Der Titicacasee ist einer der größten Seen in Südamerika, auf über 3.800 Metern das höchstgelegene schiffbare Gewässer der Welt. Er gilt als Geburtsort der Inkakultur, was die zahlreichen Ruinen an seinen Ufern bezeugen sollen. Herrlich ruhig inmitten der hügeligen Landschaft liegt der See mit seiner glatten Oberfläche in tiefem Blau. Das kleine Dörfchen Copacabana dagegen ist quirlig und voll auf Touristen eingestellt. Überall findet man Bars, Restaurants, Marktstände und Souvenirshops. Es folgt gleich die erste Ernüchterung betreffend meines neuen Bus-Services: Wir werden nicht direkt zu unseren Hostels gebracht, sondern alle am Hafen rausgeschmissen. Eigentlich liegt mein Hostel nur etwa 15 Gehminuten vom Hafen entfernt – blöd nur, dass sich Copacabana über einen Hügel hinauf erstreckt. Ächzend schleppe ich meine inzwischen fast 30 Kilo den Berg hinauf und verfluche wieder die vielen Dinge, die ich mitgenommen habe. Mein Hostel hatte im Internet sehr gemütlich und modern ausgesehen, in echt ist es das leider nicht. Eine herzliche, kleine, etwas rundliche Frau in den 60ern öffnet mir die Tür. Sie spricht nur Spanisch, sodass ich meine gelernten Vokabeln anwenden muss und irgendwie bekommen wir es zusammen hin, dass die Verständigung klappt.

Nachmittags geht's dann per Boot hinüber zur Isla del Sol, die das Highlight hier sein soll. Es ist hübsch hier, aber ich habe schon beeindruckendere Inseln auf meiner Reise gesehen. Wie es die schönen Zufälle auf Reisen ergeben, laufen Susan, eine Engländerin, und ich zusammen die Strecke über die Insel. Sie ist seit Langem wieder mal jemand in meinem Alter, normalerweise sind alle immer um Jahre jünger. Wir verstehen uns blendend, verquatschen uns und verpassen das Boot zurück. Gelassen trinken wir darauf noch einen Kaffee hoch oben vor einer Hütte, mit sensationellem Blick auf den See. Ein paar Kinder führen ihr Alpaka spazieren und binden bunte Bänder ins Fell, die wild im Wind flattern. Die Sonne scheint uns ins Gesicht, wir genießen den Moment voll und ganz und bei der ganzen Gelöstheit verbummeln wir die Zeit, verpassen das nächste Boot auch noch und müssen am Schluss noch rennen, um das letzte Boot nicht auch noch zu versäumen. Hastig rasen wir eine Treppe hinunter. Ich stolpere, schlage mir das Knie auf und komme humpelnd am Boot an. Gerade noch schaffen wir es auf das Boot zurück an die Copacabana. Auf diese Hektik gönnen wir uns dort dann erst mal einen Cocktail bei Sonnenuntergang und anschließend auch gleich noch ein ordentliches Abendessen. Hach, Reisen ist doch schön!

Je später es ist, desto kälter wird es. Bibbernd laufe ich zu meinem Hostel zurück, trotz des Anstiegs werden meine Füße und Arme nicht wieder warm. Ich hoffe auf eine dicke Decke in meinem Zimmer. Zum Glück ist meine Hausmutter noch wach, als ich ins Hostel zurückkomme. Sie gibt mir gleich noch eine zweite Decke mit und einen heißen, dampfenden Tee, damit es mir auch gut geht. Es ist schön, auch mal wieder umsorgt zu werden.

Nach einer kleinen Erkundungstour am nächsten Tag auf den Hausberg, der mit unzähligen Stufen, die den Leidensweg Christi demonstrieren sollen, eine steile Angelegenheit ist, aber mit einem erstklassigen Weitblick entschädigt, geht es weiter in das nächste Land.

NEPAL

1. Stupa in Kathmandu

2. Geschafft! Auf dem 5.416 m hohen Pass, Annapurna Circuit

3. Gebetsrolle für Gute Wünsche auf dem Annapurna Circuit

4. Schauen und genießen auf dem Annapurna Circuit

1

2

3

THAILAND

1. Traumstimmung auf Koh Phangan

2. Meine Meinung, Koh Phangan

3. Naturbelassene Inseln in Thailand verzaubern uns

Schlammbad mit dem Elefanten,
Norden von Thailand

4. Am Strand von Koh Phangan zur »blauen Stunde«

5. Meine Aussicht im Dschungel von Thailands Norden

1
LA BOCA

2

4

3

5

ARGENTINIEN

1. Street Art in La Boca, Buenos Aires

2. Gürteltier im Anmarsch, Puerto Madryn

3. In freier Wildbahn noch schöner: Pinguin in Puerto Madryn

4. Auf dem Weg zur Laguna Esmeralda, Feuerland

5. Faule See-Elefanten in Puerto Madryn

6. Eisbrocken vor Patagoniens Gletscherlandschaft

CHILE

1. Fantastische Street Art in Valparaiso

2. Salzsee in der Atacama-Wüste

3. Aussicht am Mirador Base las Torres

4. Beeindruckende Berge im Torres del Paine Nationalpark

Ein Guanako wagt sich ganz nah heran

BOLIVIEN

1. Aus dem Untergrund brodelt und zischt es

2. Ein plüschiges Baby-Alpaka

3. Hunderte Flamingos präsentieren sich an den bolivianischen Seen

4. Ozelot Kevo im Ambue Ari Nationalpark

Im Salar de Uyuni

5. Unwirkliche Welten auf dem Weg zur Salar de Uyuni

6. Lava formte diese beeindruckende Landschaft

1

2

3

PERU

1. Sonnenuntergang über der Wüste in Huacachina

2. Die Wüstenoase Huacachina in der Dämmerung

3. Typisch gekleidete Peruanerin am Titicacasee

4. Die Inka-Stadt Machu Picchu

5. Traumhafter Ausblick auf den Colca-Canyon

6. Zum Sonnenaufgang am Machu Picchu

7. Schwärme von Schmetterlingen belagern den Inka-Trail

ECUADOR

1. Abendstimmung auf dem Amazonas

2. Wie aus einer anderen Welt: die Galapagos-Meerechsen

3. Einmal in die Augen einer Meeresschildkröte schauen …

4. Startpunkt der historischen Eisenbahnstrecke in Alausi

5. Auf der Fahrt entlang der »Straße der Vulkane« ruckelt und zuckelt es gewaltig

KOLUMBIEN

1. Street Art in La Candelaria, Bogotá

2. Buntes Nachtleben in Cartagena

3. Eintritt in den mystischen Nebelwald im Valle de Cocora

4. Treppen führen auf den Felsen von Guatapé

Mein Mann Ralph und ich mit Kakao-Wellnessmaske in Minca

KANADA

1. Tosende Wassermassen und spritzende Gischt an den Niagarafällen

2. Das beeindruckende Château Frontenac tront erhaben über Quebec

3. Die Schwarzbären streifen durch die Wälder bei Tadoussac wie ich

4. Torontos Skyline von der Waterfront ist Hingucker und Erholungsort zugleich

PERU

Mit dem Bus fahre ich entlang des Sees über die Grenze nach Peru. Ich checke in meinem heute sehr günstigen Hostel in der Stadtmitte von Puno ein. Es ist genau sein Geld wert, aber zumindest habe ich das Vier-Bett-Dorm für mich allein. Schnell noch etwas zu essen holen und ein paar peruanische Soles am Bankautomaten ziehen und dann ab ins Bett, denke ich. Aber Puno überrascht mich: Die Stadt ist im Zentrum richtig modern. Ich kann meinen Augen kaum trauen, aber es gibt hier eine richtige Fußgängerzone! Die Straßen sind frisch gepflastert, beleuchtet und zumindest im Zentrum hübsch herausgeputzt. Es ist mächtig was los und das quirlige Summen fröhlicher spanischer Unterhaltungen in den Straßen reißt mich augenblicklich mit. Anstatt um zehn im Bett zu sein, verliere ich mich in den Straßen und Pubs und ratzfatz ist es wieder nach Mitternacht.

Am nächsten Tag schaue ich mir die schwimmende Stadt der Indigenen *Uru-Aimara* auf dem See an, deren Inseln und Boote aus Totora-Schilf hergestellt werden. Beeindruckend, was es dort trotzdem alles gibt. Alles aus Schilf und irgendwie fühlt es sich unwirklich an, auf einer kleinen schwimmenden Insel zu laufen. Ich darf in eine der Hütten schauen und bekomme noch traditionelle Kleider angezogen, die mir natürlich zu klein sind und vollkommen lächerlich an mir aussehen. Was soll's, es ist lustig und ich schieße ein Foto nach dem anderen.

Später geht es auf die kleine Insel *Taquile,* die nur sechs Kilometer lang und einen Kilometer breit ist. Hier scheint die Zeit stehen geblieben zu sein und Traditionen scheinen noch zu leben. Es gibt keinen Strom und kein fließendes Wasser, gekocht und geheizt wird mit Feuerholz. Touristen sind eine große Einnahmequelle, sodass die rund 1.600 Taquileños vom Stamm der Inkas mich willkommen heißen und ich eine Demonstration der traditionellen Bräuche erhalte. Einer davon ist, dass die Männer für die Frauen Kleider stricken. Bevor ein Mann eine Frau heiraten darf, muss er ihr beweisen, dass er stricken kann. Das finde ich irgendwie schon wieder modern. Ich übertrage das auf unsere westliche Gesellschaft: Männer müssen kochen, waschen, bügeln können und die Frauen bohren, hämmern, sägen. Die Frauen auf Taquile sind verantwortlich für die Schärpen ihrer Männer, die sie über ein weißes Hemd ziehen. Da hier alles auf dem Rücken den Berg hinauftransportiert wird, stabilisiert die Schärpe die Rücken der Männer und sorgt für ihr Wohlergehen. Die Frauen zeigen unserer Touristengruppe, wie sie die traditionellen Schärpen für ihre Männer herstellen: Auf der Vorderseite wird ein wunderschönes Muster gewebt. Aber die eigentliche Kunst verbirgt sich auf der Rückseite der Schärpe. Sie ist zwar einfarbig, wird aber mit den Haaren der Frau verstärkt. Ein ganz persönliches Stück also für jeden Taquilos Mann!

Wieder zurück in Puno, komme ich in den Genuss meiner ersten Nachtfahrt mit einem Bus nach Cusco. Viele Reisende schwören auf Nachtfahrten, weil man sich die Kosten für ein Hostel und einen Tag Reisezeit spart. Für mich ist sie einfach nur grauenvoll. Ich kann überhaupt nicht schlafen, der doppelstöckige Bus schwankt und wackelt, sodass ich mehr als einmal denke, jetzt kippt er um! Der Busfahrer scheint gut drauf zu sein, jedenfalls fährt er ständig mit überhöhter Geschwindigkeit (es gibt extra eine Geschwindigkeitsanzeige für die Fahrgäste). Und das soll eine der sichersten Busgesellschaften Perus sein? Der Bus hält nicht ein einziges Mal, was bedeutet, dass der Busfahrer unglaubliche acht Stunden am Stück durchfährt! Der Begriff Sicherheit muss hier wohl nochmals neu definiert werden. Frühmorgens komme ich völlig erledigt im Hostel an. Ich nutze die Möglichkeit des Pre-Check-ins und kann zum Glück noch ein paar Stunden schlafen. Beim Frühstück lerne ich eine nette Französin kennen, die mir etwas von einem Volunteering im Norden Perus erzählt. Dort war sie ein halbes Jahr als Assistentin in einer Schule, an der hauptsächlich Kinder armer Bauern aus ländlichen Gegenden unterrichtet werden. Das hört sich interessant an, würde mir bestimmt auch Spaß machen. Irgendwann möchte ich noch ein Volontariat machen, um außer den touristischen Schönheiten auch andere Erfahrungen und Eindrücke sammeln zu können.

Nach einer Stadtbesichtigung durch Cusco mache ich nicht mehr viel, sitze noch im Innenhof des Hostels mit anderen Reisenden zusammen und höre mir deren Pläne an. Spät wird es nicht, schließlich werde ich am nächsten Tag schon wieder vor Sonnenaufgang abgeholt, um den Rainbow Mountain zu besuchen.

»Warum tue ich mir das immer wieder an?«, frage ich mich zum wiederholten Mal. Irgendetwas in mir möchte einfach hoch auf die Berge – ohne wirklichen Sinn dahinter. Das war schon vor meiner Reise um die Welt so. Magisch zieht es mich in die Höhe, obwohl es mir körperlich viel abverlangt. Die *Rainbow Mountains* heißen ursprünglich *Vinicunca* und befinden sich in den Anden des südöstlichen Perus. Ungefähr drei Stunden lang fahren wir von Cusco immer weiter aufs Land und hinein in die Berge. In einem kleinen Bergdorf frühstücken wir peruanische Tamales, das sind Maistaschen gefüllt mit Spinat, Käse, Hackfleisch oder in der süßen Variante mit Rosinen und Zuckermasse. Ich kann mich gar nicht satt essen an dieser Leckerei, die ich hier kennenlerne.

Es geht weiter. Rechts und links türmen sich die dunkelgrünen Berge mit den typisch terrassenartigen Wellen auf. Männer und Frauen in charakteristisch peruanisch gemusterten Ponchos arbeiten auf den Feldern, sehr junge Frauen, vielleicht gerade mal 16 Jahre alt, haben ihre Babys auf den Rücken gebunden. Von einem Parkplatz in Qesoyuno, auf 4.600 Metern, geht es dann zu Fuß los. Und sofort macht sich die Höhe bemerkbar. Während der drei Stunden zum Gipfel auf 5.200 Meter muss ich alle paar Schritte stehen bleiben, um wieder genügend Sauerstoff zu bekommen. Die Beine sind schwer, die Luft ist knapp. Es gibt zwar das Angebot, ein Stück der Strecke auf ein Pferd umzusteigen, aber das fände ich geschummelt. Wenn, dann möchte ich den Aufstieg aus eigener Kraft schaffen! Das letzte Drittel ist am steilsten. Wenige Meter vor mir muss sich eine Trekkerin hinsetzen, sie kann nicht mehr. Ihr Freund versucht sie wieder hochzuziehen, doch sie weigert sich. Da hilft den beiden nur eines: absteigen.

Das kommt für mich nicht infrage! Ich kämpfe mich weiter nach oben und kann schon den Rest der Gruppe am Ziel sehen. Noch mal eine kleine Pause einlegen, tief durchatmen, soweit es die dünne Luft eben zulässt, und weiter. Und: Ich schaffe es! Wenn auch wieder als Letzte der Gruppe. Ein blödes Gefühl, das aber durch die herzliche Begrüßung der anderen wieder verblasst. Auf dem Gipfel weht ein eisiger Wind, Daunenjacke, Mütze und Handschuhe kommen nach langer Zeit wieder zum Einsatz. Die Berge, die aussehen, als wenn jemand bunten Sand Schicht für Schicht aufgeschüttet hätte, bestechen durch farbenfrohe Schönheit. Ich möchte diesen fantastischen Anblick natürlichen Wunderwerks dauerhaft auf einem Foto festhalten, wofür mir ein geschäftstüchtiger elfjähriger Peruaner sein flauschiges Alpaka an die Seite stellt. Da stehen wir nun, beide verwuschelt und tapfer in die Kamera lächelnd.

Ein lustiger Peruaner mit wettergegerbtem Gesicht und freundlichen Sprüchen verkauft in einem provisorischen Imbiss Müsliriegel und heißen Tee. Die bunten Puschel an seinem Hut passen perfekt zum bunten Rainbow Mountain. Nach einer Tasse Tee und einer kurzen Pause mache ich mich wieder an den Abstieg, mir reicht's für heute.

Am Fuße des Berges feiern die indigenen Bewohner der umliegenden Dörfer heute den »Tag der Frau«, mit bezaubernden bunten Kleidern und traditionellen Tänzen. Sie tanzen, drehen sich mit weit schwingenden Röcken und pludrigen Hosen zu klassisch peruanischer Musik, lachen, klatschen und feiern ausgelassen. Ein großartiger Anblick! Lustig feiernde Frauen, Männer und Kinder inmitten von grünen Bergen. Diese Berge habe ich sowieso sofort ins Herz geschlossen: Sie sehen aus, als wenn sie jemand mit grünem Samt bezogen hätte – weich und angenehm, als könnte man sich bedenkenlos und gemütlich darauf ausruhen. Vor allem überrascht mich dieses durchdringende Grün in einer Höhe von 4.000 Metern! In Europa gibt es oberhalb von 3.000 Metern nur noch wenig davon zu sehen.

MACHU PICCHU – INKASTADT IN DEN ANDEN

Es sind noch kaum Menschen unterwegs, als ich frühmorgens noch reichlich müde zur Travelagency schlendere, die sich ein paar Straßen von meinem Hostel entfernt befindet. Noch weiß ich nicht, was für ein Abenteuer mich heute erwartet! Es ist noch nicht viel los auf den Straßen, die Stadt erwacht eben erst. Heute mache ich mich auf den Weg zur berühmtesten Inka-Stätte: Machu Picchu. Die wollte ich schon immer mal sehen! Und obwohl es mit Sicherheit eine absolut touristische Hochburg ist, muss ich mir das einfach mit eigenen Augen anschauen, mir selbst ein Bild machen, die Atmosphäre einsaugen und auf mich wirken lassen. Rund 75 Kilometer nordwestlich von Cusco liegt das im 15. Jahrhundert erbaute mystische Machu Picchu auf 2.430 Metern Höhe, oberhalb des Urubambatals. Die rund 1.000 Meter Höhenunterschied zu Cusco führen Besucher in eine ganz andere Vegetation. Es gibt mehrere Möglichkeiten, zum Machu Picchu zu gelangen: Entweder man begibt sich auf einen mehrtägigen Treck dorthin, wie zum Beispiel den Inka-Trail oder den Salkantay-Trail, oder man nimmt den Zug nach Aguas Calientes, auch Machu-Picchu-Dorf genannt, dem Ausgangs- und Übernachtungspunkt für Machu-Picchu-Besucher. Oder man fährt wie ich mit dem Bus bis nach Hydroelectrica und läuft ein paar Stunden nach Aquas Calientes.

Ich erwarte eine Touristengruppe vor einem Reisebus, sehe aber niemanden vor dem kleinen Reisebüro, in dem ich zwei Tage zuvor den Trip gebucht habe. Jetzt werde ich unsicher. Bin ich zu spät? Zu früh? Habe ich den falschen Treffpunkt im Kopf? Schnell schaue ich noch mal auf die Bestätigung. Nein, Zeit und Ort stimmen. Auch eine Viertelstunde später passiert noch nichts. Ich versuche, die Agentur zu erreichen, lande aber nur auf der Mailbox. Nach 20 Minuten fährt endlich ein kleiner VW-Bus vor. Von wegen große Reisegruppe. Im Bus sind nur ein Chilene und ich. Das ist ja fast ein Privatausflug! Er ist ein paar Jahre jünger als ich, echt nett und versucht sich mit mir auf Spanisch zu unterhalten. Das ist natürlich eine holprige Sache, aber irgendwie geht es einigermaßen. Die Busfahrt dauert ungefähr sieben Stunden und führt über den Abra Malaga Pass auf 4.200 Metern. Danach geht es hinab bis nach Hydroelectrica. War ich vor zwei

Tagen noch voll überzeugt, dass eine Busfahrt eine gute Alternative sei, kommen mir jetzt Zweifel. Stundenlang fahren wir in Kurven hinauf und hinunter. Ich muss mich konzentrieren, damit das schwankende Gefährt meinen Magen nicht in zu viel Wallung versetzt. So viele Kurven! Bin ich froh, als wir endlich in dem Minidorf Hydroelectrica ankommen. Beim Mittagessen treffen wir noch ein paar andere Reisende und zusammen treten wir den dreistündigen Fußmarsch nach Aguas Caliente an. Ich muss mich ganz schön anstrengen, um mit der Truppe mithalten zu können, aber das bin ich inzwischen gewohnt. Zwischendurch denke ich mir, dass ich wirklich stolz auf mich sein kann, mir diesen Traum auch noch mit über 40 zu erfüllen, und eine Wanderung durch diese Wahnsinnsgegend mitmache. Ganz im Gegensatz zu den bisherigen Wanderungen, die sich hauptsächlich in bergigem Umfeld abgespielt haben, bewege ich mich hier in einer ganz anderen Vegetationsebene. Der Weg entlang der Bahnschienen hat etwas Abenteuerliches, wie aus einem Film, hinein ins Nirgendwo. Rechts und links säumen tropische Sträucher, Stauden und Bäume die Schienen, die auf Holzplanken genietet sind und nur eine schmale Spur von ungefähr eineinhalb Metern daneben für die Wanderer lassen. Ich denke an Deutschland und dass es niemals erlaubt wäre, so nah an den Gleisen beziehungsweise hin und wieder auch auf den Gleisen entlangzulaufen. Ein Zug nähert sich. Er ist nicht schnell, aber der Weg an dieser Stelle sehr schmal, sodass ich ausweichen muss. Ich trete einen Schritt zurück, verliere auf dem glitschigen Untergrund den Halt und falle den Abhang hinter mir hinunter. Zum Glück hält mich das Gestrüpp des Regenwalds davon ab, weiter hinabzurutschen! Doch auf dem Boden liegend sehe ich nur einen Meter von mir entfernt eine braun-schwarze Schlange liegen. Sie erschrickt mindestens genauso sehr wie ich, nimmt schnell Reißaus und ist auch schon verschwunden. Bevor mich hier noch irgendwelche Spinnen begrüßen, befreie ich mich von den grünen Lianen und Blättern und krabble auf allen vieren wieder hinauf zur Bahnstrecke. Puh, das ist noch mal gut gegangen! Ich bin froh, dass nichts weiter passiert ist und ich mir nichts verstaucht habe oder von einem Tier gebissen worden bin. Die anderen schauen mich besorgt an, können aber dann mit mir über meinen kleinen Dschungelausflug lachen.

Irgendwann fängt es an zu regnen. Ich packe mein blaues Cape aus, das mich und meinen Rucksack trocken halten soll. Doch die Luftfeuchtigkeit hier ist so hoch, dass sich unter dem Cape alle Feuchtigkeit sammelt und ich trotzdem klatschnass werde. Nach drei Stunden kommen wir in Aguas Caliente an, einer touristischen kleinen Stadt mit Hotels, Restaurants, Bars und etlichen Souvenirshops. Die anderen verabschieden sich in ihre Hostels und ich verbringe das Abendessen mit meinem Chilenen Rodrigues. Mit jedem Cocktail klappt die Kommunikation auf Spanisch besser. Er erzählt mir von seiner Ex-Frau, von seinen Kindern, wie er lebt und dass er einen guten Job hat. Er erzählt von den Unterschieden zwischen Chile und Peru und dass die Leute vom Land ein hartes Leben führen. Mit 14 Jahren Kinder zu bekommen ist hier keine Seltenheit. Die Vorstellung ist schockierend für mich. Drei Cocktails später lassen wir uns zu einem Tänzchen hinreißen. Weitere Reisende gesellen sich zu uns, es ist ein lustiger Abend. Leicht schwankend, aber bester Laune gehen wir zum Hotel zurück. Es ist spät und ich beschließe spontan zu kneifen und morgen früh doch nicht zum Machu Picchu hochzulaufen, sondern den Bus zu nehmen.

Gute Entscheidung! Es geht immerhin 400 Höhenmeter nur Treppenstufen hinauf und nein, ich muss nicht immer alles mitnehmen. Stattdessen soll ich mich mit der Trekkinggruppe am Eingang treffen, die die letzten vier Tage über den Salkantay-Treck zum Machu Picchu gelaufen ist. Keine Ahnung, wie es immer funktioniert, aber irgendwie finden der Guide und ich uns zwischen den vielen Menschen, die am Eingang warten. Die Tickets sind nur für ein bestimmtes Zeitfenster gültig, deswegen wollen alle schnell rein und außerdem geht bald die Sonne auf und das, so heißt es, soll wirklich spektakulär sein. Wir arbeiten uns auf ein Plateau hinauf, schauen auf die weitläufigen Ruinen der Inka-Stätte hinunter, als die Sonne sich langsam zwischen den saftig grünen, kegelförmigen Berge durch die Wolkenfetzen schiebt. Mystisch liegen die Reste der kleinen Stadt auf den hellgrünen Terrassen. Oder war es doch eine Pilgerstätte? Bis heute kann keiner mit Sicherheit sagen, was damals geschehen ist und warum die Inkas diesen Ort urplötzlich wieder verlassen haben.

45 Minuten weiter bergauf, beim Sonnentor *Intipunku,* erfasst man das ganze Ausmaß der mehrere Hundert Meter ins Tal hinabstürzenden Hänge,

die in dunklen Schluchten enden. Unwirklich schmiegen sich die Grundrisse der Häuser an den Bergkamm. Ich kann es nicht erklären, aber durch die Gemäuer zu schlendern, die konsequent nach dem Lauf der Sonne ausgerichtet sind, hat seine ganz eigene Energie, fast ist es ein mystischer Sog, der mich mit hineinzieht in längst vergangene Zeiten. Es scheint, als würde der Ort, trotz des Trubels, eindringlich und ungeachtet des zeitlichen Kontextes von mir Besitz ergreifen wollen. Es fühlt sich unwirklich an, ergreifend, überwältigend, aber nicht bedrohlich – wie auch, ich bin hier, nüchtern betrachtet, mit vielen anderen und schaue mir tote Steine an.

Als ich nach Hydroelectrica zurücklaufe, bin ich froh, morgens nicht von Aguas Caliente aus hochgelaufen zu sein. Stufe an Stufe, steil, ungleich hoch und mit hundertprozentiger Sicherheit unglaublich anstrengend, laufe ich die Treppen nur hinunter. Das reicht mir und meinen Knien bereits. Nach zweieinhalb Stunden komme ich dann etwas erledigt in Hydroelectrica an und bin froh, im Bus nach Cusco zurück ein paar der gestern versäumten Stunden Schlaf nachholen zu können. Dieses Mal ist das Gewackel des Busses zum Einschlafen ganz gemütlich.

Den nächsten Tag gönne ich mir eine kleine Pause, verbringe ihn hauptsächlich auf dem Patio des Hostels. Dort kommen und gehen viele Reisende, während ich auf den gut gepolsterten Bänken herumlümmele. Die Gespräche und der Tag plätschern dahin. Ben aus Nürnberg hat von einem Restaurant gehört, in dem die Einheimischen bevorzugt *Cui* essen – Meerschweinchen. Für uns Europäer mit einem gewissen »Aber …« verbunden. Das »Aber« heißt für mich: Ist ein Meerschweinchen wirklich anders wertvoll oder anders zu betrachten als ein Kaninchen, Ferkel oder Kalb? Ich denke nicht. Wer sich entscheidet, Fleisch zu essen, nimmt billigend in Kauf, dass das Leben eines Tieres vorzeitig beendet wird. Ich würde sogar so weit gehen, zu behaupten, dass Meerschweinchen in den meisten Fällen ein artgerechteres und längeres Leben im Verhältnis zu den Nutztieren verbringen. Und weil ich auch aufgebrochen bin, um die Eigenheiten eines Landes zu erfahren, landen wir an diesem Abend in genau jenem Restaurant. Es ist nur von Einheimischen belegt, ein gutes Zeichen. Rund eine halbe Stunde später liegt es dann auf unserem Teller.

Alles noch dran: Füße, Kopf, der Länge nach halbiert, in knusprigem Braun. Ein grotesker Anblick, der mich zwischen Neugierde und Abscheu taumeln lässt. Am Ende siegt die Neugierde. Es schmeckt zugegebenermaßen sogar ganz gut, irgendwo zwischen Hähnchen und Schwein. Viel dran ist allerdings nicht an dem armen Ding, wir essen es zu zweit und bestellen uns noch eine Ladung Kartoffelspalten dazu. Ein weiteres Mal werde ich Cui nicht bestellen. Aber nur wegen meiner bisherigen Konditionierung von Moral – die eigene Kultur verleugnen geht eben auch nicht so einfach.

DER CANYON UND AREQUIPA

Seit ein paar Tagen liegt etwas in der Luft. Ich fühle mich beschwingt und energiegeladen für meine weitere Reise und kann auch wieder die Schönheiten meiner Umgebung aufnehmen.

Und so gefällt mir Cusco richtig gut. Nichtsdestotrotz mache ich mich nach ein paar Tagen wieder auf den Weg.

Über Nacht geht es in das schöne Arequipa, das mit vielen Gebäuden aus der Kolonialzeit aufwarten soll und politischer, wirtschaftlicher und kultureller Mittelpunkt des südlichen Perus ist. Dieses Mal fahre ich mit der Busgesellschaft *Cruz del Sur*. Es ist ein absolut komfortabler Doppeldecker-Bus, sehr modern mit blauer LED-Beleuchtung und weichen Sitzen. Wir sind nur wenige an Bord, das macht es gleich entspannter. Ich habe extra einen Platz unten reserviert, damit es auf der Fahrt nicht so sehr schwankt. Und obwohl die Lehne auch wirklich weit nach hinten geklappt werden kann, ist an Schlaf nicht zu denken, ständig wache ich auf, befinde mich nur im Halbschlaf. Entsprechend müde komme ich morgens um sechs in Arequipa an.

Verschlafen öffnet mir ein junger Mann nach mehrmaligem Klingeln die Tür. Das Hostel hat auf Booking ein Rating von 9,4, war aber supergünstig. Keine Ahnung, woher das Rating kommt, schön ist anders. Aber die Leute sind total nett. Ich bekomme Frühstück und es sitzen alle gemeinsam an einem Tisch. Da das Hostel nicht groß ist, lerne ich die meisten meiner temporären Mitbewohner schnell kennen und werde herzlich in die Runde aufgenommen.

Später mache ich mich auf die Suche nach einem Anbieter für den Treck durch den *Colca-Canyon,* den mir mehrere Reisende empfohlen haben. Es ist einer der tiefsten Canyons der Welt und angeblich beeindruckend zu durchwandern. Ja, auch ich habe inzwischen begriffen: Wer in der Welt die wahren Naturschönheiten intensiv erleben möchte, kommt um Wandern, Trekken, Steigen nicht herum! Ich entscheide mich für die Slow-go-Variante, das heißt, in drei Tagen durch den Canyon, nur vier Stunden laufen pro Tag.

Bereits einen Tag später werde ich von der Trekkinggruppe mit einem Reisebus abgeholt. Es ist wieder einmal sehr früh am Morgen und ich frage mich zum wiederholten Mal, warum eigentlich alle Aktivitäten in Peru immer unverschämt früh starten.

Unser erster Stopp im Canyon ist der hochfrequentierte Aussichtspunkt *Condor View-Point.* Leider bleiben wir hier nur eine halbe Stunde, gerade genug Zeit, eine gute Stelle auf der Aussichtsplattform entlang der gemauerten Absperrung hinunter in den Canyon zu ergattern. Viele Vögel sehen wir nicht und Enttäuschung macht sich bereits breit. Aber dann ist er plötzlich da! Über unseren Köpfen sehen wir den schwarz-weißen Kondor fliegen. Majestätisch segelt er mit ausgebreiteten Schwingen durch die Lüfte, entlang des Canyons, ganz nah an uns vorbei und verschwindet dann wieder in den Untiefen, fliegt wieder nach oben, kommt näher, verschwindet wieder. Ich hätte ihm gern noch länger zugesehen, aber wir werden zurück zum Bus gescheucht. Die Fahrt geht noch eine Stunde weiter, nur um uns dann im Nirgendwo aus dem Bus zu schmeißen. Wir werden in unterschiedliche Gruppen aufgeteilt: Zweitagesgruppe, Dreitagesgruppe. Meine Dreitagesgruppe macht auf den ersten Blick einen gut durchmischten, sympathischen Eindruck. Außer mir sind es noch vier Paare und eine Familie mit relativ kleinen Kindern, zehn und zwölf Jahre alt. Nach 15 Minuten Fußmarsch taucht wie aus dem Nichts ein supermodernes Gebäude auf, ein Museum zum Colca-Canyon und der Umgebung, wie sich herausstellt. Ich muss wieder einmal über die Peruaner schmunzeln: Das Museum ist nur zur Hälfte beleuchtet, in der anderen Hälfte funktioniert das Licht nicht mehr. Zwei riesige Wandplakate sind heruntergefallen und liegen jetzt einfach am Boden. So was würde im perfekten Deutschland niemals passieren!

Nach der kurzen Besichtigung des Museums und mit datenreichen Fakten gefüttert (im Canyon gibt es über 100 Vogelarten, über 300 Pflanzenarten und mehr als 30 Kakteenarten), beginnt die eigentliche Wanderung. Wir laufen drei Stunden lang durch die sagenhafte Schlucht bergab. Die Hänge sind alle erstaunlich grün, Sträucher und große Kakteen wechseln sich ab, dazwischen sind immer wieder auch Blumen zu sehen. Am frühen Nachmittag kommen wir bereits an unserer Unterkunft für die Nacht an, einem einfachen Haus mit ein paar Hütten daneben. Es gibt zumindest festinstallierte Toiletten und eine solarbetriebene Dusche im Wellblechhäuschen, was sich in dieser einsamen Gegend wie echter Luxus anfühlt. Nach dem Lunch sitzen wir herum, spielen Karten und unterhalten uns mit dem Guide. Der ist gerade mal 22 und erzählt von seiner Dealerkarriere in Highschool-Zeiten. Dass sogar seine Lehrer bei ihm Gras gekauft hätten und dass er jetzt nur noch hin und wieder kifft. Ich frage, ob es in Peru normal ist, Drogen zu konsumieren. »Ja, sicherlich. Ist aber lange nicht mehr so schlimm, wie es mal war«, meint er augenzwinkernd. Ehrlich gesagt hatte ich das bis jetzt nicht wirklich wahrgenommen. Oder wollte ich es nur nicht sehen?

Der Abmarsch am nächsten Tag ist auf eine humane Uhrzeit angesetzt. Es geht ein bisschen hoch, ein bisschen runter und zum Schluss noch mal etwas steiler hinauf. Die ganze Zeit hat man den reißenden Fluss in den Tiefen des Canyons im Blick. Schön ist es hier, sehr leise. Selbst das Rauschen des Flusses tritt in den Hintergrund, wird verschluckt von den hoch aufragenden, grünen Bergen. In der Ferne zeigen sich schneebedeckte Gipfel und bilden eine beeindruckende Kulisse für den Canyon. Hin und wieder kreist ein Kondor über uns, das macht die Idylle perfekt. Nach vier Stunden kommen wir bereits in unserem zweiten Domizil in Sangalle de Oasis an. Es ist wirklich eine Oase: Palmen, bunte Blumen ein warmer Bachlauf und sogar ein Pool mit Liegen und Hängematten laden uns zu einem entspannten Nachmittag ein. Ich bin froh, die Dreitagestour gebucht zu haben. Machbar wäre alles andere auch gewesen, aber es ist einfach entspannter und ich kann die ganze Schönheit des Canyons genießen und aufsaugen.

Tag drei ist hart… Wir marschieren bereits um 4:30 Uhr in der Dunkelheit los. Meine Stirnlampe gibt nach einigen Minuten Fußmarsch bereits den Geist auf. Mist, wie soll ich jetzt sehen, wohin es weitergeht? Ein netter Holländer erbarmt sich und bleibt bis zum Sonnenaufgang mit seiner Stirnlampe bei mir – natürlich an letzter Stelle. Das finde ich super von ihm und weiß es sehr zu schätzen! Zähe dreieinhalb Stunden geht es im Schneckentempo nach oben. Mit mir läuft inzwischen eine andere Deutsche, die immer wieder Kreislaufprobleme hat und deswegen auch von der Zwei- in die Dreitagesgruppe gewechselt hat. Ein Pärchen, halb indisch, halb deutsch, hat sich unserer Nachzügler-Truppe ebenfalls angeschlossen. Je länger der Aufstieg dauert, desto besser läuft es bei mir. Und siehe da, ich bin nicht die Letzte, die ankommt. Zu viert erreichen wir das Ziel, hach, ein Hoch auf das Gemeinschaftsgefühl! Wir werden mit Applaus auf der Canyon-Höhe empfangen, das tut gut. Die anderen warten schon eine halbe Stunde und sind entsprechend erholt, selbst die Kinder hüpfen bereits wieder ausgelassen durch die Gegend. Aber das kann meine Freude darüber, es geschafft zu haben, heute nicht trüben.

Nach einem leckeren Frühstück bei der Mama unseres Guides, die uns herzlich mit Umarmung begrüßt, geht es mit dem Bus und einem Zwischenstopp mit heißem Bad in Thermalquellen zurück nach Arequipa.

Dort erwartet mich eine böse Überraschung: Meine Hostelreservierung für die nächsten beiden Nächte wurde nicht eingebucht, sodass ich mir schnell noch eine neue Unterkunft suchen muss. Dank sei den diversen Online-Plattformen, durch die ich schnell eine Alternative finde! Mein neues Hostel liegt zwar nicht ganz so zentral, sieht aber zumindest im Netz etwas gemütlicher aus.

Als ich ankomme, stelle ich überrascht fest, dass es keinen geschlossenen Gemeinschaftsraum gibt, nur offene Terrassen. In meinem Sechs-Bett-Frauendorm ist außer mir noch eine Koreanerin, die allerdings nur wenig Englisch spricht. Dann werde ich die nächsten Tage wohl eher allein verbringen. Das fühlt sich aber nicht schlimm an, schließlich hatte ich jetzt drei Tage am Stück konstant Leute um mich herum.

Ich trau mich jetzt einfach – es ist bitter nötig! Da ich mit sehr früh ergrautem Haar gesegnet bin, muss endlich wieder Farbe drauf. Kein einfaches Unterfangen im Ausland. Statt dauerhafter Farbe, die ich bei einem Farbunfall einst zu Hause mühsam wieder herauswachsen lassen musste, will ich nur eine semipermanente Tönung für meine Haare. Ich buche einen Termin bei einem wirklich schicken Friseursalon, der so auch in jeder deutschen Stadt zu finden sein könnte. Hier möchte ich mir heute meine Haare tönen und auch gleich ein ganzes Stück abschneiden lassen. Hoffentlich versteht mich der Friseur. Aber er kann nur Spanisch! Ich zeige ihm ein Foto, versuche ihm mit meinen rudimentären Spanischkenntnissen (das Kapitel »Beim Friseur« gab es in meinem Spanischkurs leider nicht) klarzumachen, dass ich nur eine Tönung möchte. Eine nette Frau neben mir versteht mich und übersetzt spontan. Danke, liebe Frau Nachbarin, dich hat das Universum geschickt, wie so oft auf dieser Reise, kommt von irgendwo eine helfende Hand. Mein Friseur verkünstelt sich etwas, schneidet haargenau jede einzelne Strähne meiner Haare. Und heraus kommt – tadaaa, eine richtig gute Frisur! Ich bin total glücklich, dass es so gut geklappt hat! Gracias! Den neuen Style möchte ich gleich noch mit ein paar neuen Klamotten krönen, finde aber nichts, was mir gefällt. Nach einem halben Jahr aus dem Rucksack, ohne Styling, ohne großen Schick, sehr pragmatisch, kommt dann doch wieder der Genussmensch in mir durch. Klar kann man mit drei T-Shirts zurechtkommen – aber irgendwann hat man einfach die Nase davon voll und möchte sich wieder in etwas anderem sehen. Eine Outdoorhose ist wirklich robust, leicht und knitterfrei – aber eine stylishe Jeans wäre doch auch mal wieder schön. Die ist mir dann aber doch zu gewichtig für meinen Rucksack, so lasse ich sie schweren Herzens liegen.

Am Sonntag werde ich in der Morgendämmerung zusammen mit einer anderen Deutschen am Hostel abgeholt. Mit meinem riesigen Backpack hinten und dem kleinen vorn, falle ich in dieser frühen Morgenstunde erst mal die Treppe runter. Ein Vorteil der Rucksäcke ist, dass sie mich vor schlimmeren

Verletzungen bewahren. Sie sind aber auch gut, um übergriffige, tatschende Hände abzuwehren, dienen als Knautschzone auf den holprigen Straßen oder als Unterlage bei unvorhergesehenen Müdigkeitsanfällen. Die Lippe blutet, das Schienbein ist aufgerissen, ich komme mir selten dämlich vor, aber sonst ist nichts passiert. Also humple ich tapfer zu unserem Bus. Für die nächsten Tage habe ich mir eine Busgesellschaft ausgesucht, die nur von Touristen genutzt wird und die Hauptattraktionen bis Lima anfährt. Das Gute ist, dass man sich sein Hostel von den Busgesellschaften buchen lassen kann und direkt abgeholt wird, sodass man sich allgemein wenig Gedanken machen muss. Ganz ehrlich? Das ist nach einem halben Jahr pausenlosen Organisierens und Informierens auch mal angenehm. Bis auf die Zeit mit meinem Mann habe ich nirgends groß im Voraus geplant und gebucht, schließlich will ich flexibel sein, erleben, was mir gerade geboten wird. Ich hatte mich noch nicht im Detail mit den Ländern beschäftigt, bevor ich losgereist bin. Das hat aber zur Folge, dass ich viel Zeit mit Recherche und Planung während der Reise verbringe. Also genieße ich diesen Service für die nächsten Wochen und wähle wie aus einer Menükarte, wo ich als Nächstes übernachten möchte.

Kurz nach Arequipa verwandelt sich die Landschaft. War es eben noch grün, umgibt uns jetzt sandige Wüste bis hin zur Steilküste, an der wir entlangfahren. Mitten im Nirgendwo machen wir einen kleinen Zwischenstopp an ein paar Vertiefungslinien im Boden und einem Aussichtsturm aus Metall. Vom Boden aus nicht wirklich zu erkennen, nur circa 20 Zentimeter tief, ergeben die Vertiefungslinien von der Plattform des Aussichtsturms betrachtet verschiedene Bilder: einen Baum, eine Ameise, einen Salamander … Sie heißen *Nazca-Linien,* erklärt uns der Busfahrer. Erstaunlich sehen sie aus, diese Figuren, die sich über Hunderte von Metern erstrecken und nur aus der Vogelperspektive als Form zu erkennen sind. Und ich frage mich, ob das ein Touristen-Nepp ist oder ob diese Zeichen aus mystischen Zeiten untergegangener Kulturen dieser Gegend stammen. Ufos, Wasserlinien, Prozessionswege; alles war schon als Herkunft im Gespräch. Jedoch hat sich keine dieser Theorien je bestätigen lassen und so bleibt es offen, wie sie letzten Endes entstanden sind.

HUACACHINA – LICHTER ZWISCHEN SAND

Unser heutiges Ziel ist Huacachina, ein kleines Oasendörfchen mitten in der Wüste. Angekommen im Dorf, juble ich vor mich hin – endlich stehe ich in der Wüste, wie ich sie mir ausgemalt hatte! Sanddünen, wohin das Auge schaut, sonst nichts. Huacachina ist winzig und 80 Prozent der Leute, die sich dort aufhalten, sind Touristen. Die Sanddünen reichen tatsächlich bis zu den Häusern, kein Abstand hinter den Häusern schützt die Gebäude vor abrutschendem Sand. Das Hostel »Banana's« ist total schön, mit Bar, Pool, Hängematten, Sofas, Sitzecken und dazwischen viel Grün. Ich bin mit drei Engländern, alle Anfang 20, auf dem Zimmer. Und sie informieren mich direkt: »Wir werden Party machen. Wir hoffen, du wirst uns nicht zu sehr hassen.« Na, das kann ja heiter werden. Da ich ebenfalls Lust auf Tanzen habe, komme ich, nachdem uns der Barkeeper um zehn Uhr aus der hosteleigenen Bar rauswirft, mit ins »Wild Rover«, eine Location, die berüchtigt für ihre Partys ist. Also werde ich mal wieder tanzen, es ist jetzt schon ein paar Wochen her, dass ich das letzte Mal ausgiebig gefeiert habe. Mit von der Partie sind meine drei Zimmergenossen und Mandy und Debby, zwei Amerikanerinnen, die ebenfalls im Hostel übernachten. Natürlich bin ich wieder mit Abstand die Älteste, aber es kümmert mich nicht. Ist man jemals zu alt zum Feiern? Mein Guide vom Bus ist auch da und gibt mir einen Drink nach dem anderen aus. Die Stimmung ist ausgelassen, es gibt immer wieder Shots aus der Flasche direkt in den Mund, und wer sich traut, tanzt auf der Bar. Und das sind mit steigendem Alkoholpegel immer mehr, auch die, die sich kaum mehr auf den Beinen halten können. Warum eigentlich nicht? Hemmungslos ziehen mich die Mädels mit auf den Tresen und schon schwingen wir die Hüften, lachen uns kaputt und schütten Schnaps in die gierigen Münder der Gäste.

Irgendwann schließt die Bar, doch da wir noch nicht genug haben, gehen die zwei Amerikanerinnen, der Guide, ich und ein paar andere Leuten in die Disco nebenan. Nett hier: Open-Air und mit aufgeschüttetem Sand tanzen wir barfuß auf Reggaeton, der in Südamerika überall zu hören ist. Nur die peruanischen Männer lassen einen nicht in Ruhe. Ständig wollen sie tanzen und mein Guide rettet mich vor dem ein oder anderen nervigen Typen. Irgendwann haben wir dann doch genug. In den frühen Morgenstunden müssen wir den Rezeptionisten des Hostels mit wildem »Hola! Hello, we want to go in!« aus dem Tiefschlaf holen, da die Tür abgeschlossen ist. Wir hören ihn auf der anderen Seite auf das Tor zu schlurfen, aber dann geht das Schloss nicht auf und wir stehen blöd auf der Straße herum. Eigentlich wollten wir im Bett schlafen und nicht hier vor der Hosteltür. Ungeduldig lehnen wir uns an die Wand, die Augen halb geschlossen maulen wir über die Situation. Die Nachtkälte kriecht langsam meinen Rücken entlang und ich sehne mich nur noch nach meinem warmen, kuscheligen Bett. Minute um Minute vergeht, der Rezeptionist scheint ein Werkzeug nach dem anderen auszuprobieren, telefoniert wild in der Gegend herum. Nach einer gefühlten Ewigkeit schafft er es dann endlich und mit einem lauten Klick öffnet sich die Tür.

Ich betrete mein Dorm und was sehen meine müden Augen? Die Engländer sind schon da! Ich kichere leise in mich hinein, von wegen Party-Animals. Bei näherem Hinsehen hatte sich einer von ihnen wohl nicht mehr ganz unter Kontrolle. Seine Kleider liegen vor dem Bett und er liegt splitterfasernackt vor mir. Eine Decke braucht er in seinem Zustand anscheinend auch keine mehr. Ein fettes Grinsen breitet sich auf meinem Gesicht aus – das muss ich festhalten! Ich zücke mein Handy ...

Den nächsten Vormittag lasse ich gemütlich auf der Liege am Pool vorbeiziehen, bis Mandy, Debby und ich nachmittags eine Erkundungstour unternehmen. Vor uns liegen meterhohe Sanddünen ohne Bewuchs, einzig ein paar interessante Fahrzeuge mit grünem Rahmen aus Metall, einem Überrollbügel und großen Reifen stehen am Fuß der Düne. Sandbuggy/Sandboarding-Tour steht dort auf einem Schild geschrieben. Wir schauen uns an und nicken alle gleichzeitig. Beschlossene Sache, wir werden an dieser Tour teilnehmen! Mit ungefähr zehn anderen teilen wir uns den grünen Sandbuggy und platzieren uns dreireihig in dem Gefährt. Ungefähr drei Stunden lang werden wir mit diesem Buggy durch die Sandwüste fahren und immer wieder Stopps zum Sandboarden einlegen. Als wir die erste Düne hochgefahren sind, breitet sich vor uns die typische, unendlich erscheinende Wüstenlandschaft in Braunrot aus. Ein fantastischer Anblick! Die Fahrt ist allerdings alles andere als ruhig:

Es wirft uns von rechts nach links, lässt uns auf den Sitzen hopsen, wir schlingern über den Sand, liegen in der Kurve, die Hinterreifen brechen aus. Der Typ neben mir ist genau das Gegenteil von mir: Er kann gar nicht genug bekommen von dem Gerüttel der Dünenfahrt, während ich ständig denke, wir kippen gleich um. Wir geben ein lustiges Paar ab, sitzen genau hinter dem Fahrer, der über uns lachen muss. Es ist wie in einer Achterbahn. Rauf, runter, seitlich, fast kippen wir um, über eine Kuppe schanzend ins Nirgendwo. Ich schreie mir die Seele aus dem Leib, das Herz klopft, die Augen tränen, Adrenalin wird durch meine Adern gepumpt. Damit nicht genug, heißt es als Nächstes »Sandboarding«: Wir bekommen Snowboardbretter, die statt einer Bindung Laschen haben. »Stehend fahren ist für Anfänger wirklich schwierig«, sagt unser Fahrer, »legt euch lieber bäuchlings auf das Brett.« So machen wir es auch. Der erste Abhang ist noch moderat. Ich schaue mir die Sache bei einigen vor mir an und starte dann selbst. Macht Spaß und fühlt sich nach einer schnellen, aber kontrollierbaren Fahrt an. Die zweite Düne ist auch noch ganz zahm, etwas steiler und länger. Bei der dritten Abfahrt muss ich schon schlucken, traue mich aber schließlich doch und bin schon etwas stolz auf mich.

Dann kommt der letzte Abhang. Er ist unglaublich hoch. Da stehe ich mit zehn anderen erst einmal da und schaue die Düne hinunter, minutenlang. Ich denke: »Ne, das packe ich nicht!« Die beiden amerikanischen Mädels sind ebenfalls sehr skeptisch. Die ersten mutigen Männer legen sich aufs Brett und sausen hinunter. Sie werden kleiner und kleiner und noch kleiner, bis sie zu winzigen Flecken auf dem Sand verschwimmen. »Oh my god, wie hoch ist diese Düne?«, frage ich mich.

Nach und nach trauen sich alle, bis wir nur noch zu dritt oben stehen. Wenn alle das können, dann wir auch! Und schon geht's los. Es ist steil, der Wind nimmt mir den Atem, krampfhaft halte ich die Schlingen des Boards fest, aber es geht immer noch weiter nach unten. Noch steiler, der Wind pustet Sand in mein Gesicht, weiter, weiter, immer schneller, bis zum Schluss noch ein paar Bodenwellen auftauchen, die von oben gar nicht zu erkennen waren. Da schieße ich unsanft drüber und komme ein paar Meter später zum Halten. Juhu, geschafft! Jetzt bin ich wirklich stolz auf mich!

Nachdem wir uns beim Sandboarding bewiesen haben und noch alle gute Laune haben, legt der Fahrer unseres Buggys noch ein Päckchen Risiko drauf. In halsbrecherischem Tempo und stuntreifen Kurven und Drehungen geht's zurück zum Ausgangspunkt unserer Tour. Wow, das war Adrenalin pur! Was für ein riesiger Spaß!

Inzwischen ist es spät, wir sitzen auf den Dünen und schauen auf unsere kleine Oase hinunter. Der Sonnenuntergang verzaubert uns mit seinem glühend roten Licht, welches die Umrisse der Dünen sanft in eine unwirkliche Gegend verwandelt. Die Umrisse verschwimmen langsam, es wird dunkler und dunkler. Der Sonnenuntergang erdet uns nach dem aufpeitschenden Erlebnis von eben. Friedlich und leise summt allein der Wind um unsere Ohren, die feinen Körner rieseln sachte durch meine Finger.

Zurück im Hostel, genießen wir leckeres Gegrilltes und gehen dann noch auf ein paar Drinks ins Wild Rover. Dieses Mal lassen wir es um einiges ruhiger angehen, doch meine Engländer sind schon wieder vor mir im Bett. Die »Party-Animals« entpuppen sich einmal mehr als »Party-Pooper«.

Pisco Sour ist das peruanische Nationalgetränk und überall erhältlich. Aus Trauben wird ein Brandy, der Pisco, destilliert und zusammen mit frisch aufgeschlagenem Eiweiß, Limettensaft und ein wenig Zucker zu einem köstlich erfrischenden Getränk gemixt. Pisco ist auch die ursprüngliche Hafenstadt, die sich in der Nähe befindet. Es gibt einige Weinbauern, die über die traditionelle Herstellung aufklären und zu einer Pisco-Tour einladen. Das nehmen meine Amerikanerinnen und ich auf dem Weg zum nächsten Ziel gerne an. Nachdem wir bei ein paar Pröbchen Pisco über die Entstehung des Nationalgetränks aufgeklärt werden, geht es mit dem Bus weiter Richtung Küste, nach Paracas. Der kleine Küstenort liegt an einem Nationalpark mit einer geschützten Insel, die über und über mit wundervollen Seelöwen und deren unzähligen Babys bevölkert ist. Wunderschön, wie sie in der Sonne liegen, sich faul rekeln. Die Männchen beschützen und verteidigen ihre Weibchen und Nachkommen lautstark, das Gebrüll ist auch vom Boot aus gut hörbar. Hunderte von Vögeln schwirren in Schwärmen von und zur Insel. Ich lasse mir den Wind um die Nase wehen und genieße es, den Duft des Meeres zu riechen, mir kleine Tropfen der Gischt ins Gesicht spritzen und die Sonne ihre Wärme auf meiner Haut verteilen zu lassen. Hmmm, herrlich.

Nach einem kurzen Trip in den Nationalpark an der Steilküste, mit Blick auf das wunderbare, tosende Meer, fahren wir weiter nach Lima.

LIMA

Unser Bus kommt um Mitternacht in Lima an. Ich denke mir: »So spät, da muss ich mich ins Zimmer schleichen, es werden alle schon schlafen.« Von wegen! Auf der Dachterrasse tönt mir heißer Reggaeton entgegen, es ist ordentlich was los: In der einen Ecke wird Bierpong gespielt, auf der anderen Seite ein Tischkicker-Turnier ausgetragen. Alle Sitzecken sind mit lachenden und trinkenden Gestalten gefüllt. Es ist so weit! Jetzt bin ich ohne Vorahnung in einem der berüchtigten Party-Hostels gelandet! Eigentlich wollte ich das vermeiden, schließlich bin ich nicht mehr die Jüngste. Das heißt nicht, dass ich nicht mehr feiern möchte oder kann, aber ich brauche sicherlich doppelt so lang, um mich wieder zu regenerieren, und dafür ist mir dann meine Reisezeit zu schade. Ich bringe mein Gepäck aufs Zimmer und gehe mit dem Vorsatz zurück auf die Terrasse, nur einen kleinen Schlummertrunk zu konsumieren. Eines ergibt das andere, ich finde gleich ein paar interessante Leute zum Quatschen, ein Getränk folgt dem nächsten und ich kann mich gerade so dagegen wehren, nachts um drei noch in einen Club mitgeschleift zu werden.

Am nächsten Tag wache ich natürlich entsprechend spät auf und nutze meinen kleinen Hangover zum Buchen meines Fluges nach Galapagos und um andere organisatorische Dinge zu erledigen. Nachmittags mache ich mich auf den Weg Richtung Strand. Da dieser aber hundert Meter tiefer liegt als die Strandpromenade und ich gerade faul und energielos bin, genieße ich den Blick von oben. Da sitze ich nun gemütlich und beobachte die Paraglider, die gegen das bereits wieder verblassende Sonnenlicht einen wunderschönen Kontrast zu den Skyscrapern der Stadt bilden.

Abends geht das Feiern wieder von vorn los. Ein Kanadier erzählt mir, dass er jetzt schon seit eineinhalb Wochen hier festhängt. »Wie hält man das aus?«, frage ich mich erst noch – um es gleich darauf selbst rauszufinden, denn mein altes »Feier-Gen« ist offenbar tief in mir verankert. Stunde um Stunde zieht an mir vorbei. Man lernt unglaublich viele Menschen in kürzester Zeit auf völlig zwanglose Art und Weise kennen, lacht viel, alles ist easy. Aber: »Kann ich das nicht überall haben? Muss ich dazu ans andere Ende der Welt reisen?«, frage ich mich. Im Moment finde ich es in Ordnung. Dennoch möchte ich hier nicht versumpfen.

Es ist Samstag und ich schleppe mich nach einer weiteren Nacht besinnungslosen Feierns und Tanzens auf eine Stadtführung ins Zentrum. Lima gefällt mir richtig gut. Die herrschaftlichen Häuser aus der Kolonialzeit in den Straßen rund um die prächtige *Plaza des Armas* versprühen einen angenehmen Charme, lassen mich in das peruanische Großstadtleben stilvoller Entspanntheit eintauchen. Die freundlichen Inhaber der Geschäfte plaudern unaufdringlich mit mir. Zwei Frauen aus Italien, eine Deutsche, eine Kanadierin und ich finden uns und beschließen, gleich nach der Tour noch weiter ins angesagte Hipster-Viertel Barranco zu ziehen. Es soll das schönste und romantischste Viertel Limas sein. Wir wandern durch die Gassen und bewundern die vielen Street-Art-Malereien an Treppenauf- und -abgängen. Die bunten Häuser im Kolonialstil sind nicht höher als zweigeschossig und vermitteln Klein- statt Großstadtfeeling. Neben Galerien und Läden mit kunstvollen Kleinigkeiten spielen Straßenmusiker entlang des Weges zum Meer. Es ist das Viertel der Künstler, Musiker, Freidenker und Bohemiens. Je später der Tag wird, desto mehr füllen sich die Gassen. Zahlreiche Bars, Restaurants und Peñas (eine Mischung aus Bistro und Bar) laden zum entspannten Ausklang des Tages ein. Wir machen es uns auf der Terrasse einer Bar mit einem leckeren Pisco Sour gemütlich und genießen den Ausblick von der Steilklippe hinunter auf das Meer, hinter dem gerade die glühende Sonne versinkt. Wie entspannend, so einfach, so relaxt.

Zurück im Hostel, geht die Feierei wieder von vorn los. Nina aus Deutschland findet es in ihrem Hostel total langweilig, weswegen ich sie kurzerhand mit in meins genommen habe. Ich muss an der Rezeption mit meinem Ausweis für sie bürgen, sonst geht das eiserne Tor für sie nicht auf. Strenge Bestimmungen, die aber nur zur Sicherheit beitragen.

Es ist Samstag und Party mit DJ – an Schlafen also nicht zu denken. Meine neue Dorm-Mitbewohnerin aus Ecuador gesellt sich zu uns. Sie ist gerade mal 22 Jahre alt und allein unterwegs. Das ist für Südamerikaner eine Seltenheit. So jung und alleine unterwegs – das traditionelle, angestaubte Rollenbild, das hier noch weit verbreitet ist, spricht dagegen. Ein paar Einheimische, die hier öfter zu den Partys kommen, unterhalten sich mit uns. Sie fragen uns aus, was wir über Lima denken. Wir überlegen gemeinsam und einigen uns auf folgende Definition: die Stadt, die niemals ruht, traditionell und modern zugleich, wild und lebendig und doch mit einem gewissen Schmerz der Vergangenheit. Gegen zwei verabschieden sich die anderen, die noch in einen Club zum Tanzen gehen wollen. Nicht mit mir, mir reicht es, ich gehe ins Bett. Morgen muss ich früh raus, um meinen Flug nach Tumbes im Norden Perus nicht zu verpassen.

Als ich in den Morgenstunden mit Sack und Pack auschecke, spielen ein paar Clubgänger gerade eine Runde Tischtennis und lallen mir ein besoffenes, aber gut gemeintes »Goodbye« entgegen. Das entlockt meinem müden Gesicht dann doch ein Lächeln. Es hatte sich hier schon fast wie eine übergroße Familie angefühlt.

Auf der Suche nach der Bushaltestelle für den Lima Airport-Express laufe ich die fast menschenleeren Straßen entlang. Ich frage Einheimische, werde von A nach B und von dort nach C geschickt, bis mir der Portier des Hilton Hotels sagt, ich soll einfach gegenüber an dem kleinen Mäuerchen warten. Ich frage gleich noch zweimal nach, aber nein, da kommt keine andere Information. Ich habe meine Zweifel, ob das ein offizieller Stopp ist und ich wirklich rechtzeitig mitgenommen werde. Der Bus kommt tatsächlich und hält auf mein Winken hin an, sehr schön. Am Flughafen gibt es dann eine böse Überraschung: Die Fluggesellschaft zockt mich mit der Bordkarte ab. Diese hätte ich ausgedruckt mitbringen sollen, herrscht mich die Frau am Schalter an. Das stand aber nirgends. Höchstens im Kleingedruckten, das ohnehin nie jemand liest. Leider habe ich nichts Ausgedrucktes mitgebracht und so muss ich weitere 30 Euro (hier ein Vermögen) für den Wisch zahlen! Ich bin müde, sauer, hatte noch kein Frühstück und schleppe mich ins Flugzeug, um den kompletten Flug zu verschlafen.

Auf dem Weg vom Flughafen zur Busgesellschaft versucht mich dann gleich der nächste Taxifahrer abzuzocken. »Zehn«, sagt er auf meine Frage hin, wie viel er für die Fahrt möchte, macht eine lange Pause, wie wenn er überlegen würde, und meint dann »zehn Dollar«. Ich lache ihn aus und lasse keinen Zweifel daran, dass das ein Witz für mich ist. Er baggert mich gleich noch ein wenig an, lädt mich auf den Sitz neben sich ein. Dankend winke ich ab und klettere tapfer auf die hintere Sitzbank.

Im Bus und auf der anschließenden Taxifahrt ist zum Glück alles in Ordnung und ich komme sicher in meinem Hotel an. Es ist wirklich schön. Die Anlage hat etwa zehn Bungalows und ist leicht abschüssig zum Meer gelegen. Mein Zimmer bietet die beste Aussicht auf den Pool, die Dünen und das dahinterliegende Meer. Außer zwei Turteltäubchen, die sich den ganzen Abend im Pool aalen, scheinen keine weiteren Gäste eingemietet zu sein. Am nächsten Tag reist das Pärchen ab, jetzt bin ich ganz allein in der Anlage. Nach dem Party-Hostel eine schöne Abwechslung, aber auch irgendwie ein komisches Gefühl.

Meine Tage verbringe ich mit langen Strandspaziergängen, höre den Wellen zu und gehe abends in dem noch sehr ursprünglichen Örtchen Los Organos Ceviche schlemmen, viel mehr passiert nicht. Die Strände sind menschenleer und selbst in den Strandrestaurants genießen nur wenige einen kühlen Drink. Es könnte so schön sein …

Wären da nicht eines Nachts Zahnschmerzen, die mich quälen. Es ist der hintere linke Backenzahn, der höllisch wehtut. An Schlaf ist kaum zu denken, stundenlang tigere ich von einer Ecke meines Zimmers in die andere, schlucke unzählige Schmerztabletten, die leider den Schmerz nicht lindern. Auf gar keinen Fall möchte ich in diesem verschlafenen Nest zu einem Zahnarzt! Meine Fantasie geht mit mir durch und ich male mir die ganze Nacht Horrorszenarien aus, ungeachtet dessen, dass es hier wahrscheinlich gar keinen Zahnarzt gibt. Die liebe Peruanerin aus dem Hostel in Lima ist zwar Zahnärztin, kann mir aber hier, über tausend Kilometer nördlich, nur gute Ratschläge

geben. Der Norden Perus ist bei Weitem touristisch noch nicht so erschlossen wie der südliche Teil. Ein paar kleinere Surf- und Badespots, etwas Kultur im Landesinneren – das war's dann auch. Also eigentlich genau das Richtige, wenn man sich abseits der ausgetretenen Wege bewegen möchte, im Falle von Zahnweh aber ungünstig. Zum Glück geht es tagsüber einigermaßen, sodass ich wenigstens ein bisschen etwas unternehmen kann.

Im Hotel ist ein peruanisches, sehr nettes Pärchen angekommen. Die junge Frau erzählt mir, dass sie gern in Deutschland studieren möchte und dass es dort doch super und easy sei, wenn man ein Kind bekommt, mit Erziehungsgeld und so. Und dass alle oben ohne baden gehen. Ich lache mich fast kaputt, was für eine Vorstellung! Es erscheint ihnen abwegig, dass auch in Deutschland viel gearbeitet wird. Völlig verwirrt schauen mich beide an, als ich erzähle, dass die Arbeit oft stressig und fordernd sein kann. Wir liegen zu dritt im Pool und genießen Bier und Chips. Das Wasser ist warm und der Pool hat eine Liegefläche im seichten Wasser, sodass wir gemütlich ein paar Stunden hier verbringen können. Wir sprechen über Institutionen in Peru und die Schulsysteme. In Peru ist die Basis für alle kostenlos, alles andere muss privat bezahlt werden, nur leider ist die Basis nicht wirklich gut. Ich erzähle, dass in Deutschland die Schule frei für alle ist und dass dies aus Steuergeldern finanziert wird. Dass der Grundgedanke dabei ist, egal welche finanziellen Voraussetzungen die Eltern mitbringen, alle Kinder die gleichen Möglichkeiten haben sollen. Das finden sie dann doch irgendwie nicht so gut, dass so viel Geld für die Gemeinschaft als Steuern vom Gehalt abgezogen wird. Ein interessanter Austausch, der von unseren knurrenden Mägen unterbrochen wird. Wir landen in einem Lokal am Strand, schlemmen stundenlang, lachen herzhaft über eine Gruppe Teenies, die nur Blödsinn im Kopf haben und sich gegenseitig aufziehen.

In der Nacht werde ich wieder von schlimmen Schmerzen geplagt. Zum Glück reise ich am nächsten Tag weiter nach Ecuador, in eine größere Stadt, in der ich auf bessere zahnärztliche Versorgung hoffe. Nach dem Frühstück geht es los. Ein bisschen Bammel habe ich vor dieser Fahrt – schließlich habe ich einige

Storys in Internet-Blogs von Busüberfällen auf genau dieser Route gelesen. Im ländlichen Nirgendwo, gleich nach der Grenze, sind schon einige Reisebusse ausgeraubt worden. Bewaffnet mit Maschinengewehren stehen die Banditen mitten auf der Fahrbahn und zwingen den Busfahrer anzuhalten. Am Schluss stehen die Fahrgäste nur noch in der Unterwäsche da, alles andere ist weg. Alternativ müsste ich aber nach Lima zurück oder weiter nach Mancora und von dort aus fliegen, was um einiges teurer und auch zeitaufwendiger wäre. Ich speichere zur Sicherheit noch ein paar Daten und Bilder extra in die Cloud, damit auch nichts verloren gehen kann. Sicher ist sicher …

Ausgeraubt werde ich zum Glück nicht, aber die Fahrt nach Ecuador entpuppt sich als wahre Odyssee: Da ich wegen der Abfahrtzeiten sichergehen wollte, habe ich am Vortag extra den Hotelmanager dazu gebracht, bei der Busgesellschaft anzurufen. Ein Taxi würde mich zum öffentlichen Bus bringen, der mich dann in den nächsten Ort Mancora bringt, erklärt mir dieser anschließend. Von dort aus soll es mit einmal Umsteigen bis Cuenca, Ecuador, ungefähr sieben Stunden dauern. »Hört sich alles schlüssig an«, dachte ich.

Das Taxi ist pünktlich und auch der öffentliche Bus braucht nur die angegebenen 20 Minuten bis Mancora. Am Busbahnhof und auch in unmittelbarer Nähe sehe ich keine Agentur, die Bustickets verkauft. Der Busfahrer schickt mich nach rechts zum Bus, der Taxifahrer vor der Bushaltestelle fährt mich nach links. Immerhin stehe ich dann vor einer zertifizierten Agentur, die mir versichert, dass ich gegen 19:30 Uhr in Cuenca sein werde. Ich müsste aber zweimal umsteigen. Nun gut, ich bin es inzwischen gewohnt, flexibel zu bleiben. Bis zum ersten Stopp geht es mit dem Kleinbus, der erst noch zwei Runden durch den Ort dreht, um mehr Fahrgäste zu finden. Als wir endlich am Umsteigepunkt ankommen, erfahre ich, dass der Bus nach Cuenca bereits seit einer Dreiviertelstunde weg ist. Ist ja ganz toll! Und nun?! Der nächste fährt erst in zweieinhalb Stunden, dann wäre ich erst gegen 22 Uhr in Cuenca. Ich schlage die Hände vors Gesicht und kann gerade noch einen genervten Schrei unterdrücken. Das kann nicht wahr sein! Zu meinem Unglück habe ich ein Hostel gebucht, bei dem Einchecken nur bis 21 Uhr möglich ist, danach kommt man ohne Schlüssel nicht mehr rein. Das hatte ich auf meiner bisherigen Reise noch nie! Wahrscheinlich hatte ich deswegen auch bei der Buchung nicht darauf geachtet. Ich könnte heulen, was für ein Mist! Internetempfang habe ich natürlich keinen, sodass ich mich nicht nach anderen Fahrmöglichkeiten oder anderen Hostels umschauen kann. Tief durchatmen, da hilft leider gar nichts, außer Augen zu und durch. Zum Glück habe ich von zu Hause bereits ein paar Dollar mitgenommen, sonst müsste ich in Ecuador erst einmal einen Geldautomaten suchen, um irgendetwas zahlen zu können. Nach zweieinhalb Stunden setze ich mich also in den Bus, muss mir von einer jungen Mutter mit Kleinkind einen bösen Blick gefallen lassen, weil sie sich auf meinem Sitz breitgemacht hat, anstatt ihren Platz zu suchen. Bis zur Grenze nach Ecuador sind es ungefähr anderthalb Stunden. Wenigstens ist der Grenzübertritt einfach, da sich die Ausreisebeamten von Peru im gleichen Gebäude wie die ecuadorianischen Grenzbeamten befinden. Es geht ratzfatz, eine Schlange für den Ausreisestempel, eine Schlange für den Einreisestempel – fertig. Sehr geschickt, keine blöden Fragen, in 30 Minuten ist der komplette Bus abgefertigt. Nach weiteren 20 Minuten Fahrt gelangen wir in eine kleine Stadt, in der wir in einen anderen Bus umsteigen müssen. Zum Glück sind noch zwei weitere »Gringos«, also Europäer, an Bord, die ebenfalls nach Cuenca wollen. Als wir schließlich gegen 23 Uhr in Cuenca im Busbahnhof irgendwo außerhalb des Stadtzentrums ankommen, herrscht dort gähnende Leere. Glücklicherweise haben die beiden anderen Mitreisenden ebenfalls kein Hostel gebucht und so fahren wir gemeinsam mit dem Taxi zum zentralen Platz der Stadt. Was ist das denn? Es ist 23:30 Uhr und absolut nichts los! Nur ein paar einzelne Ecuadorianer schlendern am schlecht beleuchteten Platz entlang. Ich kann rund um den Platz weit und breit kein Hostel sehen. Wir biegen in die nächste Straße ab, kommen an einigen geschlossenen Hostels vorbei und stoßen dann zum Glück auf ein Hostel mit Bar, das bereits die Stühle auf die Tische stellt. Aber es hat noch drei Betten im Dorm frei. Perfekt! Was man doch immer wieder für ein Glück auf Reisen hat! Alles fügt sich zum Guten. Ich habe wieder Zahnschmerzen und die durchwachten letzten Nächte hängen mir noch in den Knochen. Neil, einer meiner Zimmergenossen, gibt mir eine Schlaftablette, um trotz der Schmerzen etwas Ruhe zu bekommen.

ECUADOR

CUENCA – STADT DES PANAMAHUTES

Die Schmerzen habe ich anscheinend in der Nacht so gut wie weggeschlafen. Nach dem Frühstück ziehe ich aus, meine beiden anderen Weggefährten sind ebenfalls ganz früh in ihr neues Hostel aufgebrochen. Nachdem ich mit meinen vielen Kilos auf dem Rücken durch die halbe Stadt gewandert bin, muss ich feststellen, dass ich in meinem ursprünglich gebuchten Hostel auch kein Zimmer mehr habe. Ich streite mich ein wenig mit der Angestellten, sie hat mein Zimmer einfach storniert. Dabei hatte ich fest vor, die Extrakosten für die eine zusätzliche Nacht in Kauf zu nehmen, um dafür eine Bleibe zu haben. Letztendlich findet sich doch noch ein Bett, sie berechnet mir sogar die vorangegangene Nacht nicht und schenkt mir zusätzlich noch einmal Wäschereiservice, das ist annehmbar. Das Bett ist in einem der schönsten Dorms, die ich bis jetzt gesehen habe. Es ist zwar ein langer Raum, aber jedes Bett hat rechts und links eine Wand und ist nur nach vorne hin zu einer Art Gang geöffnet. Das französische Bett ist wunderbar sauber, duftet frisch, daneben steht eine Kommode nur für mich und hinter dem Bett viel Abstellfläche für den Rucksack und alle anderen Kleinigkeiten. Einzig das Bad muss ich mir mit den vier anderen im Raum teilen. Wenn ich im Bett liege, kann ich zum Dachfenster in den Himmel schauen. Die Regentropfen, die es hier in Cuenca fast täglich gibt, hören sich herrlich heimelig an und hüllen mich in eine kuschelige

Atmosphäre. Neben mir, in einer der anderen »Kojen«, liegt eine Kanadierin, die sehr nett ist und gleich Kontakt sucht. Sie ist in den nächsten vier Tagen eine lustige Gesprächspartnerin, kann aber leider aufgrund einer Knöchelverletzung nirgendwohin mitgehen.

Cuenca ist ein nettes Städtchen. Eigentlich ist es mit seinen rund 500.000 Einwohnern die drittgrößte Stadt Ecuadors. Durch die Häuser im Kolonialstil, die höchstens zwei Stockwerke hoch sind, verbreitet sich behagliches Kleinstadt-Feeling. Nach dem Stranddorf im Norden Perus, in dem es rein gar keine Geschäfte für ein bisschen Shopping gab, ist es eine Wohltat, hier in den Läden zu stöbern. Es reihen sich traditionelle kleine Shops mit alltäglichen Dingen an moderne Handyshops und Schmuckläden. Die Markthalle unterscheidet sich wenig von den anderen südamerikanischen Märkten, die ich bisher kennengelernt habe. Doch dann kann ich meinen Augen kaum trauen: überall Panamahüte! »Das Original hier«, »Ursprung des Panamahutes« steht auf Schildern im Schaufenster. Wie jetzt, ich dachte, der Hut kommt aus Panama?! Kaum zu glauben, aber die berühmten Panamahüte stammen nicht etwa aus Panama, sondern ursprünglich aus Ecuador. Wie sie zu ihrem Namen kamen? Bereits 1855 hatte sich Napoleon III. einen Hut nach Frankreich schicken lassen, etwas später die Amerikaner. Alle Hüte wurden damals von Panama aus in die weite Welt verschifft und trugen daher den Zollstempel von Panama, was den Irrtum auslöste. Und als Präsident Roosevelt 1906 während der Besichtigung des berühmten Panamakanals auch noch einen solchen Hut trug, hatte keiner in Übersee mehr Zweifel an dessen Herkunft.

In Cuenca gibt es einige traditionelle Hutmacher. Es ist total interessant, bei der Herstellung dieser berühmten Hüte zuzuschauen. Gern hätte ich einen gekauft, kann aber unmöglich noch mehr Sachen mit mir herumschleppen.

Wie in den meisten Städten nehme ich auch hier an einer Free Walking Tour teil, die wieder einmal sehr informativ ist und mir einen ersten Überblick über die Stadt verschafft. Ich lerne zwei Mädels aus Belgien und Holland kennen, mit denen ich den Nachmittag und Abend bei vielen Cocktails, Spaß, weiteren

Bekanntschaften und natürlich leckerem Essen verbringe. Immer wieder schön, wenn sich alle offen begegnen! Warum ist das nur zu Hause so selten der Fall?

Mit dem öffentlichen Bus fahre ich allein auf eine Tagestour in den Nationalpark Caja rund 30 Kilometer westlich von Cuenca und finde mich plötzlich auf 3.800 Meter Höhe wieder. Zum Glück ist mein Körper inzwischen an diese Höhen gewöhnt, sodass sie mich nicht mehr mit Kopfweh oder Atemnot belastet. Die hügelige Landschaft ist mit ungefähr 270 Seen und Lagunen ehemaliger Gletscher durchzogen. Es ist wunderschön hier, kaum Touristen, nur weite Natur, wundervolle Wälder mit mystisch gekrümmten Stämmen, die wie glatt geschmirgelte braune Wunderwerke in den Himmel ragen. Gedankenverloren verlaufe ich mich mal wieder, aber zumindest stimmt laut meinem Handy die Richtung. Ich laufe und laufe – und laufe. Es ist bereits später Nachmittag, der letzte Bus Richtung Cuenca fährt in fünf Minuten, aber ich bin noch Kilometer vom Besucherzentrum entfernt. Mist, wieso kann ich auch nicht einfach auf den normalen Wegen bleiben? Ausgetretene Pfade verleiten mich stets dazu, auch mal davon abzukommen, neugierig zu bleiben, unbekanntes Terrain zu durchstreifen. Manchmal erlebt man so die ungewöhnlichsten und schönsten Dinge, manchmal endet es dann eben aber auch so wie jetzt. Irgendwann gelange ich zur Nationalparkstraße. Auch wenn es sich allein als Frau nicht wirklich sicher anfühlt, bin ich mutig und halte den Daumen bei den vereinzelt vorbeifahrenden Autos raus. Riskant, aber hier zu übernachten wäre noch schlimmer. Ich habe kein Zelt, keine wirklich warmen Sachen dabei und das Wasser geht auch langsam zur Neige. Nach einer gefühlten Ewigkeit, in der ich mich schon mental auf eine Nacht unter freiem Himmel eingestellt habe, hält doch noch ein Auto. Ich blicke hinein, gebe zu verstehen, dass ich nach Cuenca möchte. Ein Vater mit seinem erwachsenen Sohn lächelt aufmunternd und bietet mir an, mich mitzunehmen. Nervös schlucke ich den kleinen Kloß in meinem Hals hinunter und ignoriere das nervöse Flattern in meinem Bauch. Die könnten überall mit mir hinfahren und keiner würde etwas merken. Wie so oft auf dieser Reise vertraue ich meiner Intuition, glaube an das Gute im Menschen, bitte das Universum um

Unterstützung und steige ein. Statt meinen ängstlichen Gedanken nachzuhängen, fange ich ein Gespräch an. Sie können ein paar Brocken Englisch und ich ein wenig Spanisch. Die beiden sind ein lustiges Team, widersprechen sich gegenseitig, ergänzen ihre Storys mit dramatischen Details und bringen mich zum Lachen. Das Eis ist gebrochen, die 45 Minuten nach Cuenca vergehen wie im Flug. Trotzdem plumpst mir ein mittelgroßer Stein vom Herzen, als ich in Cuenca aussteige. Wieder einmal gut gegangen! Das muss ich mit meiner Mitbewohnerin feiern, zumal das mein letzter Abend hier ist.

Für einen kurzen Zwischenstopp fahre ich in sieben Stunden mit dem Bus in die Großstadt Guayaquil. Alles funktioniert dieses Mal wunderbar und mein Hostel befindet sich direkt an der Strandpromenade Malecon mit Blick auf das Riesenrad, den dortigen Rummel und den Fluss Guayas. Mal wieder in einer richtig großen Stadt! Das hat schon eine ganz andere Dynamik! Ich würde am liebsten Klamotten shoppen, aber leider habe ich weder Platz im Rucksack noch das Geld, mich hier komplett neu einzukleiden. Das muss warten.

GALAPAGOS – PAZIFIKPARADIES

Ein lang gehegter Wunsch wird Wirklichkeit: Galapagos! Ich bin schon sehr gespannt, wie meine Zeit auf dem Insel-Archipel wird. Ist es so herausragend, wie überall berichtet wird? Gibt es tatsächlich so viele Tiere zu sehen?

Ich habe mich für ein 14-tägiges Volontariat auf einer Pferdefarm angemeldet. Wie das wohl ablaufen wird?

Laut der Volontariatsplattform *Workaway* versucht eine Münchnerin, die seit 13 Jahren auf Galapagos wohnt, die Menschen vom sanften Weg mit den Pferden mittels Horsemanship zu überzeugen. Dabei steht der pferdefreundliche, respektvolle und faire Umgang mit den Tieren im Vordergrund. Die Anreise vom Flughafen zur Pferdefarm klappt gut, ich erwische die richtige »Bushaltestelle«, die eigentlich gar keine ist, und bin erstaunt, als noch zwei Europäer aussteigen. Es ist ein junges Pärchen aus Frankreich, das von Freunden bereits gehört hat, dass ich auch volontieren werde und am gleichen Tag ankomme wie sie. Zehn Tage werden sie hier sein, um ein Volontariat auf der

Pferdefarm zu absolvieren. Abgeholt werden wir von dem befreundeten Pärchen, das bereits seit gestern hier ist. Auch Franzosen. »Okay«, denke ich mir, »bin ich schon nicht allein, das wird bestimmt lustig werden.« Von wegen! Das erste Mal auf meiner Reise fühle ich mich nicht willkommen. Wann immer die Franzosen zusammen sind, sprechen sie französisch miteinander. Dass ich nichts verstehe und mich nicht an ihrer Unterhaltung beteiligen kann, interessiert sie nur wenig. Wenn es zu den Pferden geht, sprechen sich die anderen ab, mich lassen sie außen vor, ich kann hinterherlaufen oder auch nicht. Ich sehe es positiv, mache die Dinge, wie ich es mir vorstelle – alles kann, nichts muss. Die Pferde sind total süß, werden nie aggressiv, sondern gehen einfach weg, wenn es ihnen zu viel wird. Es gibt drei jüngere Pferde: Sunny, ein dreijähriger Hengst, Rainbow, der vor einem halben Jahr mit großen offenen Wunden gerettet wurde, ist ungefähr ein Jahr alt, und Destiny, eine kleine Stute, die Claudia, die Initiatorin des Projektes, ebenfalls von der Straße gerettet hat. Halbtot hatte sie dagelegen, völlig verheddert in einem Seil, mit einer Machete am Bein aufgeschlitzt. Es ist ein Wunder, dass diese vom Menschen gepeinigten Pferde hier wieder neues Vertrauen fassen. Die Herde scheint ihnen gutzutun, ihnen wieder einen Platz im Gefüge zuzuweisen. Nur Destiny ist ein bisschen außen vor, sie ist das schwächste Herdenmitglied. Von den anderen wird sie immer wieder verscheucht, darf nicht aus den normalen Behältern trinken. Umso mehr schätzt sie uns Menschen und unsere Beschäftigung mit ihr. Zur Begrüßung bekommen wir schon nach wenigen Tagen ein süßes, schüchternes Wiehern zu hören. Das geht mitten ins Herz! Ich probiere, sie ans Führen zu gewöhnen, und daran, die Hufe zu geben. Am Ende meiner Zeit wird sie ein bisschen frech, fängt an zu schnappen. Wahrscheinlich muss sie einfach ausprobieren, wie weit sie gehen kann. Ich beschäftige mich näher mit Rainbow, den ich ans Halfter gewöhne. Nach ein paar Tagen lässt er sich das Halfter aufziehen, aber besonders wohl fühlt er sich damit nicht und schüttelt immer wieder den Kopf, um das Ding loszuwerden. Bei Sunny müssen wir kleinere Brötchen backen, er ist total kopfscheu. Doch auch er macht mit täglicher Übung Fortschritte und lässt sich am Schluss auch am Kopf streicheln, läuft manchmal sogar mit, wenn wir uns zu den anderen weiterbewegen.

Es ist ein paradiesisches Leben für mich: sich morgens mit den Pferden zu beschäftigen, draußen sein, die Natur und die Gesellschaft dieser wunderbaren Wesen genießen, und nachmittags die Insel zu entdecken. Mit dem öffentlichen Bus fahren meine französischen Mitstreiter und ich in das kleine Städtchen Puerto Ayora, Mittelpunkt der Insel Santa Cruz. Es gibt weder einen Fahrplan noch eine Haltestelle. Da es aber nur eine betonierte große Straße in der Nähe der Farm gibt, stellt man sich einfach hin und streckt den Arm raus, sobald der Bus sich nähert. Die Busfahrer wissen bereits, dass hier die Pferdefarm von Claudia ist, und sind entsprechend auf die unwissenden Volontäre vorbereitet. Puerto Ayora ist total interessant. Entlang des Ufers schlängelt sich eine Straße, die touristische Souvenirläden, hübsche Restaurants und einladende Bars zu bieten hat. Am kleinen Fischmarkt liegen die Iguanas (Meeresechsen) auf dem Gehweg herum, Pelikane lassen Fischköpfe in ihrem Schlund verschwinden und Seelöwen warten schlafend darauf, einen fetten Fisch abzubekommen. Es ist unglaublich, wie zutraulich die Wildtiere sind, sie lassen sich weder von den Arbeitern noch von den wild fotografierenden Touristen stören. Am ersten Tag gehen wir an die *Playa de la estacion* neben der Charles-Darwin-Forschungsstation. Kaum im Wasser, entdecke ich sie ganz nah am Strand: eine Meeresschildkröte! Unglaublich! Was für ein glücklicher Zufall! Und wunder-, wunderschön! Gemächlich paddelt sie dahin, wir können mit ihr mithalten, sie genau beobachten, bis sie irgendwann hinaus ins weite Meer schwimmt und verschwindet. Was für ein wunderbares Geschöpf. Bestimmt 1,50 m groß und dennoch kaum bedrohlich. Wir sind alle total glücklich, so schnell eine Schildkröte gesehen zu haben. Später, am Pier, sehen wir noch eine Gruppe von zehn kleinen goldenen Rochen. Daneben schwimmen Seelöwen und kleine Schwarzspitzen-Riffhaie. Einfach so. Das ist wirklich paradiesisch!

Und dann gibt es da noch die *Tortuga Bay*, in der die Meeresschildkröten ihre Eier ablegen. Es soll ein sensationell schöner Strand sein. Der Weg dorthin ist beschwerlich; nicht weil er wahnsinnig schwierig zu laufen wäre, sondern weil es unglaublich heiß ist, kein Lüftchen weht und wir ungefähr 40 Minuten durch den Nationalpark laufen müssen, um an den Strand zu gelangen. Der Weg ist gesäumt mit gigantischen Kakteen, die fünf bis sieben Meter hoch sind und bestimmt seit 1.000 Jahren oder noch länger dem Geschehen auf der Insel zuschauen. Viele Vögel und kleine Echsen begleiten uns, ein paar Tafeln entlang des Weges erklären etwas zur Flora. Als wir endlich am Strand angelangt sind, werden wir mehr als entschädigt: Feiner, weißer Sand geht in türkises Wasser über, die Wellen türmen sich im kräftigen Blau auf und Surfer schwingen sich lässig auf ihren Boards über die Schaumkronen. Wow! Was für ein Anblick. Ich laufe den lang gezogenen Strand nach rechts und entdecke ein kleines Becken vor einem Riff. Bestimmt 50 Iguanas, sogenannte Urzeitechsen, liegen träge vor den angrenzenden Mangroven, bewegen sich nur hin und wieder. Manchmal liegen sie quer übereinander, drängen sich aneinander, halten sich im Arm. Sie sehen aus wie alternde Punks mit ihren Irokesen aus Stacheln und der sich lösenden, schuppigen Haut. Ihr Gesichtsausdruck wirkt böse, aber ihre entspannte Art hebt den Eindruck wieder auf. Ein Touri geht ganz nah an ein stattliches Exemplar heran. Der Iguana schaut irritiert und niest ihm dann mit einem lauten, schleimigen Geräusch Iguana-Rotze ans Bein. Ich kann mir ein Grinsen nicht verkneifen. So ist das halt, wenn man nicht genügend Abstand hält!

Ich gehe schnorcheln und obwohl das Becken klein und flach ist, sehe ich viele kleine Fischschwärme, größere grünblaue Fische, einen eingegrabenen Rochen und eine kleine Muräne, die mich aus einer Felsspalte heraus beobachtet. Doch dann plötzlich kommt mir ein Hai entgegen! Ich muss trocken schlucken, mein Herz schlägt sofort schneller. Er wird mir doch hoffentlich nichts tun? Elegant schwimmt er unter mir durch, doch plötzlich schießt er wie ein Pfeil los und schnappt sich in Sekundenschnelle einen Fisch. Ich bin schwer beeindruckt. Zum Glück ist es nur eine kleine Ausgabe einer nicht gefährlichen Art. Später stehe ich im flachen Wasser und die kleinen Riffhaie kommen tatsächlich bis fast zum Strand. Die Rückflossen lugen bereits aus dem Wasser hervor, sie schwimmen direkt um meine Füße herum. Ich bin fasziniert von den zutraulichen Räubern des Meeres. Ein unglaublicher Anblick und wieder einmal ein Hautnah-Erlebnis!

Tags drauf fahre ich mit einem kleinen Taxiboot an die nahe gelegene Playa de los Alemannes. Natürlich geht's auch hier wieder mit Schnorchel und Taucherbrille ins Wasser. Am Anfang der Bucht ist das Wasser trüb und man sieht fast gar nichts, doch am Ende der Mangroven, welche die Bucht säumen, befindet sich ein kleines Riff mit klarem Wasser und unzähligen Fischen. Einmal über das Riff hinweggeschnorchelt, sehe ich erst eine, dann zwei und plötzlich noch mehr Meeresschildkröten. Insgesamt sieben große Exemplare schwimmen in nächster Nähe um mich herum, lassen sich faul zu Boden sinken, treiben wie in Trance mit der Strömung mit. Vor lauter Begeisterung verschlucke ich mich, spucke Salzwasser, huste und muss die Maske herunterziehen, um meine Fassung wieder zu finden. Als ich wieder weiterschnorcheln kann, sind sie leider alle verschwunden. »Manchmal würde ein bisschen mehr Ruhe guttun«, schelte ich mich selbst.

Was für ein Leben hier! Morgens ein bisschen mit den Pferden arbeiten, nachmittags schnorcheln gehen und danach einen Cocktail in der Regata-Bar genießen. Herrlich! Daran könnte ich mich wirklich gewöhnen. Das Schöne am Volontieren ist, dass man Ecken gezeigt bekommt, in denen gewöhnlich keine Touristen unterwegs sind. Das wahre Leben mit Einkaufsläden für Nahrungsmittel, Märkten, Wäschereien und öffentlichen Verkehrsmitteln. Vor allem die *Calle Espanola*, die sich abends in eine Streetfood-Meile verwandelt, auf der sich der leckerste Fisch, gegrilltes Seafood oder Hühnchen in ungezwungener Atmosphäre genießen lässt, begeistert mich. Hier reiht sich ein Restaurant ans nächste, Tische und Stühle belegen die ganze Straße und die bunte Mischung aus fröhlichen Gruppen, Familien und Freunden verzaubern die Straße mit pulsierendem authentischem Leben. An diesem Ort könnte ich ewig bleiben!

Nach meinen zwei Wochen auf der Farm kommt mich Ralph besuchen. Ich bin froh, dass er da ist! Endlich jemand, mit dem ich mich austauschen kann, der sich freut, Zeit mit mir zu verbringen und mit mir zusammen zu sein. Drei lange Monate haben wir uns nicht gesehen und es fühlt sich an, als wenn wir uns erst seit Kurzem kennen würden. Wir kichern, sind uns ein wenig fremd und doch vertraut.

Nachdem wir ausgiebig Santa Cruz und deren Schönheiten ausgekundschaftet haben, besuchen wir noch die beiden anderen größeren Inseln Isabela und

San Christobal. Jede Insel hat ihr eigenes Gesicht und ihren eigenen Charme. Umwerfend sind sie alle und wir erleben die schönsten Dinge. Santa Cruz ist die touristischste Insel mit Strandpromenade. Isabela hat nur Sandstraßen, es regnet jeden Abend stundenlang und somit sind die Straßen überflutet. Wir waten barfuß zum Restaurant durch die Stadt und genießen den unkomplizierten Aufenthalt. Schnorcheltouren zu *Los Tuneles* und *Kicker Rock* sind zwar sündhaft teuer, aber auch fantastisch. Los Tuneles sind Lavatunnel und -brücken, die vor Millionen von Jahren entstanden sind. Im klaren Wasser schnorcheln wir stundenlang durch die Lavaformationen und entdecken bunte Fische, Meeresschildkröten und sogar ein süßes, kleines Seepferdchen. Die berühmten Blaufußtölpel, auch Blue-Footed Boobies genannt, schauen uns von oben zu und sind zum Greifen nahe. Zum Kicker Rock werden wir in Neoprenanzüge gesteckt und schippern mit einem Boot über das Meer zu dem Tuffstein-Monolithen, der auch als *Leon Dormido*, der schlafende Löwe, bekannt ist. Durch den Spalt inmitten des Felsens zu schnorcheln hat etwas Aufregendes an sich. Wir fühlen uns fast wie Höhlenforscher, das Wasser plätschert mal lauter, mal leiser gegen die hohen Felswände, die den Schall zurückspielen. Dunkelheit umgibt uns, die nur von einzelnen Sonnenstrahlen durchbrochen wird. Der Himmel ist nur ansatzweise an einem schmalen blauen Streifen hoch über unseren Köpfen zu erkennen. Wer tauchen kann, hat rund um den Kicker Rock die Möglichkeit, Hammerhaie zu sehen. Wir entdecken zwar keine Hammerhaie, dafür unzählige tropische Fische, die sich zwischen den bunten Korallen und Anemonen tummeln.

Seelöwen spielen mit uns in einer kristallklaren Bucht auf San Christobal, drehen, taumeln um uns herum und schauen uns aus ihren dunklen Knopfaugen neugierig an. Ein Oktopus verzaubert uns mit seinen vielen Armen. Die Seelöwen an Land geben ein Schauspiel zum Besten, das nicht lustiger, geräuschvoller und interessanter sein könnte. Es ist eine traumhafte Zeit. Fast vier Wochen verbringe ich mit meinem Mann insgesamt auf den Inseln und habe immer noch nicht genug. Schade, dass der Flug bereits gebucht ist, sonst würden wir noch viel mehr Dinge hier erleben.

DIE STRASSE DER VULKANE

Nach vier Wochen fliegen wir von dem kleinen Flughafen in San Christobal zurück in die Großstadt Guayaquil. In zwei Tagen werden wir wieder weiterreisen, um auf der Straße der Vulkane Ecuador näher kennenzulernen. Mein Mann möchte aber nicht auf mich und meine bisherigen Südamerikaerfahrungen bauen und schleppt mich mitsamt meinen 30 Kilo Gepäck zum Busbahnhof. Aber dort wird er nur müde belächelt: Natürlich kann man kein Ticket im Voraus kaufen, genau wie ich es ihm bereits gesagt hatte. Ich bin angesäuert, schließlich schleife ich meine Sachen seit Stunden durch die Gegend. Nachdem wir den öffentlichen Bus zum Malecon, der Strandpromenade, nicht finden, muss ich alles noch einmal quer durch den ganzen Flughafen schleppen, um zu den Taxis zu gelangen. Was für ein Glück für Ralph, dass das von ihm gebuchte Hostel eher ein Hotel ist, neu renoviert und mit riesigem Zimmer nur für uns. Das bisschen Luxus genieße ich ausgestreckt auf dem weichen Bett und tauche danach in den Duschtempel des Badezimmers bei wohlduftenden Vanillenoten ab.

Die Stadt gibt nicht viel her, aber wir machen uns trotzdem eine schöne Zeit und schlendern durch die Straßen.

Nach zwei Tagen reisen wir weiter nach Alausi, einem kleinen Örtchen inmitten grüner Berge, das aus der Zeit gefallen scheint: Die Frauen tragen traditionelle Kleidung, Samtröcke, die an den Kanten bestickt sind, Schals und Umhänge in kräftigen, leuchtenden Farben. Wer etwas auf sich hält, trägt dazu einen Hut. Im Unterschied zu Bolivien hier in der richtigen Größe.

Mit einem historischen Zug fahren wir zur Teufelsnase, auf Spanisch *La Nariz del Diablo*, einem markanten Felsvorsprung über der Schlucht des Rio Chanchán, der steil nach unten ausläuft. Die Schwierigkeit für den Zug ist dabei, die fast 200 Höhenmeter nach unten zu überwinden. Ein Meisterwerk der Ingenieurskunst für das immerhin Anfang 1900 gebaute Schienensystem. Nachdem wir gemütlich rund eineinhalb Stunden durch die wunderschönen Berge und Hügel mit Kakteen, plätschernden Bächen, steilen Bergwänden und Schluchten in den unterschiedlichsten Grüntönen gezuckelt sind, erreichen wir die Teufelsnase. Mal rennen alle Fahrgäste nach rechts, dann wieder nach links, um die vielen kleinen landschaftlichen Sehenswürdigkeiten in Fotos festzuhalten. Auf der Spitze der Teufelsnase wird dann mal wieder meine Höhenangst herausgefordert: 200 Meter geht es in die Tiefe. Die Schienen sind so dicht am Abhang gebaut, dass nicht mal ein grüner Streifen an der Seite übrig bleibt. Nach einigen Metern hält der Zug auf einmal an, setzt um und fährt auf den nächsten Schienen – rückwärts! So überqueren wir die Höhenmeter im Zickzack und können uns viele Minuten später das Ganze von unten ansehen. Erstaunlich, was alles möglich ist!

Glücklich steigen wir am Zielort aus und lassen die komplette Gegend auf uns wirken. Mit einem traditionell hergestellten Zuckerrohrsaft in der Hand fühlen wir uns ganz klein zwischen all den grünen Giganten. Aber auch irgendwie geborgen, ein bisschen wie umarmt von Mutter Natur.

Nachdem wir zwei Tage später nach Riobamba weitergereist sind, wagen wir uns auf den 6.286 Meter hohen Chimborasso. Der höchste Vulkan Ecuadors zeigt sich uns mit seiner Gletscherkappe bereits bei der Anfahrt. Was für ein Anblick! Stattlich erhebt er sich aus der sonst eher ebenen Landschaft. Das ist genau, wie ich es mir vorgestellt habe. So unerwartet und völlig anders als in Europa. Nicht ein Gipfel zwischen vielen anderen, sondern eine Erhebung wie aus dem Nichts, mit Gewalt und Nachdruck explodierter Kraft, die uns unmissverständlich unseren Platz als kleines Wesen auf diesem Planeten zuweist. Mit dem Auto fahren wir zwei Stunden lang auf 4.800 Meter, um dann unsere kleine Wanderung zum nächsten Refugio und einer kleinen Lagune auf 5.100 Metern zu starten. Anders als in Nepal, als ich acht Tage Zeit hatte, mich an die Höhe zu gewöhnen, wird mir hier bereits nach den ersten Metern schwindelig. Mein Herz klopft wie verrückt, der Sauerstoff ist knapp. Gleich zu Beginn laufen wir durch einen kleinen Gedenkfriedhof, auf dem Steine und Kreuze an die abgestürzten Gipfelstürmer erinnern. Lieben Dank auch! Zum Glück gehen wir nur eine kleine Runde und nicht bis zum Gipfel. Der jüngste Vorfall hat sich erst vor zwei Monaten ereignet und zeigt uns, wie präsent die Gefahr am Berg ist.

Ich mühe mich mit den 300 Höhenmetern ab, muss alle paar Schritte stehen bleiben, um meinen Körper zu beruhigen und ihn dann aufs Neue zu fordern. Eine echte Strapaze! Die Beine sind schwach, aber stetig tragen sie mich weiter nach oben. Immer im Blick: der herrlich weiße Gipfel, auf dem Windböen die Wolken vorantreiben und den Schnee verwehen. Ralph scheint mit der Höhe keine Probleme zu haben, er wartet entlang der Strecke, bis ich ihn eingeholt habe.

Als wir auf unserer Endhöhe angelangt sind, jubeln wir: geschafft, ein fantastisches Gefühl! Und der Berg ragt immer noch gigantisch weit in die Höhe ...

Zurück am Ausgangspunkt unserer kleinen Wandertour, blicken wir von unten noch einmal auf zum Gipfel und sind stolz wie Bolle. Ja, das war wirklich eine Herausforderung! Dafür haben wir uns den Kaffee, das leckere Sahneröllchen und den *Mate de Coca* (Koka-Tee) wirklich verdient. Leider hilft der Tee nicht viel gegen die Nachwehen des großen Höhenunterschieds und so habe ich den Rest des Tages erträgliche, aber unschöne Kopfschmerzen. Egal, der Chimborasso war es wert!

Wir schlendern noch kurz durch die Stadt, schauen ein paar Sehenswürdigkeiten an (die Stadt gibt nicht wirklich viel her). Die Ecuadorianerinnen sind immer mal wieder sehr direkt und frech: Vor meinen Augen flirten sie unverhohlen mit meinem Mann, lächeln ihn an und schenken ihm einen Bambi-Augenaufschlag. Mein Mann findet das irgendwie nett, ich weniger, aber da es ohnehin bereits weitergeht zu unserem nächsten Ziel Baños, mache ich keine große Sache daraus.

Mit dem Bus umfahren wir den Vulkan *Tungurahua*. Er ist über 5.000 Meter hoch und immer wieder aktiv. Der letzte Ausbruch 2016 erzeugte eine fünf Kilometer hohe Aschewolke. Wie schlafende Drachen sehen die Hänge aus, die von früheren Ausbrüchen mit riesigen Furchen durchzogen sind. Auf der anderen Seite des Vulkans kann man den Weg des Lavastroms an den erkalteten, in Braunrot schimmernden Bahnen verfolgen, die sich nach unten schlängeln. Eine beängstigende und zugleich faszinierende Vorstellung, bei einem der Ausbrüche hier zu sein. Neben dem Vulkan ragen unterschiedlich dicht bewachsene Berge in saftigem Grün dem Himmel entgegen und rahmen das kleine Baños mit seinen heißen Thermalbädern malerisch ein. Miguel an der Rezeption unseres Hostels zeigt uns Fotos vom Vulkanausbruch 2016, den er selbst miterlebt hat. Gigantisch, wie die Rauchwolke alles einhüllt und die glühende Lava in gleißenden, orangeroten Fontänen aus dem Inneren herausgespuckt wird. Wie gern würde ich das einmal (in sicherer Entfernung) miterleben!

Wir besuchen eine riesige Schaukel, die an die 50 Meter in den Himmel ragt und hoch oben auf einem Plateau des Vulkans aufgestellt ist. Als alter Höhenangsthase schaukle ich natürlich nicht. Allein der Anblick, wie die Menschen weit über den Abhang hinaus ins Nichts katapultiert werden, verursacht mir Gänsehaut. Nee, nee, das lasse ich mal lieber bleiben!

Die Gegend rund um Baños ist neben dem Vulkan auch für seine Wasserfälle bekannt. Wir entscheiden uns für einen Trip mit dem Fahrrad und radeln die »Straße der Wasserfälle« entlang. Sie führt durch eine Schlucht bis zum Teufelswasserfall. Auf der Hauptstraße heizen die Autos mit rund 80 Sachen an uns vorbei, uralte, kleine Laster blasen mir stinkige Abgaswolken ins Gesicht. Ich muss husten und frage mich, ob das jetzt die superschöne Radtour sein soll, die uns alle empfohlen haben. Nach kurzer Zeit wir es aber besser, der Verkehr lässt nach und hin und wieder umfahren wir die zahlreichen dunklen, stickigen Tunnel auf kleinen Geheimwegen durch die bergige Landschaft. Wir hangeln uns von einem Wasserfall zum nächsten, bei denen die Ecuadorianer einen kleinen Vergnügungspark mit klapprigen Karussellen oder kleinen Achterbahnen, die nicht sehr vertrauenswürdig aussehen, aufgestellt haben. Entlang der Strecke kann man unzählige Male mit einem Metallkorb über die Schlucht düsen oder sich im *Canyoping* versuchen. Dabei wird man in einer Art Geschirr an einem Seil aufgehängt und fliegt bäuchlings liegend über die Schlucht. Definitiv nichts für mich! Das mit dem Metallkorb muss ich mir noch ein paarmal anschauen. Vielleicht könnte ich dafür genügend Mut aufbringen.

Die meisten Besucher fahren die Route mit einem der Touristenbusse, die oben offen sind, ab. Das scheinen die absoluten Touri-Fänger zu sein. Alle spielen laute Musik, hupen wie wild und schalten immer wieder irgendwelche Sirenen ein, Party-Express pur. Je lauter, desto mehr Spaß scheint es den Touristen, meist Ecuadorianern, zu machen. Raus aus dem Bus, ein paar Fotos machen, wieder rein in die fahrende Party-Maschine. Die Wasserfälle und alles andere drum herum scheinen nur Nebensache zu sein. Da strample ich doch lieber auf meinem Fahrrad dahin und habe meine Freiheit, zu tun und zu lassen, was und wie ich will!

Bei der fünften Möglichkeit, die Schlucht zu überqueren, habe ich dann genügend Mut gefasst. Okay, ich mach's! Schon stehen wir an der Einstiegsstelle, direkt vor der hydraulischen Seilwinde, die den Stahlkorb über die Schlucht zieht. Ich frage mich unwillkürlich, aus welchem Jahrhundert, ähm okay, welchem Jahrzehnt diese stammt. Eigentlich will ich es gar nicht genauer wissen. Wenn das Gefährt die letzten Fahrten gehalten hat, dann wird es auch unsere Fahrt überstehen, ermutige ich mich. Mein notwendiger Reiseoptimismus, ohne den es oft nicht gehen würde, ist wieder voll aktiv. Mit acht anderen Todesmutigen werden wir in den Korb geschoben und schon löst sich der Haken. Wir sausen abwärts, der Fahrtwind reißt an meinen Haaren, ich konzentriere mich auf das andere Ende der Schlucht, um mich von der Tiefe abzulenken und ja nicht nach unten zu schauen. Zum Glück werden wir langsamer, je weiter wir uns von der Einstiegsstelle entfernen. Direkt über dem Wasserfall bleiben wir dann in circa 300 Metern Höhe stehen. Zugegeben, das beschleunigt meinen Herzschlag doch wieder auf ein zügiges Tempo. Dadam, dadam, gleich springt es mir aus der Brust heraus … Ein Windstoß bringt den Korb ordentlich zum Schwingen. Ich kralle mich an der Brüstung fest, versuche, mich selbst zu beruhigen. Tief ein- und wieder ausatmen, ein, aus, ein, aus … Bevor das mulmige Gefühl in Panik übergehen kann, werden wir weitergezogen und kommen kurz danach auf der anderen Seite an. Was bin ich stolz auf mich! Und irgendwie hat es auch ein klitzekleines bisschen Spaß gemacht.

Ein kleiner Spaziergang durch das Dörfchen mit gerade einmal acht Häusern auf dieser Seite der Schlucht ist wirklich interessant. Wir probieren frisch gepressten Zuckerrohrsaft – wie lecker! – und genießen die wunderschöne Umgebung. Geografisch gesehen bewegen wir uns langsam auf das Amazonasgebiet zu und somit verändern sich auch die Pflanzen. Wir sehen tropische Blumen, Palmen und Farnbäume genauso wie Laubbäume und Sträucher. Das Klima ist noch angenehm und trocken, die Luftfeuchtigkeit noch nicht so hoch wie im Dschungel. Auch wenn ich die Rückfahrt hinauszögere, gibt es keine andere Möglichkeit, wieder auf die andere Seite zu unseren Fahrrädern zu kommen, als eine weitere Fahrt mit dem Höllenkorb. Also gut, nix wie rein in das wackelige Ding. Und siehe da, die zweite Fahrt kann ich dann schon fast genießen und finde es durchaus angenehm, durch die Luft zu fliegen. Das bestätigt mir wieder einmal meine Theorie, dass man sich seinen Ängsten immer wieder stellen und ein wenig an den Grenzen rütteln muss. Wenn man das nicht tut, wird es nur immer schlimmer und man verpasst die Chance auf neue Freiheiten und Möglichkeiten.

Eine halbe Stunde später kommen wir zum mächtigsten aller Wasserfälle auf dieser Strecke. Ein Schild zeigt uns, dass wir ein Stück in die Tiefe laufen müssen. Über glitschige Stufen geht es durch den Wald hinunter bis zu einem Aussichtspunkt. Und wahrhaftig, DAS ist ein Wasserfall! Im Gegensatz zu den bisherigen, durchaus beeindruckenden Wasserfällen auf der Strecke mit geschätzten 50 Metern Falltiefe ist dieser hier gigantisch. Er stürzt mit einer solchen Wucht in die Tiefe, dass es zu meterhohen Sprühwolken kommt, die uns komplett durchnässen. Die Kraft und Schnelligkeit, mit der die Wassermassen hinabrasen, lassen mich wieder klein und nichtig fühlen. Das ist Naturgewalt pur und einfach nur faszinierend. *Palión del Diablo*, Schlucht des Teufels, heißt der Wasserfall und macht seinem Namen alle Ehre. Allgegenwärtig ist das donnernde Geräusch des in die Tiefe stürzenden Wassers. Wer traut sich, in die Tiefe zu schauen und dem Teufel ins Gesicht zu sehen?

Am nächsten Tag wollen wir mit dem Bus nach Isilivin in der Nähe des *Quilotoa Vulkans*. Dafür müssen wir zuerst mit dem Bus nach Latacunga und dann umsteigen. Mit dem Taxi geht es von unserem Hostel zum Busbahnhof. Bevor wir überhaupt anfangen können, nach einem geeigneten Bus zu suchen, fängt uns einer der »Bus-Manager« am Taxi ab und verfrachtet unser Gepäck sofort in den entsprechenden Bus. Durch die Bus-Manager, die zahlreich in den Schalterhallen oder Bahnhöfen zu finden sind und immer nach Fahrgästen Ausschau halten, wird mühsames Suchen fast überflüssig. Das macht das Busfahren in Ecuador wirklich einfach. Die Preise sind fast alle gleich, deswegen kann man sich den Vergleich mit der Konkurrenz sparen. Ein wirklich sehr angenehmes System und unbedingt empfehlenswert für die Servicewüste Deutschland.

Das böse Erwachen kommt aber natürlich prompt, als wir nicht wie gedacht am Busbahnhof von Latacunga anhalten, sondern einfach an einem Autobahnknoten rausgeschmissen werden. Da stehen wir nun und sehen auf unseren Handys, dass sich der Busbahnhof einen ganzen Kilometer entfernt befindet. Da die Ecuadorianer geschäftstüchtig sind, tauchen schwuppdiwupp einige Taxis am Straßenrand auf, als wenn sie schon auf die Gringos gewartet hätten ... Zusammen mit Adam und Sheila, einem Pärchen aus England, wollen wir uns ein Taxi teilen. Doch der Taxifahrer möchte uns allen Ernstes glauben machen, dass es keine Busse nach Isilivin beziehungsweise Quilotoa gibt und wir doch besser mit ihm dort hinfahren sollen. Er diskutiert mit uns auf Spanisch, bis wir uns umdrehen und zu einem anderen Taxi gehen wollen, erst dann lenkt er ein. Zum Glück haben wir uns vorher informiert, sonst hätten wir jetzt wahrscheinlich ordentlich draufgezahlt. Mürrisch fährt er uns zum Busterminal.

Eigentlich vermeide ich es ja, an solchen Orten auf die öffentlichen Toiletten zu gehen, aber hier komme ich nicht umhin. Es gibt drei Toiletten, aber statt einer Tür sind einfache Wolldecken an einer Wäscheleine aufgehängt. Privatsphäre auf dem stillen Örtchen wird hier nicht großgeschrieben. Wenn ich nur daran denke, wie viel Menschen die Decken bereits mit ihren dreckigen Fingern angefasst haben, schüttelt es mich. Aber gut, da muss ich jetzt durch. Beißender Geruch schlägt mir hinter dem Vorhang meiner Wahl entgegen und ich kann die Bakterien fast sehen, die mir aus der dreckigen Schüssel entgegengrinsen. Toilettenpapier wird in Südamerika generell in den Mülleimer statt in die Toilette geschmissen. Dieser hier quillt über, braunweiße Papierknäuel liegen auf dem Boden herum und lösen in mir noch mehr Würgereiz aus. So schnell es geht, schaue ich, dass ich wieder rauskomme. Zum Glück habe ich Desinfektionsgel in meinem Rucksack!

Immerhin bekommen wir gleich einen Bus nach Isilivin. Auf der Fahrt sitzt ein kleines dreijähriges Mädchen vor uns und macht Späße mit uns. Wir lachen, die anderen Fahrgäste lachen mit uns und wir haben einen Heidenspaß, uns gegenseitig zu erschrecken und Grimassen zu schneiden. Nach rund einer Stunde Fahrt hält der Bus mitten auf einer ländlichen Straße an. Der Busfahrer rauft sich die Haare, steigt aus und signalisiert uns, dass der Bus einen platten Reifen hat, den er jetzt wechseln muss. Gelassen warten alle eine Dreiviertelstunde, bis es weitergeht. So viel Gelassenheit wünsche ich mir auch für zu Hause. Das Leben ist viel entspannter, wenn man unabänderliche Gegebenheiten einfach hinnimmt und sich nicht an dem vermeintlichen Unglück festbeißt, oder nicht?

Isilivin entpuppt sich als kleines Dörfchen inmitten malerischer Berge. Das Hostel *Lullu Llama* sieht von außen unscheinbar aus, ein einstöckiges Gebäude mit großer, brauner Tür. Innen ist es aber gemütlich, mit viel Holz und Glas modern gestaltet. Wir haben eine kleine Cabaña mit eigenem Balkon und Dusche mit Blick in den Himmel. Ein kunstvoll gestaltetes rundes Fenster aus blauem, gelbem und rotem Glas verleiht dem Zimmer einen besonderen Charme. Das Hostel haben uns Adam und Sheila aus dem Taxi empfohlen und sie hatten recht, als sie es als »besonderes Luxushostel« angepriesen haben. Es hat sogar einen Jacuzzi und eine Sauna! Die probieren wir natürlich als Erstes aus – was für ein Genuss! Aus der Sauna heraus können wir die grünen Berge betrachten. Ein Lama kommt vorbei und schaut neugierig durchs Fenster direkt in die Sauna hinein. Lama beobachten in der Sauna – hier völlig normal. Nichts könnte schöner sein!

Für heute haben wir uns die Umrundung des *Quilotoa Kraters* vorgenommen. Gleich nach dem Frühstück geht es los. Eine Holländerin, die ich bereits aus Cuenca kenne, schließt sich uns an. Es ist immer ein riesiges »Hallo«, wenn man alte Bekannte irgendwo entlang der Reise wiedertrifft! Die Reisecommunity ist einfach besonders und ein Teil davon zu sein, fühlt sich fantastisch an.

Mit unserem Taxifahrer Umberto, den uns Tatiana vom Hostel organisiert hat, holpern wir anderthalb Stunden über die Schotterpisten und Sandwege den Berg hinauf. Ralph kann es kaum fassen, dass es hier keine richtigen Straßen gibt, während ich mich schon daran gewöhnt habe, dass nicht alles erschlossen ist. Zum Ziel kommt man trotzdem, es dauert eben ein wenig länger. Ein weiteres Mal: Willkommen in Südamerika!

Am Rand des Vulkans eröffnet sich ein direkter Blick in den Krater. Die smaragdgrüne Lagune inmitten des Trichters ist traumhaft schön und umringt von grünen, teils felsigen Kraterwänden, die rund 200 Meter in die Höhe ragen. Trotz des stark böigen Windes machen wir uns auf die Wanderung rund um den Krater. Bevor wir starten, kaufen wir uns noch Wasser und ein paar Schokoriegel in einem Shop am Parkplatz. Ein Ehepaar, ungefähr in unserem Alter, steht hinter der Ladentheke. Erst wissen sie nicht genau, wie viel die Sachen kosten sollen, und dann, ich kann es kaum glauben, können sie die fünf Preise nicht zusammenaddieren. Nicht einmal mit dem Handy will es klappen. Wie kann man einen Laden betreiben, wenn man nicht rechnen kann? Kopfschüttelnd rechnen wir den Betrag für sie aus und bezahlen.

Jetzt aber los! Es geht in mäßigem Auf und Ab auf dem Rand des Kraters entlang. Einmal sieht man die wunderschönen Hügel und Landschaften in der Umgebung, das andere Mal steht man direkt am Abhang zur Kraterlagune. Diese schimmert in den unterschiedlichsten Blautönen, mal mehr grün, mal mehr blau. Glitzernde Smaragde scheinen sich mit dem Wind auf eine Seite zuzubewegen, um im nächsten Moment im Schattenspiel der Wolken durch tiefgründiges Blau abgewechselt zu werden. Am höchsten Punkt der Umrundung befinden wir uns auf fast 4.000 Metern Höhe, entsprechend schwer sind die Anstiege für mich. Ich schnaufe, kämpfe mit meinen Beinen und meinem Geist und frage mich gegen Ende der Wanderung, warum ich mir das immer wieder antue. Langsam habe ich genug! Ich fasse den Entschluss, nach dem Vulkan *Cotopaxi*, den wir als Nächstes ins Auge gefasst haben, erst mal nicht mehr zu wandern. Oder zumindest nur mit geringer Steigung und nicht ewig lang. Mein Asthma oder meine mangelnde Fitness (obwohl das eigentlich nicht sein kann, da ich jeden Tag mehrere Stunden laufe) erschweren Anstiege auf ein fast unerträgliches Maß. Es ist manchmal eine richtige Qual. Dabei wünsche ich mir so sehr mehr Leichtigkeit und Spaß bei solchen Ausflügen. Nach fünfeinhalb Stunden Wandern bin ich fix und fertig, aber auch begeistert von all den wundervollen Ausblicken und stolz, mich bis zum Ende durchgekämpft zu haben. Zum Glück gibt es im Hostel den heißen Jacuzzi, in dem ich meine schmerzenden Muskeln entspannen kann. Ein echtes Luxusgefühl nach den vielen Monaten einfacher Unterkünfte und den Anstrengungen des Tages!

Es ist Dienstag, wir sind seit zwei Tagen in Isilivin und haben uns heute dazu entschlossen, nur die nähere Umgebung unseres Hostels zu erkunden. Außer einer kurzen Wanderung auf den kleinen Hausberg haben wir nicht viel vor. Der Bernhardiner Baloo vom Hostel trottet einfach mit uns mit und folgt uns auf der gesamten Wanderung. Das ist superwitzig! Zum einen zeigt er uns den Weg, zum anderen beschützt er uns vor den anderen Straßenhunden. Nur vor einem Schwein, das plötzlich mitten auf einem Trampelpfad vor uns steht und uns laut angrunzt, hat er selbst Angst und nimmt den Weg durch die dichte Hecke. Auch wir wissen nicht genau, was wir mit dem Schwein anfangen sollen. Bewaffnet mit einem Stock passieren wir das grimmig dreinblickende Schwein schnellen Schrittes. Das Schwein denkt sich wahrscheinlich nur: »Was wollen die denn hier?« Würde es können, würde es vermutlich abgeklärt mit dem Kopf schütteln.

Wir laufen den kurzen, steilen Anstieg hinauf und haben eine gigantische Aussicht auf Isilivin und die ganzen grünen Berge drum herum. Baloo hechelt auf der Spitze wie verrückt, seine Zunge hängt fast auf den Boden. Mitleiderregend schaut er uns aus seinen großen, braunen Augen an, dass es einem fast das Herz bricht. Auf gar keinen Fall können wir unser Wasser für uns behalten. Dankbar nimmt er das angebotene Wasser an und schlabbert ein kleines Schälchen leer. Ach, wie schön es ist, hier zu sitzen, die Landschaft auf sich wirken zu lassen und die warme Sonne auf der Haut zu spüren. Schweigend sitzen wir da und genießen das Szenario für einige Minuten, bevor das Wetter wechselt und uns ein Nieselregen zum Zurücklaufen motiviert.

Wieder im Dorf angekommen, ist gerade die Grundschule aus. Eine Teenagerin hat auf einem Sackkarren Süßigkeiten, Snacks und Getränke aufgeladen und verkauft sie an die Schüler. Das ist anscheinend der Schulkiosk auf ecuadorianisch. Faszinierend wie einfach Lösungen für Grundbedürfnisse sein können, es muss nicht immer alles perfekt sein! Auf dem Weg zurück zu unserem Hostel springt Baloo plötzlich mit vollem Eifer direkt in eine stinkende, schwarze Kloake. Voller Freude planscht er darin herum und kommt mit einem müffelnden Schleim überzogen wieder heraus. Oh nein, das wird unsere Hostelbesitzer gar nicht freuen ...

Kurz vor unserem Hostel gibt es tatsächlich ein Internet-Café, in dem ich auch mein Handyguthaben aufladen kann. Neugierig betrete ich den Laden. Ich bin erstaunt über zehn Schulkinder, die in ihrer Schuluniform vor den PCs sitzen und zocken. Also auch hier ist die Zeit nicht stehen geblieben. Vielleicht ist es ein Vorteil, dass sie keinen eigenen PC besitzen, aber ansonsten scheint Zocken auch hier sehr beliebt zu sein. Ein Achtjähriger verkauft mir durchaus selbstbewusst und sehr geschäftstüchtig meinen Voucher für das Handyguthaben, einen Erwachsenen scheint es hier nicht zu geben.

Am Mittwoch geht es mit dem Bus über den 4.000 Meter hohen Pass nach Latacunga zurück. Von dort aus nehmen wir einen anderen Bus Richtung Quito, der uns an einem *Monumento de Caballo* rausschmeißen soll. Ich frage den Bus-Manager auf Spanisch, ob das möglich ist. Kein Problem, wahrscheinlich hatten sie das schon öfter. Ralph zweifelt und fragt nochmals nach, zeigt die E-Mail, damit der Bus-Manager auch ja das Richtige versteht. Wie, glaubt mein Mann, bin ich in den letzten Monaten ohne ihn zurechtgekommen? Ich behalte recht: In Machati werden wir vom Shuttlebus des *Secret Garden*, so der Name unseres nächsten Hostels, aufgegabelt und in unser neues Domizil gefahren.

Wow, hier ist es wirklich fantastisch! In der Zufahrt stehen Lamas und Pferde, die bis zu unseren Cabanas laufen können und uns ab sofort jeden Morgen begrüßen. Es gibt Hobbit-Häuser, die in den Berg eingegraben sind, verwunschene Wege, Blumen und Hängematten auf dem ganzen Gelände. Das Haupthaus ist eine Mischung aus Hippie-Kultur und Berghütte, strotzt vor Kreativität und charmanten, entspannten Vibes. Vor einem offenen Kamin stehen Sofas zum Rumlümmeln, Sitzkissen werden von den süßen Hunden des Hostels belagert und eine lange Holztafel steht für die gemeinsamen Mahlzeiten, die alle gleichzeitig einnehmen, bereit. Aber nicht nur die Unterkunft ist gigantisch, die Landschaft kann locker mithalten. Eine hügelige Ebene erstreckt sich im saftigsten Grün vor dem Haus. Dahinter erscheinen die Vulkane *Rumiñahui*, *Pasachoa* und natürlich der berühmteste Vertreter der Straße der Vulkane: der *Cotopaxi*. Er ist der höchste aktive Vulkan der Welt. Schon allein dieser Superlativ macht ihn zu etwas Besonderem! Das Hostel bietet sogar Touren auf den Gipfel an. Auf etwa 5.900 Meter geht es über Schnee- und Eisfelder steil nach oben. Das ist nur etwas für wirklich geübte Bergsteiger und extrem abhängig vom Wetter. Schade, aber nichts für uns. Also genießen wir den Anblick und machen uns an die gemäßigten Touren, wie am Nachmittag zu den Wasserfällen in der näheren Umgebung. Wir werden mit Gummistiefeln ausgestattet und laufen mit unserer Gruppe von 18 Personen durch einen Wald, der mit seinen moosüberzogenen Bäumen aussieht, als könnte hier gleich ein Hobbit vorbeigekommen. Wir kraxeln auf Felsen entlang eines Flusses und waten zu den Wasserfällen. Viele, die die Kletterei nicht gewohnt sind, laufen wie auf rohen Eiern durch das Wasser, trauen sich nicht, auf die Felsen zu steigen. Ralph und ich sind uns nicht einig, ob die tropischen Pflanzen, die sich hier auf den Bäumen angesiedelt haben, auf einen Regenwald oder einen Dschungel hindeuten. Wie ist eigentlich die genaue Definition? Unser Guide hilft uns: »Das ist hier ein Regenwald: üppige Vegetation, immergrüner Wald, regenreich. Ein Dschungel ist die umgangssprachliche Bezeichnung für einen dichten Tropenwald.« Auf jeden Fall traumhaft hier, da sind wir uns einig.

Was uns am nächsten Tag erwartet? Natürlich wieder eine Wanderung! Dieses Mal zur Spitze des *Pasochoas* auf 4.200 Metern. Ich habe echt genug! Dass ich die Langsamste bin, frustriert mich erneut. Zum Glück ist Ralph dabei, der netterweise mit mir läuft und den Rest der Gruppe vorbeiziehen lässt. Er kann überhaupt nicht verstehen, dass ich mir meine Laune von dieser Nichtigkeit vermiesen lasse. Wenn man nicht derjenige ist, der immer hinterherläuft, kann man es wahrscheinlich völlig entspannt mit einer gewissen Distanz betrachten. Allein dieses Gefühl, die Letzte zu sein, ist unschön und hinterlässt den Geschmack eines Verlierers. Obwohl es natürlich nicht so ist, ich kann im Gegenteil stolz darauf sein, solche Wanderungen zu schaffen! Es gibt viele, die sich niemals an Märsche in solchen Höhen wagen würden.

Zu meiner getrübten Stimmung kommt, dass die Wolken sich zuziehen, als wir auf dem Gipfel ankommen, und die Aussicht immer schlechter wird. Wolkenverhangen können wir rein gar nichts von der Umgebung, geschweige denn vom gegenüberliegenden Cotopaxi erkennen. Nach einer kurzen Rast müssen wir dann schon wieder den Abstieg bei strömendem Regen bewältigen. Der Regen läuft in meine Kapuze hinein und bahnt sich langsam den Weg über den Nacken den Rücken hinunter. Zum Glück sind meine Wanderschuhe wasserdicht. Was ich allerdings nicht bedacht habe, ist, dass das Regenwasser an der klitschnassen Hose, die an den Beinen klebt, unaufhaltsam von oben in den Schaft der Schuhe tropft und diese von Minute zu Minute mehr durchnässt. Irgendwann ist es uns allen egal, ob wir in eine Pfütze treten oder nicht, nass ist ohnehin schon alles. Die Wege werden zunehmend glitschiger, zu allem Unglück verlieren wir die anderen, sind am Schluss noch zu viert. Wir rätseln, welcher Weg der richtige ist. An einer Abzweigung wissen wir nicht weiter: Durch die Bäume am Bach entlang oder über die Wiesen, auf denen nur der Regen seine Spuren hinterlassen hat und kein richtiger Weg zu erkennen ist? Nach einigem Hin und Her beschließen wir, am Bach entlangzulaufen. Zähe zwei Stunden gehen wir über matschige Pfade und durch dichtes Gestrüpp. Manchmal müssen wir am steinigen Ufer balancieren und uns an Ästen festhalten, um über kleine Felsspalten entlang des Ufergesteins zu schwingen. Rachel, eine Engländerin aus unserer Vierergruppe, rutscht auf einem Stein aus, vertritt sich und kann nur noch laut fluchend und humpelnd weiterlaufen. Sie muss nun immer von einem von uns gestützt werden, damit wir überhaupt noch vorankommen. Warum schaut auch keiner der Guides nach uns? Wir ärgern uns, denn anscheinend vermisst uns niemand. Die Zeit vergeht schnell, es wird bereits dunkel. Wenn wir nicht innerhalb der nächsten Stunde das Hostel erreichen, wird es bestimmt unmöglich werden, wieder zurückzufinden. Hier gibt es keine Wegweiser oder irgendwelche Wege, geschweige denn Straßen in der Nähe. Natur pur! Wir schlängeln uns durch inzwischen sumpfige Wiesen, Rachel schleppt sich mit schmerzverzerrtem Gesicht tapfer voran. Ein quer liegender Ast wird ihr zum Verhängnis. Sie strauchelt, rudert mit den Armen, kann sich aber nicht mehr fangen und klatscht mit dem Gesicht direkt in den Matsch. Als sie den Kopf hebt und nur ihre Augen aus dem schmierig braunen Gesicht leuchten und ein deftiges, »Fuck!« verlauten lässt, können wir alle nicht anders, als aus vollem Herzen zu lachen, bis uns die Tränen kommen. Die Anspannung der letzten Stunden weicht daraufhin einer mutigen »Das schaffen wir schon!-Mentalität«. Keine Viertelstunde später kommt uns endlich unser Guide entgegen. Er entschuldigt sich vielmals, muss seine Mundwinkel, die bei Rachels Anblick verdächtig zucken, im Zaum halten und lotst uns zum Hostel zurück. Was für eine Wanderung! Wir sind froh, am Abend vor dem warmen Kaminofen zu sitzen und den anderen unsere Geschichte zum Besten zu geben.

Am nächsten Tag heißt es nach einem ausgiebigen Ausritt zu Pferd im Nationalpark direkt zu Füßen des Cotopaxi schon wieder Abschied nehmen. Im Kleinbus werden wir mit fünf anderen Gästen hinunter nach Machati gefahren. Dort steigen wir in einen großen Reisebus um, der uns nach Quito, der Hauptstadt Ecuadors, bringen soll. Die Straße ist in weiten Teilen nicht geteert und wenn, dann mit vielen Schlaglöchern versehen. Holprig und schwankend tuckern wir mit geringer Geschwindigkeit dahin. Das ist anstrengend, nervenzehrend und ungemütlich. Als wir an der Bushaltestelle ankommen und das Gepäck vom Dach abgeladen wird, fehlt der Rucksack einer Amerikanerin. Sie flippt aus, schreit herum und macht den Fahrer dafür verantwortlich. Ihr ganzes Gepäck inklusive Geld, Kamera – alles weg! Wahrscheinlich ist der Rucksack irgendwo auf der Strecke vom Dach gefallen. Sie tut mir leid, ich möchte nicht in ihrer Haut stecken. Zum Glück ist ihr Freund dabei, der seinen Rucksack inklusive Wertsachen noch hat. Es bleibt nichts anderes übrig, als zurückzufahren und den Rucksack auf der Strecke zu suchen. Solidarisch erklären wir uns alle bereit, mit ihr mitzufahren und nach dem Gepäckstück Ausschau zu halten. Doch die Stunde zurück zum Hostel bringt außer weiterem Durchschütteln keine Ergebnisse, der Rucksack bleibt verschwunden.

Das amerikanische Pärchen bleibt im Hostel, wir anderen werden wieder eine Stunde zurück an die Bushaltestelle in Machati gefahren. Der Hostel-Manager gibt sein Bestes und organisiert uns einen anderen Kleinbus, der uns dann doch noch nach Quito bringt.

QUITO

Es ist längst dunkel, als wir in unserer Casa inmitten der Altstadt Quitos ankommen. Ein riesiges, stilvoll eingerichtetes Zimmer mit privatem Bad erwartet uns. Die *Casa Masaya Quito* ist eine gelungene Mischung aus Hostel und Hotel mit Dorms, Gemeinschaftsküche, aber auch Doppelzimmern und Bar. Mitten in den grauen Betonwelten der 2,4-Millionen-Einwohner-Metropole ist es eine kleine Oase mit Garten, Feuerstelle und Holzterrasse.

Eine Querstraße weiter befindet sich DIE Party/Restaurant/Kneipen-Straße der Einheimischen in Quito: *La Ronda*. Bei der örtlichen Nähe können wir natürlich nicht widerstehen und schlendern die Gasse entlang. Aus jedem zweiten Haus dröhnt ecuadorianische Gute-Laune-Musik, es hört sich an wie auf dem Rummel, ständig wechseln die Rhythmen beim Vorbeilaufen. Wir lassen es uns nicht nehmen, diesen Spaß näher anzuschauen, und gehen in eines der Restaurants. Aus dem Plan, gemütlich essen zu gehen, wird nichts. Wer braucht schon eine Tanzfläche? Hier steht man bei einem guten Lied einfach vom Tisch auf und tanzt. Ist das nächste Lied eher romantisch, setzt man sich wieder und genießt weiter sein Essen. Das ist alles unglaublich locker und lebenslustig, die ausgelassene Stimmung schwappt auf uns über, auch wir lassen uns zum Tanzen hinreißen und kommen ins Gespräch mit unseren Sitznachbarn an der großen langen Tafel. Unser Tischnachbar bestellt mir einen typischen Drink, den ich unbedingt probieren soll: *Canelo-za*. Das ist warmer Orangensaft mit Zimt, Zucker und Zuckerrohrschnaps. Schmeckt lecker, süß, hat reichlich Promille und schreit nach Kopfschmerzen. Wir genießen den Abend, tanzen, lachen, singen und trinken mit den unterhaltsamen Ecuadorianern, um anschließend zu Fuß zu unserer Casa zurück zu torkeln.

Quitos *Centro Historico*, in dem wir uns befinden, ist auf der Liste des UNESCO-Weltkulturerbes. Alte Kirchen, enge Gassen, wunderschöne Architektur vergangener Zeiten. Vom *Placa de la Indipendencia* spazieren wir durch die Straßen zur großen Basilika, die mit einer verführerischen Aussicht auf die Stadt lockt. Über etliche Treppenstufen besteigen wir die hoch aufragenden Türme. Der weitläufige Blick über die Stadt vermittelt uns eine ganz andere Perspektive. Die Häuser sind schmal und lang, wie an einer Perlenschnur gereiht. Im Altstadtviertel befinden sich viele Häuser im Kolonialstil, die hübsche Fassaden mit kleinen Balkonen und vielen Fenstern zieren, die meisten haben einen dieser gemütlichen Innenhöfe. Dahinter sehen wir abwechselnd gewöhnliche Häuser und Hochhäuser. Nichts sieht wirklich schäbig aus, eine Art Favela, wie in anderen Großstädten, kann ich nicht ausmachen. Wir schlendern durch die Gassen Quitos und begutachten alles genau, saugen es in uns auf. Es gibt ein paar westliche Läden, ansonsten sind auch hier kleine Geschäfte, mit zumeist günstiger Ware mit chemischem Geruch oder kitschigen Dekoartikeln zu finden.

Abends leisten wir uns ein Taxi nach *Gringolandia*, so nennt sich ein Viertel in Mariscal, der Neustadt Quitos. Hier soll sich angeblich das Partyleben der Touris abspielen. Es ist Sonntag und viele Restaurants und Kneipen rund um den Hauptplatz sind geschlossen, doch auch draußen auf dem Platz sind nicht viele Leute. Wir sind total enttäuscht. Unsere Mägen knurren, also beschließen wir, in eines der vielen Restaurants rund um den Platz zu gehen. Kurz nach unserer Bestellung fängt plötzlich jemand an, Musik zu spielen. Eigentlich liebe ich Livemusik – aber nicht diese! Es ist eine Mischung aus Placido Domingo und Schlager, und das furchtbar laut. Ich bin geschockt, dass die Ecuadorianer diese Art der Musik super finden! Alle singen lauthals mit und wippen im Takt. Es ist so schrecklich, dass ich schon wieder darüber lachen muss. Also würgen wir hastig das mittelmäßige Essen runter und schauen, dass wir wegkommen! Die Musik schallt über den ganzen Platz. Schnell nehmen wir Reißaus und fahren in die Altstadt zurück. Wir lassen uns im Zentrum absetzen, aber auch hier ist in den tagsüber beliebten Fußgängerzonen nichts los. Zwei ältere Männer sitzen auf einer Bank und fragen nach Geld. Gerade will ich den Kopf schütteln, weil wir hier permanent darum gebeten werden und ich nicht alle glücklich machen kann, da zückt einer der Männer mit kalten Augen ein Messer und klappt es genüsslich auf. Schnell gebe ich ihm ein paar Peruanische Soles und wir laufen zügig weiter. Ich schicke ein Stoßgebet gen Himmel, dass sie uns nicht folgen. Wir haben Glück, die beiden bleiben sitzen und wir schauen, dass wir schleunigst unseren Weg in Richtung La Ronda weitergehen. Kurz vor unserem Hostel und der La Ronda spricht uns ein Typ an, der ganz offensichtlich auf irgendwelchen Drogen surft. Er redet auf uns ein, erzählt etwas von Armreifen, die er verkauft. Als wir nicht darauf einsteigen, fängt er an, über Koks zu schwafeln, bis er schließlich eindringlich fragt: »Hey man, you want to buy some stuff?« Nein danke, nicht unser Ding. Er wird richtig aufdringlich, lässt uns keinen Abstand nehmen. Gerade in diesem Moment erscheint ein paar Meter weiter der Nebeneingang zum Hostelrestaurant, in dem wir sofort Zuflucht suchen. Einer der Hostelmitarbeiter steht zum Glück an der Tür und hält den Typen, der uns lauthals hinterherschreit, davon ab, uns weiter zu folgen. Für heute ist mein Bedarf an zwielichtigen Gestalten definitiv gedeckt. Statt also in La Ronda zu feiern, schließen wir uns den Backpackern unseres Hostels beim Billardspielen an. Eine Backpackerin erzählt uns, dass ihr das Handy aus der Hand heraus gestohlen wurde. Ich mache mir meine Gedanken über die Sicherheit in Quito. Das scheint das wahre Leben in einer Großstadt in Südamerika zu sein.

Unser letzter Tag in Quito beginnt mit Regen. Leider müssen wir unser Zimmer verlassen und begeben uns in die Stadt. Die Wachablösung am Regierungssitz mitten am Zentralplatz verläuft im Regen sehr unspektakulär. Wir trödeln noch durch die Stadt, essen zu Mittag, spielen Billard und schlendern über den *Mercado Artisani*, der sich allerdings ebenfalls als Enttäuschung entpuppt – überall gibt es dieselben billig wirkenden Souvenirs. Für eine letzte *Empanada Gigante*, eine tellergroße Empanada aus knusprigem Teig, lecker duftend mit Puderzucker bestreut, gehen wir nochmals auf die La Ronda. Leider ist auch hier heute gar nichts los. Aber die Empanada ist klasse!

DAS AMAZONASGEBIET

Um uns über das etwas enttäuschende Quito hinwegzutrösten, erfüllen wir uns noch einen weiteren meiner lang gehegten Träume: Wir fahren hinein ins Amazonasgebiet, um all die Tiere, die indigenen Völker und die exotischen Geräusche und Gerüche hautnah zu erleben.

Nach einer Übernacht-Fahrt tönt mit dem ersten Sonnenstrahl die Stimme des Busfahrers »Bamboo Lodge!« durch den Bus und reißt mich aus dem Schlaf. Was? Wie? Wir sind schon da? Ich schaue nach draußen und sehe nur Häuser. Das soll der Dschungel sein? Ich bin verwirrt. Wir packen unsere Sachen zusammen und werden in ein Gebäude mit einem Bambusgeländer verfrachtet. Ein Mann erklärt uns, dass wir hier noch zwei Stunden in den Hängematten schlafen können, dann Frühstück bekommen und danach nochmals zwei Stunden mit einem Kleinbus weiterfahren. Irgendwie ist mir dieses Reisedetail entgangen ... Aber gut, ich versuche noch ein wenig Schlaf zu bekommen, doch das Gebäude befindet sich an einer großen Straße, an der ständig dicke, große Monstertrucks vorbeidonnern. Außerdem ist es ziemlich kalt, das mit dem Schlafen wird nichts.

Das Frühstück ist lecker und schon geht's mit einem Kleinbus weiter. Nach zwei Stunden Holperfahrt befinden wir uns an einem kleinen Ankerplatz mitten am Fluss. Hier werden wir mit all unserem Gepäck in ein Kanu umgeladen. Kaum gestartet, fängt es auch schon wie aus Kübeln an zu regnen. Die Agentur kennt das schon und hat uns vorsorglich mit Gummistiefeln und Regenponchos ausgestattet. Weitere zwei Stunden fahren wir in geduckter Haltung, dem Regen ausweichend, den *Cuyabeno* entlang. Wir befinden uns inzwischen in einem der größten Sumpfgebiete des ecuadorianischen Amazonas mit Lagunen, Seen und Tausenden von Wildtieren. Dichter Dschungel ziert die Ufer. Leider können wir es nicht wirklich genießen, da uns der Fahrtwind den Regen ins Gesicht peitscht.

Unsere Lodge mitten im Dschungel ist dafür ein Traum! Das Zimmer ist fantastisch: Wir sind im obersten Stock eines Turmes untergebracht, die Wand neben dem Bett besteht nur aus einem Moskitonetz, sodass wir den Eindruck haben, mitten in den Baumkronen zu liegen. Vögel zwitschern, Affen schreien und wir sind mittendrin. Selbst aus der luxuriösen Riesendusche heraus kann man durch eine bodentiefe Glasscheibe direkt in den Dschungel schauen. Was für eine Wohltat nach der engen, grauen Häuserschlucht Quitos! Ich fühle mich ganz als Teil dieser unglaublichen Natur. Eine magische Welt empfängt mich hier und zu allem Überfluss springt auf Augenhöhe eine Gruppe kleiner Totenkopfäffchen durch die Baumkronen. Was kann es Schöneres geben? Ich bin völlig hingerissen!

Nach einem Mittagessen, bei dem wir die vier anderen Gäste treffen (zwei davon kennen wir bereits vom Secret Garden Hostel beim Cotopaxi), fahren wir mit dem Kanu zur großen Lagune, sehen uns den Sonnenuntergang an und suchen dann nach Kaimanen und Schlangen in der Nacht. Tatsächlich fixieren uns aus den Mangroven heraus mehrere rote Augenpaare. Eine gruselige Vorstellung, jetzt ins Wasser zu fallen. Kleine Schlangen hängen an den Ästen der Baumkronen. Für uns kaum vorstellbar, dass diese Bäume zur Trockenzeit, von November bis Ende Januar, auf trockenem Grund und jetzt bis zur Baumkrone unter Wasser stehen. Als wir am Schluss noch einen großen, rot-grünen Frosch direkt zu unseren Füßen finden, bin ich im Glück.

Gemeinsam mit den anderen essen wir zu Abend und tauschen uns über das Gesehene aus. Begeisterung und leuchtende Augen, all die kleinen Details, die uns aufgefallen sind – die Worte wollen gar nicht versiegen. Stundenlang sitzen wir auf der überdachten Terrasse aus Bambus und quatschen bis spät in die Nacht.

Das liebe ich am Reisen, ganz zufällig und ungezwungen ergeben sich Bekanntschaften, manche erzählen ungeahnt Bewegendes aus ihrem Leben, lassen mich tief in ihre Vergangenheit, Wünsche oder Träume blicken. Vielleicht ist es gerade die Vergänglichkeit der Begegnung, die solche Momente zulässt. Ganz nah, berührend und am nächsten Tag bereits verflogen und doch tief in die Gedächtniskiste eingegraben. Worte und Menschen, an die man sich noch Jahre später erinnert und die ein Gefühl von Nähe trotz Distanz hinterlassen. Wann passiert das schon im normalen Alltag? Die Reise scheint ein Konzentrat aus exponentiell gestiegenen Bekanntschaften, Begebenheiten und Erlebnissen zu sein, die mir einen inneren Reichtum und viele Herzmomente bescheren. Und wie ich da mitten im verschwenderischen Grün sitze, das Schreien der Affen und die vielen Vogelstimmen im Ohr, bin ich unglaublich dankbar, diese Reise machen zu dürfen.

In unserem Zimmer hat es sich eine handgroße Kröte auf einem der Dachbalken bequem gemacht. Ich bin nicht sonderlich besorgt, denn die Kröte wird wahrscheinlich nicht in unser Bett hüpfen. Ralph hingegen macht sie nervös, er kommt aber nicht so recht an die Kröte ran. Wir haben ein Moskitonetz, das uns zwar vor allen Tieren im Dschungel schützen soll, aber wie kommt dieses Ding bitte schön in unser Schlafzimmer? Egal, ich schalte meine Gedanken aus und gebe mich der Müdigkeit hin. Unbekümmert wie ein Baby schlafe ich ein und am nächsten Morgen ist die Kröte verschwunden.

Der Wecker klingelt um 5:30 Uhr, der Dschungel ist nichts für Langschläfer und die Vögel sind am besten in der Dämmerung zu beobachten! Es regnet wieder, also kann uns der frühe Vogel mal und wir drehen uns noch einmal um. Die morgendliche Vogelbeobachtung entfällt, denn bei Regen sind die Vögel schlecht zu sehen und verstecken sich lieber im grünen Laub der dichten Bäume. Wir können weiterschlafen und uns erst von den Sonnenstrahlen, die ein paar Stunden später durch die Blätter in unser Bett dringen, wecken lassen. Nach dem Frühstück machen wir uns auf zu einer kleinen Dschungelwanderung. Leichter Regen begleitet uns wieder, bevor etwas später die Sonne herauskommt und nebeligen Dunst aufsteigen lässt. Der Regenwald riecht nach frischer, feuchter Erde, riesige Bäume entfalten ein angenehmes Aroma. Von den bunten Blüten weht eine warme, fruchtige Duftnote an uns vorbei, die an Mandarinen und Ananas erinnert. Der Dschungel lässt mich aufatmen, tiefer Luft holen, mich wach und lebendig fühlen. Tukane mit großen, bunten Schnäbeln sitzen hoch oben in den Baumkronen, Kapuzineraffen springen von Ast zu Ast. So viele Sinneseindrücke auf einmal, die Natur zeigt sich hier verschwenderisch großzügig. Nachmittags geht es mit dem Kanu weiter über die Lagunen des *Cuyabeno Reservats*. Unser Guide Jorge fischt einen Piranha aus dem Wasser. Ich habe noch nie zuvor einen echten, lebendigen Piranha vor mir gesehen! Mein Kopfkino spielt sofort einige Szenen aus Horrorfilmen ab, in denen beißwütige Kampf-Piranhas alles, was in ihre Nähe kommt, in Blut und Schlabbermasse verwandeln. Ich hatte sie mir ehrlich gesagt größer vorgestellt. Mit ihnen schwimmen möchte ich trotzdem nicht und nachdem das kleine Raubtier uns die Zähne gezeigt hat, entlassen wir es wieder in die Freiheit.

Sobald es dunkel ist, sind wir zu einem Nightwalk eingeladen. Jorge möchte uns Insekten und Amphibien zeigen. Nur mit Stirnlampe bewaffnet, tappen wir auf Trampelpfaden durch die stockdunkle, mysteriöse Welt voller verborgener Geheimnisse und unerwarteter Tierbegegnungen. Schon nach zwei Minuten habe ich komplett die Orientierung verloren, alles sieht gleich aus. Hier möchte ich mich nicht verirren ... Jorge zeigt uns einen nicht allzu großen Vertreter der Familie der Bananenspinnen, der auf Kniehöhe eines Strauches hängt. Er erzählt, dass diese Spinnenart nicht wie viele andere Spinnen auf Beute lauert, sondern nachts aktiv auf die Jagd geht. Sie zählen zu den aggressivsten Arten weltweit und zu den wenigen Spinnen auf der Welt, deren Biss auch für einen gesunden erwachsenen Menschen tödlich sein kann. Diese Art ist wohl für die meisten tödlichen Giftunfälle durch Spinnen weltweit verantwortlich. Ein komisches Gefühl überkommt mich. Als Deutsche sind mir giftige, gefährliche Tierarten unbekannt und hier stehe ich nun und schaue mir freiwillig ekelige Spinnen an. Wir laufen weiter. Das Licht meiner Stirnlampe fällt auf Ralphs Regenponcho, der vor mir läuft. Da krabbelt was! Was ist das? Ich schlucke, muss die Luft anhalten, meine Augen werden groß. Die Spinne von eben bewegt sich langsam auf seinem Rücken nach oben. Shit! Was soll ich jetzt machen?! Ich gerate in Panik, sage aber bemüht ruhig: »Warte mal, Ralph«, und will noch ein »nicht umdrehen« anhängen, da dreht er sich schon mit Schwung zu mir. Erschrocken kiekse ich mit hoher Stimme: »Eine Spinne ... auf deinem Poncho ...« Panik spiegelt sich in seinen Augen. »Was?! Wo?«, ruft er laut. Jorge reagiert sofort, dreht sich zu uns um und ich zeige auf die Spinne. Beherzt fegt er sie mit einem Handschlag vom Poncho in den Dschungel zurück. »No good«, murmelt er nur. Puh, das ist noch mal gut gegangen.

Was passiert wäre, wenn die Spinne in Ralphs Kragen geklettert wäre? Wir wollen beide nicht näher darüber nachdenken, stehen noch ein paar Minuten unter Schock, bevor wir uns wieder berappeln. Ich meine, wir sind hier im Dschungel, was habe ich erwartet?

Unser Dschungelspaziergang geht weiter. Aus einer Baumwurzel lugt eine Wolfsspinne heraus, die Augen sind gut zu erkennen, die Beine lassen auf mindestens Handtellergröße schließen. Mich schüttelt es, ich habe ein äußerst ambivalentes Verhältnis zu Spinnen. Einige Meter weiter lockt Jorge eine Vogelspinne aus einem Loch. Er weiß, wo »seine Freunde« wohnen. Das haarige Exemplar kommt heraus und hebt angriffslustig die Vorderbeine. Es ist unglaublich interessant, diese Kreaturen in ihrer natürlichen Umgebung, ohne Glas, hautnah zu erleben – zugleich aber auch abstoßend. Nachts scheinen sich die giftigen Geschöpfe scharenweise durchs feuchte Grün zu bewegen; wir sehen Skorpione, Schlangen, Frösche. Ich bin froh, dass Jorge bei uns ist und weiß, was er tut.

Jeder Tag hält neue wundervolle Erlebnisse für uns bereit. Im Kanu schippern wir auf dem Wasser und sehen rosa Delfine aus dem Wasser springen, hören am Ufer rotbraune Brüllaffen, die uns aus den Baumwipfeln ihr tiefes Grollen zuschreien, und irgendwann stehen wir neben einem hüfthohen Gesteinsbrocken mitten im Dschungel, der uns erklärt, dass wir mitten auf dem Äquator stehen. Ein eigenartiges Gefühl, sich auf der Mittellinie der Erdkugel zu befinden.

Mit einem motorisierten Kanu begeben wir uns auf eine halsbrecherische Fahrt zwischen Bäumen hindurch, an denen wir mit höchstens einem halben Meter Abstand vorbeiflitzen. Ein Schlenker, eine unbedachte Bewegung und das Kanu würde zerbersten. Wie schon so oft auf dieser Reise bleibt nur: einfach vertrauen, Augen zu und durch. Ist ja nicht so, als würde das Ganze keinen Spaß machen. Wir besuchen zu zweit die *Siona*, ein indigenes Volk, das uns einen kleinen Einblick in ihre traditionelle Lebensweise gibt. Wir werden herzlich begrüßt und stellen aus Maniok eine typische *Casabe*, eine Art Fladenbrot, her. Wir ernten den Maniok selbst auf einem kleinen Feld neben der

Gemeindehütte, schälen und reiben ihn, sieben, entwässern den Brei, bevor wir ihn über offenem Feuer zu Maniokbrot backen. Die gewonnene Brühe wird zu Soße für Fleisch weiterverarbeitet. Durch diese Touristenattraktion verdienen die Ureinwohner Geld, das beruhigt mein Gewissen, wenigstens unterstützen wir sie durch unseren Besuch. Wir erfahren, dass es eine Schule flussabwärts gibt, in der die Kinder sechs Jahre lang unterrichtet werden. Der jahrhundertealte Stamm der Siona ist zwar aufgeschlossen, lebt aber dennoch im Zyklus seiner Traditionen. Sie leben vom Anbau tropischer Früchte, essen, was der Dschungel hergibt: Krokodile, Affen, Schildkröten, Fisch, Beeren… Inzwischen halten aber auch immer öfter Hühner und Schweine Einzug in die Dörfer des Stammes. Gejagt wird traditionell mit dem Blasrohr, wenn auch hin und wieder Gewehre zum Einsatz kommen. Auch wir dürfen ein paar Versuche starten und einen Pfeil durch das schön verzierte Blasrohr auf einen Strohvogel abfeuern. Nahe Ziele sind kein Problem, aber auf größere Distanz ist es gar nicht so einfach, das richtige Tier zu treffen.

Am Feuer sitzend knabbern wir das Fladenbrot und löchern die Siona mit Fragen, die unser Guide für uns übersetzt.

Krönender Höhepunkt ist der Besuch des Schamanen. Stolz steht er vor uns, sein Kopfschmuck ist mit bunten Papageienfedern verziert, mehrere Ketten aus Knochen, Schalen, Federn und Samen liegen um seinen Hals. Am auffälligsten ist aber die Kette mit den 32 Jaguarzähnen über dem schlichten grauen Gewand. Barfuß kommt er auf uns zu und strahlt trotz seiner nur 1,60 Meter Körpergröße Würde und Autorität aus. Obwohl viele Indigene offiziell den christlichen Glauben angenommen haben, spielt dieser Medizinmann bei den Siona immer noch eine große Rolle. Mit der rituell konsumierten Pflanzendroge Ayahuasca verbindet er die Menschen mit den fünf Ebenen des Universums und deren Geistwesen, die für alle Bereiche des Lebens sorgen. Als Vorbereitung führt er ein Reinigungsritual durch, an dem wir teilhaben dürfen und das uns für unsere weiteren Erlebnisse öffnen, sensibilisieren und von unangenehmen Gedanken oder Belastungen reinigen soll. Selbst unser Guide schaut ehrfürchtig zu, als wir vor dem Shamanen knien. Mit einem Blattwedel klatscht er uns auf den Rücken und murmelt dabei rituelle Worte. Es hat etwas Mystisches, wie aus einer anderen Welt und irgendwie magisch.

Unwillkürlich frage ich mich, ob das hier einen Einfluss auf meine zukünftige Reise haben wird. Es ist wahrscheinlich wie bei allem im Leben: Unsere Gedanken bestimmen, wie intensiv wir von bestimmten Erlebnissen und Begebenheiten beeinflusst werden. Je mehr wir über etwas nachdenken und je ausgeprägter unsere Emotionen involviert sind, desto tiefer die Auswirkungen. Letztlich bestimmen wir zu einem bestimmten Teil doch selbst, wie wir eine Sache sehen und welche Bedeutung wir ihr zukommen lassen.

Nach einer Woche heißt es dann aber wieder Abschied nehmen. Ich könnte noch länger hierbleiben, durch den Dschungel streifen, die Ruhe und den Frieden genießen, die von dieser Welt ausgehen. Auf der Kanufahrt zurück dürfen wir noch eine gut fünf Meter lange Anakonda bestaunen. Gut getarnt liegt sie auf einem Ast am Ufer und sieht nicht wirklich gefährlich aus. Wenn ich mir allerdings Bilder ins Gedächtnis rufe, in denen eine solche Schlange einen ganzen Kaiman am Stück verschlingt, bekomme ich unwillkürlich Gänsehaut.

KOLUMBIEN

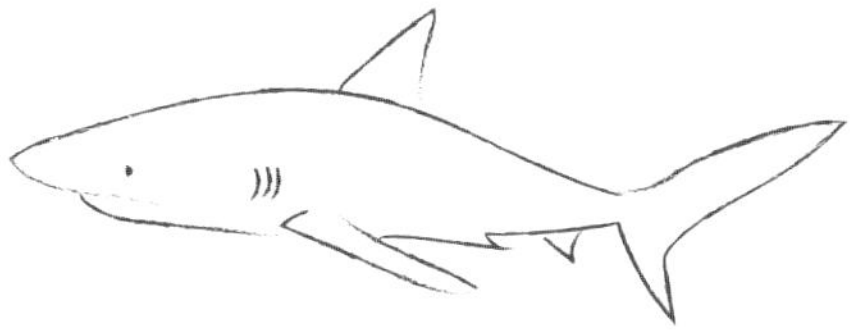

Nach zwei Stunden geht es an Land weiter, zurück nach Lago Agrio. Von dort aus bringt uns ein befreundeter Taxifahrer von Jorge zur Grenze nach Kolumbien.

An dieser angekommen, wird Jorge nervös, als ich vehement darauf bestehe, mir einen Ein- bzw. Ausreisestempel für meinen Pass zu holen. Unsicher hält sein Freund am Grenzübergang an. Jorge kommt mit uns ins Gebäude, um eventuell für uns zu dolmetschen. Es ist aber alles kein Problem, wir bekommen die Stempel ohne Komplikationen. Außer uns sind keine weiteren Touristen zu sehen, nur einige venezolanische Flüchtlinge harren vor dem Gebäude aus und warten auf ihr Visum.

Wieder im Jeep, fahren wir auf eine rund hundert Meter lange Brücke, die gleichzeitig die Grenze zu Kolumbien markiert. Ab hier müssen Ralph und ich allein weiter, Jorge will aber mit den Fahrern der auf der Brücke wartenden Taxis einen Preis für unsere Fahrt nach Porto Asis verhandeln. Ich fühle mich wie in einem Gangsterfilm, bei dem wir gerade an die verfeindete Gang ausgeliefert werden. Jorge verhandelt erst allein mit den Fahrern, wir sollen im Wagen warten. Es ist heiß und stickig im Auto, sodass Ralph die Tür aufmacht. Sofort wirft unser Fahrer ihm einen nervösen Blick mit Falten auf der Stirn zu. Da sein Englisch aber sehr schlecht ist, sagt er nichts zu uns. Ich bin mir nicht sicher, wie ich das hier alles finden soll. Vielleicht wäre es doch besser gewesen, nach Quito zurückzufahren und von dort aus zu fliegen. Allerdings hätte uns das viel mehr Zeit und Geld gekostet. Zwar hatte ich schon gelesen, dass hier unten keiner der üblichen Touristen-Grenzübergänge zu finden ist, aber dass es hier für Touristen gefährlich wäre, stand nirgendwo. Jorge kommt zurück und präsentiert uns das Ergebnis seiner Verhandlungen: Entweder wir fahren mit einem Kleinbus, mit dem wir etwas länger brauchen, unterwegs noch andere aufgabeln und eventuell umsteigen müssen oder wir zahlen etwas mehr, werden aber dafür mit einem Auto direkt zum Ziel gebracht. Wir entscheiden uns für die etwas kostenintensivere, aber schnellere Variante, weil es inzwischen bereits später Nachmittag ist und wir nicht mitten in der Nacht ankommen wollen. Außerdem ist mir nicht ganz wohl bei dem Gedanken, unterwegs wieder einen neuen Transport suchen zu müssen. Der Fahrer des Autos ist recht jung, macht aber einen sympathischen Eindruck. Jorge macht noch ein Foto vom Nummernschild des Autos, vom Fahrer und noch eines mit uns auf der Übergabebrücke. Auch wir schießen zur Sicherheit noch ein paar Fotos, man weiß ja nie. Jorge bittet uns zum Abschied, ihm Bescheid zu geben, wenn wir Porto Asis erreicht haben, er scheint wirklich Bedenken zu haben. Unser Gepäck kommt auf die Pritsche des Autos und ab geht's in das nächste Land!

Kolumbien – eigentlich stand das Land am Anfang meiner Reise nicht auf meiner Liste. Inzwischen habe ich aber viele Reisende getroffen, die mir davon vorgeschwärmt haben. Jetzt bin ich gespannt, was mich wirklich erwarten wird. War das Land vor einigen Jahren aufgrund der Drogenkartelle, linksgerichteten Guerillagruppen und dem kolumbianischen Militär zu gefährlich zu bereisen, soll es inzwischen ungefährlich für Touristen sein. Jetzt heißt es Daumen drücken und hoffen, dass dem auch wirklich so ist.

Als Erstes fahren wir in das zentrale Büro des Taxiunternehmens, um eine Beförderungsbescheinigung für Personen zu holen. Das erstaunt uns zwar ein wenig, aber wir lassen unseren Fahrer mal machen. Dieser ist zügig unterwegs und ignoriert die zahlreichen Schlaglöcher einfach. Das Auto ächzt, der Motor heult empört, die Türen scheppern und wir werden hin und her geschleudert. Die Häuser entlang der Straße verändern sich, je mehr wir ins Landesinnere kommen. Sie werden kleiner, gleichen eher Hütten. Viele Menschen sitzen entspannt vor ihren Häusern, unterhalten sich, schauen stumm in die Gegend oder tippen auf ihrem Handy herum. Wir befinden uns im sekundären Amazonasgebiet, das bereits entwaldet wurde und mit einigen Agrarflächen durchzogen ist. Immer wieder sehen wir Polizisten mit Maschinengewehren, die sich entlang der Straße positioniert haben und einzelne Fahrzeuge herausziehen. Bei der dritten Kontrolle werden auch wir angehalten. Jetzt bekommt die Bescheinigung zur Fahrgastbeförderung eine Bedeutung. Sie wird genau geprüft, mit unserem Pass abgeglichen. Der Polizist schaut uns tief in die Augen, kein Lächeln, kein nettes Wort, nur ein einschüchternder Blick. Er prüft unseren Einreisestempel und ich bin sehr froh, auf diesen bestanden zu haben! Nachdem er den Fahrer angewiesen hat, die Plane der Ladefläche hochzuschlagen, fragt er uns, was in den Rucksäcken ist. »Kleidung«, lautet meine pragmatische Antwort. Er fordert uns auf, die Rucksäcke zu öffnen, und fängt tatsächlich an, alles Mögliche auszupacken und zu inspizieren. Bitte, wenn er unbedingt in meiner dreckigen Wäsche rumwühlen möchte! Nachdem er durch ist und nichts zu beanstanden hat, dürfen wir wieder einpacken und weiterfahren. Drei Kontrollen später werden wir erneut herausgezogen. Das Prozedere beginnt von Neuem, doch dieses Mal begnügt sich der Polizist mit einem groben Blick in den Rucksack. Ich vermute, dass Drogenbanden und Guerillas hier noch nicht wirklich Geschichte sind ...

Nach zweieinhalb Stunden und zwei weiteren Kontrollen kommen wir in der Stadt Puerto Asis an. Inzwischen ist es dunkel, aber wir haben einen riesigen Hunger. Nach all der Polizei sind wir etwas verunsichert, ob wir noch das Hostel verlassen können. Der Besitzer des Hostels versichert uns aber, dass es kein Problem sei. Während wir ein paar Straßen weiter auf roten Plastikstühlen genüsslich eine sehr leckere Pizza vertilgen, lassen wir die Stimmung der Menschen hier auf uns wirken. Obwohl wir die einzigen Touristen sind, werden wir nicht weiter beachtet oder komisch angestarrt. Das Flair ist anders als in Ecuador, leichter, lockerer, die Kolumbianer lachen viel, machen ständig Witze. Vespas mit zwei, drei oder gar vier Personen darauf fahren an uns vorbei. Leider muss ich feststellen, dass das kolumbianische Spanisch nicht so einfach zu verstehen ist wie das ecuadorianische und ich muss noch genauer hinhören, um überhaupt etwas zu verstehen. Mit ein bisschen Übung hat sich das in ein paar Tagen hoffentlich gelegt.

RUND UM SALENTO – DIE KLEINSTEN UND DIE GRÖSSTEN

Bei unserer Weiterreise vermissen wir die Busvermittler, die uns in Ecuador marktschreiend den Weg zum richtigen Bus geleitet haben. Hier muss man selbst suchen und sich durchfragen. Wie schnell man sich doch an solche Annehmlichkeiten gewöhnt! Die Hostels sind dagegen richtig gemütlich gestaltet, komfortabel und ziehen uns mit ihrer angenehmen Atmosphäre zwischen urbaner Weltoffenheit und ländlicher Geborgenheit völlig in die kolumbianische Lebensart hinein. Die lässige, entspannte Art der Menschen, die immer zu einem Scherz aufgelegt sind, tut ihr Übriges. Wir fühlen uns wohl, genießen die wunderschöne Landschaft.

Inmitten sanfter, grüner Hügel der Kaffeeregion rund um Salento suche ich nach offensichtlichen Kaffeefeldern, kann aber keine finden. Ich hatte mir das ähnlich wie Weinberge vorgestellt. Also besuchen wir eine der Kaffeefarmen, um uns zu informieren. Hier bekommen wir Infos zu den einzelnen Produktionsschritten und bei einer Kaffeeverkostung erklärt man uns, dass der Kaffee nicht als Monokultur, sondern im Mischanbau angebaut wird, um den Boden nicht auszulaugen. Deswegen sieht es hier eher aus wie in wilden, unbewirtschafteten Hochebenen der Andenausläufer. Der immergrüne Ausblick wird allerdings von zahlreichen Regengüssen begleitet, die Regenjacke und die wasserdichten Wanderschuhe sind unsere ständigen Begleiter. Aufgewogen wird das trübe Wetter durch die unglaublich bunten Häuser. Die instagramverdächtige Kulisse des alten Dorfkerns lächelt den Besuchern farbenfroh und freundlich entgegen und zaubert in den kleinen, versteckten Läden seltene Schmuckstücke und Kunsthandwerk zutage.

Mit einem der alten Willys (das sind Geländewägen ohne Seitentüren und einer Plane als Dach), die auf der *Plaza de Boliviar* auf Fahrgäste warten, kommen wir ordentlich durchgerüttelt ins *Valle del Cocora*. Das Tal ist bekannt für seine riesigen Wachspalmen, die bis zu 60 Meter hoch in den Himmel ragen und damit zu den größten der Welt zählen. Die Vegetation reicht von weiten Graslandschaften bis hin zum tropisch anmutenden Nebelwald. Neben Andenkondoren, die hier über unseren Köpfen kreisen, freue ich mich besonders auf die winzigen Kolibris. Wenn wir Glück haben, sehen wir außerdem noch mal die farbenprächtigen Tukane.

Die Rundwanderung dauert gut fünf Stunden, geht mit sehr moderater Steigung hinauf auf die bis zu 2.400 Meter hohen Bergrücken der Andenausläufer. Ist der Weg am Anfang noch geschottert und breit, wird er mit zunehmender Höhe schmaler, schließlich zum Trampelpfad, matschig, steinig, wild. Irgendwann kommen wir zu einer Kolibrifarm. Hier können wir Kaffee und Kakao trinken und dabei Hunderte Kolibris beobachten, die sich an den Futterstationen an Zuckerwasser laben. Kein Vogel der Welt ist kleiner und leichter als der Kolibri, keiner außer ihm kann auf der Stelle und sogar rückwärts fliegen. Es ist faszinierend, wie die lange, gespaltene Zunge der metallisch schillernden Schönheiten als Strohhalm fungiert und das Zuckerwasser aus den Tränken saugt. Und davon brauchen sie jede Menge. Ihr hoher Herzschlag und die schnellen Flügelschläge verbrauchen so viel Energie, dass der kleine Vogel spätestens alle 15 Minuten Nektar zu sich nehmen muss. Ein Schauspiel, das Bilder in mein Reisegedächtnis meißelt, die ich auch Jahre später noch so präsent vor mir habe, als wäre es gestern gewesen. Sie entschädigen uns für den bitter schmeckenden Kakao, der vielleicht gesund ist, aber meinem zuckerverwöhnten Gaumen nicht wirklich schmeckt. Der Abstieg führt durch Bäche mitten im zauberhaften Nebelwald. Mystisch erhebt sich ein alter, bemooster Torbogen vor uns. Über drei Stufen treten wir hindurch, um über eine wackelige Hängebrücke, auf der einzelne Holzplanken fehlen, über den Bach zu kommen. Es fühlt sich an, als wären wir gerade durch den Eingang in eine verlorene Welt gegangen. Aufsteigende Nebelschwaden verstärken diesen Eindruck noch und katapultieren uns in unser persönliches Abenteuer. Wir waten durch tropfende Farne, an riesigen Bäumen mit herabhängenden Lianen vorbei und laufen über tosende Bäche. Hier wäre eine Machete gut, mit der wir uns in die Zivilisation zurückschlagen können. Aber auch ohne Machete finden wir den Weg und stehen nach ein paar Stunden wieder auf den grünen Wiesen und den himmelhoch aufragenden Palmen neben dem Parkplatz.

MEDELLIN – PABLOS VERMÄCHTNIS

Ein paar Tage später reisen wir weiter in die einst gefährlichste Stadt der Welt, Medellin. Drogenbaron Pablo Escobar beherrschte Anfang der 90er die Stadt, verbreitete täglich Schrecken, Gewalt, Leid und es gab viele tödliche Bandenkriege. Wir beziehen unser Hostel im Stadtteil El Poblado, dem Touristenviertel in Medellin, weil wir nicht einschätzen können, wie sicher die Stadt inzwischen ist. Das Hostel ist unglaublich! Eine absolut schicke, moderne Unterkunft mit Pool und Poolbar mitten in der Stadt. Das ist mal eine schöne Abwechslung! Wir sind überrascht, dass selbst in diesem Stadtviertel nicht besonders viele Gringos unterwegs sind. Die Stadt ist nicht die schönste und kann auch nicht mit besonderen, jahrhundertealten Sehenswürdigkeiten glänzen, aber sie besitzt dieses Spannungsfeld zwischen den Abgründen jüngster Vergangenheit und dem Befreiungsschlag in eine moderne Zukunft. Medellin wurde in den 90er-Jahren von Korruption, Drogenhandel und Pablo Escobar beherrscht, der Angst und Schrecken nicht nur über die Stadt, sondern über das ganze Land brachte. Sie galt als die gefährlichste Stadt der Welt. Guerillagruppen in ganz Kolumbien bekämpften sich gegenseitig und den Staat. Seit ein paar Jahren ist es ruhiger in Medellin. Ruhiger, aber an manchen Ecken nicht ungefährlich. Eine Farce, wenn man den neu gestalteten *Placa Ciscero* ansieht, der mit einer Kunstinstallation aus Lichtsäulen aufgewertet wurde, und man gleichzeitig gesagt bekommt, dass man sich bei Dunkelheit hier besser nicht aufhält. Drogen und Prostitution und die damit einhergehende zwiespältige Doppelmoral kann man in der Innenstadt auch vor der Kirche sehen. Die Herren können direkt nach ihrem Vergnügen zur Beichte gehen, sehr bizarr! Außerdem gilt auf den Straßen Medellins »Don't give Papaya!«, was so viel heißt, wie keinen Kolumbianer durch zu offensichtliches Zurschaustellen von Handy, Geld oder Schmuck zu einem Diebstahl zu verführen.

War die *Comuna 13* einst das schlimmste Viertel der Stadt, ist es heute ein Tourismusmagnet. Die Kommune liegt an einem Hang und erreichte durch ständige Rivalitäten der Drogenclans traurige Berühmtheit. Hunderte Personen fielen den Angriffen der Drogenclans und des Militärs, das sich einige Jahre nicht einmal in dieses Viertel traute, zum Opfer. Hoch oben in der Comuna wurden die Toten auf einem Müllberg entsorgt. Irgendwann entschied man, das Massengrab dort einfach zuzuschütten. Zu viele Seelen, nach denen keiner fragte. Die zahlreichen Street-Art-Gemälde auf den Mauern der Treppenaufstiege erzählen von den damaligen Ereignissen und der Hoffnung auf ein friedlicheres Leben. Die Geschichten, die uns unser Guide erzählt, sind haarsträubend. Auch heute noch existieren Clans, die gegeneinander kämpfen. Die Territorien sind zwar nicht mehr so scharf abgegrenzt, aber Streitigkeiten werden trotzdem mit Waffen ausgetragen.

Eine Rolltreppe führt die steilen Hänge nach oben – die Menschen sind hier inzwischen auf die Touristen eingestellt und sehen in ihnen auch eine Chance auf ein besseres, friedvolleres Leben in Zukunft, ohne dabei ihre Geschichte zu vergessen. Fröhliche Leichtigkeit sieht allerdings anders aus. Überall schwebt ein Hauch von Dunkelheit, Ernsthaftigkeit, Armut und Leid über den bunten Ständen der Künstler und den Shows der Straßentänzer. Doch die Stadt scheint sich schnell zu entwickeln, vielleicht können die Bewohner der Comuna 13 schon in kurzer Zeit den Staub der Vergangenheit weitgehend abschütteln. Es ist diese Ambivalenz zwischen der lustig lockeren Kommunikation und der unterschwellig fordernden, aggressiven Stimmung, die das Land und die Leute so interessant und anders als die bisher besuchten Länder für mich machen.

Ich nutze die Zeit in Medellin, um einen weiteren Friseurbesuch auf Reisen zu wagen. Der Friseur um die Ecke hat glücklicherweise an diesem verregneten Samstag noch einen Termin frei und ich nehme in dem kleinen, etwas chaotischen Friseursalon Platz. Die Ausstattung ist nicht so modern wie in einem deutschen Salon, aber auch nicht schäbig. Allein das Chaos in den Schubladen des Trolleys und auf den Regalen verschafft mir ein leichtes Unwohlsein. Ich versuche wieder einmal auf Spanisch meine Wünsche klarzumachen. Meine Haare sollen ein gutes Stück ab und eine Tönung bekommen. Die Friseurin nickt, als wenn sie mich genau verstehen würde. Ich frage nochmals nach, als sie die Farbe zusammenmischt. Die eine Tube ist leer, da nimmt sie irgendeine andere Tube, die nicht aussieht wie die erste, und dann noch zwei andere Farbtöne. Ich kann nur hoffen, dass sie weiß, was herauskommt. Zwei Stunden später muss ich feststellen, dass meine Haare nicht viel kürzer sind und dazu noch einen totalen Rotstich haben. Okay, es sind nur Haare, alles kann wieder geändert werden und wenn es nur eine Tönung ist, wird das alles in ein paar Wochen verschwunden sein. Immerhin ist Ralph zufrieden, als er mich im Hostel sieht, dann ist es gleich nicht mehr so schlimm.

Frisch gestylt machen wir uns auf den Weg. Im Hostel hat man uns eine Salsa-Tanzstunden/-Party empfohlen; das hörte sich gut an, das probieren wir aus! Das Interessante daran ist, dass man sich bereits vor dem Tanzkurs in einer Art Bar mit den anderen Teilnehmern unterhalten kann. Wir suchen uns ein Plätzchen an einem Tisch mit einem anderen Paar. Es sind Einheimische aus Medellin, die sich freuen, mal ein paar Deutsche zu treffen. Seit mehreren Jahren kommen sie hierher und haben schon etliche Freunde dadurch gefunden. Immer wieder lernen sie auch Touristen wie uns kennen. Der Austausch ist locker, wir erfahren etwas über das Leben in Medellin, über die Kneipen, die Menschen, die Stadt. Wir freuen uns über ihre offene Art, die herzliche Unterhaltung, die uns einen ganz anderen Einblick ermöglicht. Bevor es jedoch intensiver werden kann, beginnt auch schon die Salsa- und Bachatastunde im Tanzsaal. Auf der Bühne wird vorgetanzt, alle anderen davor tanzen die Schritte nach. Was für ein Spaß! Wir haben natürlich keine Ahnung und stolpern mehr durch die Gegend, als dass wir anmutig über das Parkett schweben, was allerdings unserer Stimmung keinen Abbruch tut. Nach der Tanzstunde wird das Licht gedimmt und eine Band betritt die Bühne. Salsa, Bachata, Merengue – um uns herum sind nur Profis, die eng aneinander die heißen Rhythmen mit schwingenden Hüften unterstreichen. Feurige Blicke werden ausgetauscht, bevor der Mann die Frau lässig im Kreis dreht, nur um sie in der nächsten Sekunde mit einer bestimmenden Geste wieder zu sich heranzuziehen. Was für ein Schauspiel an Nähe und Distanz, Anziehung und

Freiheit, Erotik und Romantik, sinnlich und feurig zugleich. Auch wenn wir die Schritte nicht perfekt beherrschen, tanzen wir unsere ganz eigene Salsa-Version und genießen das Schauspiel der anderen.

SANTA MARTA – KARIBISCHER NORDEN

Am nächsten Morgen fliegen wir nach Santa Marta in den Norden Kolumbiens. Eigentlich dachten wir, wir sind hier an der karibischen Küste, doch das Bild, das sich uns Präsentiert, als wir ankommen, ist enttäuschend. Statt weißem Strand und türkisfarbenem Meer zieht sich ein gewöhnlicher Streifen gelber Sandstrand am dunkelblauen Meer entlang und gleich dahinter befinden sich grässliche Hotelburgen. So hatte ich das nicht erwartet! Zum Glück wohnen wir im historischen Stadtkern, in dem sich keine Hotelburgen befinden. Unser Hostel ist ein süßes, kleines Haus im Kolonialstil, mit einem gigantischen Tamarindenbaum im Innenhof, das offensichtlich mit viel Liebe sehr bunt dekoriert wurde. Eine Terrasse mit Frühstücksplatz, einem Sonnendeck und einem kleinen Pool ist in drei Metern Höhe rund um den Tamarindenbaum gebaut. Vor allem das Frühstück im Freien, mitten zwischen den Ästen des großen Baumes, fühlt sich wie eine Umarmung am frühen Morgen an. Ein schönes Gefühl, so in den Tag zu starten!

Abends wollen wir noch etwas essen gehen. Polo an der Rezeption rät uns, bestimmte Straßen zu meiden, und zeigt sie uns auf einer Karte. Übrig bleibt ein Quadrat aus vier Straßen nach oben und vier Straßen nach rechts. Dieses Gebiet ist allerdings voll mit Touristen – und leider auch mit Bettlern und aufdringlichen Verkäufern. Wir laufen durch die paar Gassen und setzen uns dann in eine Bar. Dummerweise begehen wir den Anfängerfehler schlechthin: Wir nehmen einen Tisch direkt an der Straße. Im Minutentakt kommen Bettler, venezolanische Geflüchtete mit kleinen Kindern, Straßenkünstler, Sänger, Tänzer, Süßwaren- und Schmuckverkäufer vorbei und halten die Hand auf. Es nervt. Nicht, dass ich sie nicht verstehen kann, ich würde am liebsten jedem von ihnen helfen! Aber ich kann nicht allen etwas geben und das hinterlässt ein schales Gefühl, ein schlechtes Gewissen, welches den Eindruck des interessanten Städtchens und des Abends immens schmälert. Ich habe das Gefühl, *Gringo* bedeutet für die Leute hier einfach nur Geld und darauf werde ich reduziert.

Am nächsten Tag laufen wir am Malecon, der Strandpromenade, entlang und es geht gleich weiter, wie es aufgehört hat. Die Verkäufer haben sich vom Altstadtzentrum zum Strand hinunterbewegt und ich werde zunehmend ungehaltener, antworte auch nicht mehr mit einem höflichen »No, Gracias«, sondern sage gar nichts mehr. Zum Glück wird es in der Innenstadt besser. Wir schauen uns die wenigen, etwas baufälligen Sehenswürdigkeiten an, deren morbider Charme hauptsächlich aus der Patina sich auflösender Fassaden besteht. Vor hundert Jahren waren es Schönheiten, heute versetzen sie kaum noch jemanden in Staunen. Einen Platz unter den Top Five meiner persönlichen Hitliste wird diese Stadt sicherlich nicht bekommen.

Darum beschließen wir, dem Nationalpark Tayrona, der ungefähr eine Stunde östlich von Santa Marta liegt, einen Besuch abzustatten. Zu Fuß laufen wir vom Hostel zum angeblichen Busbahnhof. Nur leider sehen wir hier keinen Bahnhof, sondern nur einen Markt, auf dem sich unzählige Menschen tummeln. Ein unübersichtliches Straßennetz umgibt den Markt. Wir fragen uns durch und erwischen dann in einer Seitenstraße doch noch einen Bus zum Park. Nach ungefähr einer Stunde kommen wir an und müssen in einem Holzhaus durch eine Sicherheitskontrolle. »Warum denn das?«, frage ich. »Alkohol und Drogen«, lautet die Antwort des Sicherheitsbeamten. Der Eintritt beträgt knapp 15 Euro und enthält eine Krankenversicherung. Wieder muss ich mich fragen: »Warum denn das? Ist es so gefährlich hier?« Kann ich mir gar nicht vorstellen, aber gut, wahrscheinlich ist es sehr aufwendig, jemanden aus dem weitläufigen Park zu holen, wenn er in eine Notsituation geraten ist. Nach diesem Check-in fahren wir noch etwa zehn Minuten mit einem Minivan, um wirklich zu der Stelle zu gelangen, an welcher der Treck startet.

Es ist wie nach Hause kommen. Wie unglaublich entspannend es ist, wieder in der Natur zu sein! Wie faszinierend, wieder durch den Regenwald zu streifen und den entzückenden kleinen Affen zuzusehen, die, ungeachtet der Touristen, am Wegesrand auf den niedrigen Palmen, Sträuchern und Bäumen herumturnen.

Auf einem der Wege durch riesige Felsbrocken schaut uns eine Spinne aus einem Loch entgegen. Es scheint eine richtig große zu sein, wie ich von den schwarzen, gut sichtbaren Augen schließe. Bäh! Es schüttelt mich und gleichzeitig bin ich fasziniert. Der Geruch von nasser Erde und duftenden Blumen wabert durch die Luft, lullt uns ein in diese eigene Welt. Lianen hängen von den hoch in den Himmel ragenden Bäumen nach unten, Kokosnüsse fallen von den Palmen herab. Ralph kann es nicht lassen und spielt mit einer der heruntergefallenen, grünen Kokosnüsse herum. Als er sie heroisch über den Kopf hebt, fällt eine große Ladung Maden heraus. Es ist so ekelig! Die Maden sind überall auf ihm, in den Haaren, im Nacken, sogar unter das T-Shirt krabbeln sie. Igitt! Gemeinsam können wir die nackten Würmer mit Schütteln, Springen und Handtüchern von ihm entfernen. Diese Kokosnuss lag anscheinend schon etwas länger auf dem Boden. Was merken wir uns? Nicht einfach nur aufheben! Erst einmal prüfen – und dann vorsichtig berühren.

Etwa zweieinhalb Stunden später, die wir über Felsen, Strände und Regenwaldwegen begleitet von tropischer Luftfeuchtigkeit hinter uns gebracht haben, kommen wir in der Bucht *Cabo de San Juan* an. Wow, was für ein Anblick! Ich bin begeistert! Da ist er endlich, der karibische Bilderbuchblick auf türkisfarbenes Wasser, feinsten, weißen Sand, der sich entlang der Palmen am Ufer schlängelt. Uns offenbaren sich zwei Buchten, die durch eine Sandzunge getrennt werden, an deren Ende eine kleine Halbinsel aus dem leuchtenden Blau herausragt. Schnell klettern wir nach oben und vor uns eröffnet sich ein fantastischer Blick aufs Meer und wenn ich mich umdrehe, habe ich einen großartigen Blick über die Weiten des Tayrona Nationalparks.

Gleich hinter dem Strand, auf dem sich etliche Sonnenanbeter aalen, befindet sich eine kleine Lagune, vor der ein Holzschild aufgestellt ist: »Achtung Krokodile!«, steht dort in mehreren Sprachen. Soll das ein Witz sein? Gleich darunter ist zu lesen, dass es schon mehrere Zwischenfälle mit neugierigen Besuchern gegeben hat. Ein anderer Strandbesucher zeigt uns dazu noch einen Film auf YouTube, auf dem tatsächlich ein ausgewachsenes Krokodil zwischen den Menschen über den Sand von der Lagune ins Meer läuft!

Das Beste ist hier ein winziger Campingplatz, von dessen erster Reihe aus man direkt aufs Meer schauen kann. Man könnte sich auch in eine der Hängematten unter den Strohdächern einquartieren. – Warum eigentlich nicht? Spontan mieten wir uns eines der Zelte für die Nacht. Und so wird mein persönlicher Robinson-Crusoe-Traum wahr: Wir sitzen am Strand, die Füße wühlen im Sand, während die Sonne langsam untergeht. Unglaublich kitschig, romantisch und doch so schön! Genüsslich schlürfen wir Kokosmilch aus einer frischen Kokosnuss, verlieren uns in den Sternen und lauschen den Geschichten des Meeres. Ein Backpacker hat seine Ukulele mitgebracht und spielt sanfte Melodien zur Musik des Urwalds.

Am nächsten Morgen weht uns eine kühle Brise sanft ins Gesicht und weckt uns langsam auf. Verschlafen öffnen wir die Augen und werden mit einem phänomenalen Blick aufs leuchtende Meer belohnt. Das wilde Zwitschern der Vögel der im Hintergrund liegenden, tropischen Berge katapultiert uns endgültig in unser persönliches Urwaldparadies. Es ist unglaublich, das könnte für immer mein Blick am Morgen sein. Und schon wieder verschenke ich mein Herz an einen wundervollen Ort inmitten unserer zauberhaften Welt. Wir verbringen noch etwas Zeit am Strand, bevor wir uns auf den Weg zurück nach Santa Marta machen, und genießen noch etwas dieses angenehme Gefühl der Dazugehörigkeit zu diesem Paradies.

Tags darauf wollen wir nach Minca, einem verschlafenen Dorf mitten in den Bergen. Da wir spät dran sind und der Busbahnhof in weiter Ferne liegt, machen wir das, was man eigentlich aus Sicherheitsgründen in Kolumbien nicht tun sollte: Wir halten ein Taxi auf der Straße an. Das Glück ist wieder einmal mit uns und wir erwischen einen sehr freundlichen Kolumbianer in unserem Alter, der seinen Spaß daran zu haben scheint, sich mit uns auf Spanisch zu unterhalten. Wenn ich doch nur die Sprache besser beherrschen würde! In seinem in die Jahre gekommenen Auto mit zerschlissenen Ledersitzen und zahlreichen Dellen kommen wir fast nicht den steilen Berg nach Minca hinauf. Im Schritttempo tuckern wir Meter für Meter in die Höhe; es dauert eine Dreiviertelstunde, doch dann haben wir es geschafft.

Wir entscheiden uns für eine kleine Wanderung zum *Pozo Azul*, einem Wasserfall mit natürlichen Pools, in denen man baden kann. Entlang von Schotterwegen, auf denen uns immer wieder Mototaxis und Autos überholen und die Idylle stören, geht es zum Wasserfall. Zwar ist die Landschaft schön, aber als wir ankommen, ist es etwas überlaufen und wir wollen uns nicht lange dort aufhalten. In Minca haben wir gehört, dass man von hier zu einer Kakaofarm auf einem der Berge laufen kann, allerdings sei der Weg nicht gut gekennzeichnet. Da wir noch reichlich Energie und Abenteuerlust haben, probieren wir es dennoch. Nachdem wir auf der anderen Uferseite keinen Weg erkennen können, fragen wir einen Mann, der gerade auf einem der Felsen eine Zigarette raucht. Er versteht, was wir wollen, und bietet sofort an, uns ein Stück zu begleiten. Was für eine schöne, offene und freundliche Art! Wir müssen durch den Fluss, auf einem Trampelpfad durch den dichten Regenwald, hinunter zu einem weiteren kleinen Wasserfall mit Naturpool. Keine Menschenseele ist hier und der Pool überrascht mit glasklarem grünem Wasser. Kurz lassen wir die Füße ins kühle Nass baumeln, bevor wir uns wieder auf den Weg machen. Plötzlich wird der Weg durch einen Stacheldrahtzaun abgeschnitten. Nie und nimmer wären wir im Normalfall weitergelaufen, aber unser neuer Guide krabbelt einfach hindurch. Verwegen grinst er uns an und nickt nur auffordernd mit dem Kopf. Wir folgen ihm, er wird hoffentlich wissen, was er macht. Als wir durch einen riesigen Bambushain laufen, dessen zehn Meter hohe Halmäste sich hoch über unseren Köpfen zu einem Dach schließen, ist es, als würden wir durch ein Tor in eine andere Welt laufen.

Hier verabschiedet sich unser Guide und deutet auf den Trampelpfad vor uns. Ein mulmiges Gefühl überkommt mich, als ich rund um uns herum nur bewaldete Hügel und Berge erkenne. Hoffentlich verirren wir uns nicht! Nach einer halben Stunde stehen wir vor einem Holztor. »Durchgehen oder wieder zurücklaufen?«, fragen wir uns. Das Kopfkino läuft, ich sehe mich bereits einem Koka-Bauern mit Gewehr gegenüberstehen, der uns als Eindringlinge in sein Drogenimperium sieht. Da muss ich doch den Kopf schütteln und leise über mich selbst lachen. Bis jetzt waren immer alle nett zu uns – warum sollte sich das jetzt ändern? Also entscheiden wir uns fürs Weiterlaufen und landen kurze Zeit später zwischen zwei Hütten. Ein knurrender Hund hält uns davon ab, weiterzugehen. Sein Besitzer kommt aus einer der Hütten gelaufen und mein Herz schlägt aufgeregt. Aber er gibt uns nur zu verstehen, dass wir die Abzweigung gleich rechts hinter der Hütte nehmen sollen.

Als wir auf das nächste Tor stoßen, durch das wir hindurchklettern müssen, bin ich schon ein wenig gelassener. Auf diesem Grundstück wird Salat angepflanzt, Frauen mit Kindern spazieren lachend an uns vorbei und keine schaut uns komisch an. Das ist beruhigend. Wieder aus dem Grundstück heraus, treffen wir auf einen Fluss. Plötzlich steht ein Mann mit einer Machete vor uns. Mit einem schiefen Grinsen aus seinem wettergegerbten Gesicht, das wenig Zähne und dafür mehr braune Stummel freigibt, zeigt er auf eine halb verfallene Brücke über den Fluss. Himmel! Jetzt muss ich doch schlucken. Rasch überqueren wir die Brücke aus Bambus, der einige Teile fehlen und die so gar nicht sicher aussieht. »Bloß weg hier«, denke ich und verliere beim Davonhasten fast das Gleichgewicht. Wir laufen zügig den Trampelpfad weiter und ein Blick über die Schultern bestätigt, dass der Mann in eine andere Richtung weitergeht. Doch das Gestrüpp um uns herum wird dichter, der Pfad ist immer weniger zu sehen. Irgendwann stehen wir auf einer kleinen Lichtung, von der überhaupt kein Weg mehr hinausführt. Mist, wir müssen zurück, nirgendwo ist ein Durchkommen möglich. Ständig halten wir Ausschau, ob wir den Mann von vorhin sehen. Als wir an der Brücke ankommen, erkennen wir ihn, wie er in einiger Entfernung im Boden wühlt. Er scheint beschäftigt zu sein, also nichts wie rüber, schön leise und konzentriert. Auf der anderen Seite sehen wir zu, dass wir schnell wegkommen. Erst jetzt kann ich wieder richtig durchatmen.

Unsere Smartphones funktionieren hier nur bedingt, sodass wir nie wissen, ob der Standort, der uns auf Google Maps angezeigt wird, auch unserem tatsächlichen Standort entspricht. Zum Glück kommt uns irgendwann eine Gruppe mit Tourguide entgegen. Der Guide weist uns den Weg über eine Wiese, die wir sonst nicht hochgelaufen wären. Der Weg führt durch weiteren tropischen Wald mit reichlich Bromelien, Orchideen und Vögeln. Von jetzt an geht es nur noch bergauf. Wir laufen zwischen ein paar einfachen Häusern hindurch, kommen immer wieder an einsamen, kleinen Hütten mit im Wind wehender Wäsche und frei laufenden Hühnern vorbei. Weiter oben verlangt eine Frau fürs Durchqueren einer Wiese, die angeblich ihr Garten sei, Geld. Unfreundlich überschlägt sich ihre lauter werdende Stimme, als wir nicht sofort ihrer Forderung nachkommen. Sie sieht die Zweifel in unserem Blick. Seufzend geben wir nach und zahlen. Es geht weiter bergauf, bergauf und bergauf. Wann kommt diese Kakao-Finca endlich? Nach weiteren drei Stunden Fußmarsch taucht die Finca dann urplötzlich auf dem Bergkamm auf. Juhu, geschafft, das hätte auch anders ausgehen können! Wir werfen uns in eine Umarmung und freuen uns über unseren Erfolg.

Außer uns ist nur noch eine Französin auf der Kakao-Finca, sodass wir eine fast private Führung samt Kakao-Tasting und Wellness-Kakaomaske erhalten. Das ist superinteressant, tatsächlich habe ich in meinem bisherigen Leben weder Kakaobäume gesehen noch direkt aus den Bohnen ein Getränk hergestellt.

Gerade als wir uns auf den Weg zurück nach Minca machen, öffnet der Himmel seine Schleusen. Es regnet nicht nur, nein, es schüttet. Unsere Regenponchos halten zwar einiges ab, aber bis nach Minca sind es noch gut zwei Stunden Fußmarsch. Der Guide, der in Minca wohnt und mit uns zurückläuft, organisiert uns per Telefon ein Taxi. Das Wasser schießt den Berg hinunter und verwandelt binnen weniger Minuten die unbefestigten Straßen in ein Schlammmonster, das tiefe Furchen durchzieht. Wir sehen ein Mototaxi, das verzweifelt versucht, über den schmierigen Untergrund zu fahren, aber immer wieder ausbricht und schließlich nur noch umdrehen kann. Unser Taxi ist ein Geländewagen, wie wundervoll. Den Guide laden wir ein, mit uns zu fahren, und auf der Fahrt erzählt er uns, dass er aus Venezuela stammt und wirklich froh ist, diesen Job gefunden zu haben. Er erzählt uns von seinem Leben in Venezuela, bevor er aus dem Land geflüchtet ist. »Es gibt von allem zu wenig. Stromausfälle sind an der Tagesordnung, mindestens einmal am

Tag kommt kein Wasser mehr aus den Leitungen. Der Verdienst eines Monats reicht gerade mal, um sich eine Woche zu versorgen, wenn es überhaupt etwas zu kaufen gibt. Meistens fehlt es an Lebensmitteln und vor allem die Kinder hungern und sind mangelernährt.« Wir können wirklich verstehen, warum man dort nicht bleiben möchte. Und wieder einmal wird uns bewusst, was für ein angenehmes Leben wir doch in Deutschland führen und wie wenig bewusst das doch vielen im Alltag ist.

CARTAGENA – SCHÖNSTE ALTSTADT KOLUMBIENS

Nach einer Stunde Wartezeit steigen wir genervt in einen komfortablen Minibus ein, der uns an unser nächstes Ziel bringen wird. Knapp sechs Stunden später kommen wir in Cartagena an, einer Hafenstadt an der Karibikküste Kolumbiens, die oft als die schönste Kolonialstadt Südamerikas genannt wird. Bunte Fassaden, stilvolle Häuser aus der Kolonialzeit, Kopfsteinpflaster und Latinomusik auf den Straßen, gepaart mit tropischen Temperaturen katapultieren uns sofort ins karibische Lebensgefühl. Auch hier lassen wir uns auf einer Free-Walking-Tour durch die Altstadt aus dem 16. Jahrhundert lotsen. Balkone mit kunstvollen Balustraden zieren blumenverhangene Häuserfronten, stattliche Bauten und Kirchen aus Sandstein unterbrechen das Bild mit schnörkelloser Nüchternheit. Moderne Bronzefiguren erzählen aus der Zeit, als afrikanische Sklaven hierhergebracht wurden. Auf dem einst größten Sklavenmarkt Südamerikas mussten sie warten, bis sie in die USA verkauft und verschifft wurden. Gold, Silber, Edelsteine wurden gehandelt, Piraten und Plünderer trieben ihr Unwesen. Heute finden sich hier moderne Läden, Boutiquen und feine Restaurants, genauso wie günstige Bodegas. Neben den Altstadtbezirken *El Centro* und *San Diego* schließt sich südlich der Stadtbezirk *Getsemani* an, der noch vor zehn Jahren wegen Prostitution und Dealerei sehr verrufen war. Inzwischen hat sich Getsemani zum pulsierenden, quirligen Stadtteil mit grandioser Street-Art, zahlreichen Restaurants, Bars und Hostels entwickelt, in dem sich auch Touristen bedenkenlos aufhalten können. Das ehemalige Arbeiter- und Sklavenviertel verbreitet mehr Ursprünglichkeit und ist weniger zurechtgemacht als El Centro.

Abends, wenn die Hitze des Tages langsam einer angenehmen Nachtwärme weicht, pulsieren die Straßen Cartagenas. Nachdem wir eine Pizza in einem der vielen Restaurants verspeist haben, dessen Tische sich auf dem Gehweg dicht an die Häusermauern drängen, schlendern wir durch die schmalen Gassen Getsemanis. Vorbei an bunt beleuchteten Kneipen, mit großen Korbsesseln und kunstvollen Gemälden an den Fassaden. Wir laufen durch die *Calle de Las Sombrillas*, in der lauter bunte Regenschirme ein farbenfrohes Dach bilden und mich sofort in gute Laune versetzen. So einfach gemacht und doch ein kunstvoller Hingucker, der zusammen mit den alten, einstöckigen Häusern, den Eisengittern vor den Türen und dem mehrfarbigen Gehweg ein perfektes Postkartenmotiv abgibt. Ein kleines Mädchen mit einer Blume im Haar fährt langsam auf seinem rosafarbenen Fahrrad die Gasse entlang und klingelt sich den Weg frei. Ein Bilderbuchanblick.

Unser Weg führt zum *Plaza de la Trinidad*, auf dem eine Band auf den Treppenstufen vor der Kirche spielt. Die Stimmung ist ausgelassen und locker, fröhlich tanzen hier Jung und Alt durch die laue Nacht. Einheimische und Touristen unterhalten sich lebhaft, genießen ein Bier oder schauen sich einfach nur das rege Treiben an.

Cartagena präsentiert sich mir als wunderschöne Stadt mit einem gewissen Flair, aber sie scheint auch irgendwie zerrissen zu sein. Es gibt Geschäfte, Bars und Restaurants, die selbst für unsere Verhältnisse hochpreisig sind, neben fast schon billigen, eher landestypischen Läden und Restaurants. Etliche Häuser außerhalb des Zentrums verfallen bereits, wohingegen an den Hauptaufenthaltsorten der Touristen sich alles in tadellosem Zustand befindet. Irgendwie scheint das alles nicht zusammenzupassen. Auf der einen Seite hat man den Eindruck, als wollte man hier unbedingt an den westlichen Standard anknüpfen und verlangt zum Beispiel für Touristenattraktionen und Souvenirs fast unverschämte Preise. Dann wiederum wird Streetfood unfassbar günstig verkauft. Es scheint die goldene Mitte zu fehlen und ich bin gespannt, ob die Kolumbianer es in den nächsten Jahren schaffen werden, alle auf dem Weg zu mehr Wohlstand mitzunehmen oder ob es dann nur einige wenige zu viel Geld bringen und der Rest verarmt zurückbleibt.

Alles scheint sich hier unterschwellig um Geld zu drehen, nichts gibt es umsonst. In einem Park zeigt uns ein junger Mann unaufgefordert ein paar Tiere. Als wir es gut meinen und ihm ein wenig Trinkgeld für seine Erklärungen geben, ist er nicht zufrieden. Er meckert uns an und gibt zu verstehen, dass wir ihm mehr Geld bezahlen sollen. So was von unverschämt! Ich entgegne ihm, dass wir ihn um nichts gebeten hätten, aber erst als ich auf sein Namensschild schaue und ihn darauf anspreche, dass dort Park Ranger steht, nicht Touri-Guide, zieht er beleidigt ab. Langsam drängt sich mir der Gedanke auf, dass die Nettigkeit der Kolumbianer sich auf monetäre Gegenleistungen zu beschränken scheint. Das hinterlässt einen schalen Geschmack ...

LA PROVIDENCIA – AB AUF DIE INSEL

Ein weiterer Wunsch auf meiner Bucket List ist, einmal eine echte Karibikinsel zu besuchen. Diesen Traum erfüllen wir uns jetzt. Wir fliegen von Cartagena aus zuerst nach San Andres, einer Insel vor Nicaragua, die allerdings zu Kolumbien gehört. Dort haben wir ein paar Stunden Aufenthalt, bevor es im Archipel weiter auf die kleinere Insel Providencia geht. Bereits der Anflug auf San Andres gibt den Blick auf ein außergewöhnliches Farbenspiel frei: türkisblaues Meer, das mal grünlich, mal violett schimmert, von weißen Schaumkrönchen schattiert und zart die weißen Umrisse der Insel einrahmt. Es ist paradiesisch. Der Flughafen auf San Andres liegt direkt am Meer. So ist es auch kein Problem, auf unserem Zwischenstopp kurz an die Strandpromenade der *Playa Spratt* zu laufen. Füße in den Sand, Cocktail in die Hand und die Seeluft tief einsaugen – gibt es eine bessere Art, einen Zwischenstopp zu verbringen? Wieder zurück am Flughafen, laufen wir für unseren Weiterflug nach Providencia über das Rollfeld zu einer richtig kleinen Propellermaschine! Hier begrüßt uns der Pilot noch mit Handschlag. Gerade einmal 14 Sitze hat die kleine Maschine, Pilot und Co-Pilot sitzen nicht in einem abgetrennten Cockpit, sondern direkt vor uns, sodass wir einen freien Blick auf die vielen Knöpfe und Anzeigen haben. Das ist alles sehr persönlich und natürlich wackelt es in dem kleinen Flieger ordentlich. Mehrmals muss ich tief durchatmen und mit ein bisschen »Om« meinen adrenalingeköderten Geist beruhigen. Nach 20 Minuten haben wir es aber schon geschafft und befinden uns im Landeanflug auf den Mini-Flughafen von Providencia. Ich schicke ein Stoßgebet gen Himmel und halte die Luft an: Jetzt nur nicht über die Landebahn hinausschießen, dann wird alles gut! Mit einem lauten Seufzer löst sich die Anspannung nach einer geglückten und überraschend sanften Landung. Nachdem ein Drogenhund über unser Gepäck geschnüffelt hat, dürfen wir dann auch das Flughafengebäude verlassen. Ein schwarzes Pick-up-Taxi schmeißt unsere Rucksäcke auf die Pritsche und fährt uns zu unserer Unterkunft um die halbe Insel herum – das sind allerdings gerade mal 20 Minuten. Ja, sie ist wirklich klein, die Karibik-Perle Providencia. Unsere Unterkunft *Cabanas Miss Elma* befindet sich direkt am Strand der *Freshwater Bay*. Als ich den Blick aus unserem Zimmer auf die Bucht werfe, bleibt mir kurz die Luft weg. Atemberaubend! Einfach traumhaft, unser Zuhause für die nächste Woche! Seele baumeln lassen, Sonne genießen, alles langsam angehen lassen – ein riesiges Grinsen macht sich auf meinem Gesicht breit.

Die Füße im feinen Sand, liegen wir am Strand unter Palmen. Liegestühle oder Sonnenschirme gibt es nicht, das hier ist bodenständig, echt und ehrlich. Das Wasser ist badewannenwarm und glasklar, sodass wir die vielen Seesterne in Küstennähe auch ohne Taucherbrille bewundern können. Überall verstreut liegen sie auf dem Meeresboden in prächtigem Rot, Gelb, Orange oder Olivgrün. Am Strand spielen ein paar einheimische Kinder Fußball, zwei Stöcke mit einem dazwischen gespannten Seil dienen dabei als Tor. Sie haben einen unbändigen Spaß, lachen, schreien und sind mit Leib und Seele dabei. Drei kleine Mädchen planschen mit einem Jungen im Teenager-Alter im Wasser. Ein altes Schlauchboot, das nur halb aufgeblasen ist, wird als Banana-Boat benutzt. Der Junge zieht und rüttelt so lange daran, bis alle ins Wasser gefallen sind, was den Mädchen ein vergnügtes Kreischen entlockt. Hinter uns vergräbt sich ein Hund im Sand und genießt unsere Nähe, ohne aufdringlich zu werden. Träge verbringen wir den Tag mit Dösen und Genießen. Die Augen geschlossen, höre ich, wie die Wellen leise und rhythmisch an den Strand schlagen und mich mitnehmen ins Reich der Träume.

Später sitzen wir auf der Terrasse des Restaurants, das unseren Cabanas angeschlossen ist. Ein buntes Schirmchen ziert den Cocktail mit Kokosmilch und passt perfekt zum Sonnenuntergang; die Palmen rascheln leise in der Brise, die die Hitze des Tages langsam vertreibt. Ja, so kann man es aushalten …

Hier auf Providencia vermischen sich die Einflüsse der Spanier und Engländer mit dem Einfluss von Piraten und Afrikanern, die vor langer Zeit als Sklaven hergebracht wurden, zu einer ganz eigenen Kultur. Das spiegelt sich auch in der Sprache wider. Man hört hier hauptsächlich Kreolisch, eine besondere Mischung aus elisabethanischem Englisch, Spanisch und afrikanischen Dialekten. Aber wenn sie mit den Touristen sprechen, bemühen sie sich um ein verständliches Englisch und es ist kein Problem für uns, uns zu verständigen.

In Freshwater Bay gibt es nicht viel. Ein paar Hundert Meter nach links, Hundert Meter nach rechts – länger ist die Dorfstraße nicht. Es gibt ungefähr fünf Restaurants, da fällt dann auch die Auswahl nicht schwer. Auf einer Holzterrasse genießen wir typisch kreolisches Essen: Langustini mit Kokossoße, Reis, Platana und Salat. Bereits beim ersten Bissen explodieren die Geschmacksnerven in meinem Mund, es ist unglaublich lecker! Dazu singt uns eine dunkelhäutige Schönheit mit ordentlich Kurven Songs über das Leben, die Liebe und ihre Insel Providencia. Ihre Soulstimme bereitet an der ein oder anderen Stelle Gänsehaut, reißt uns mit und lädt uns ein, die Stimmung der Insel noch tiefer zu erleben.

Providencia präsentiert sich als so ursprünglich, dass man meinen möchte, auf einer Bilderbuch-Karibikinsel gelandet zu sein. Im Gegensatz zur Nachbarinsel San Andrés gibt es hier keine Hotelburgen, Massentourismus wird bewusst verhindert. Souvenirläden und aufdringliche Strandverkäufer sucht man hier vergebens, Hotels dürfen nicht mehr als zwei Stockwerke hoch sein und müssen im inseltypischen Baustil errichtet werden. Dazu kommt, dass die Hotels in lokaler Hand sind und nicht etwa in der Hand von Reiseunternehmen des Festlands. Nur Einheimische können Land kaufen und Leute, die nicht hier leben, können nicht länger als sechs Monate auf der Insel bleiben.

Deswegen leben insgesamt nur ungefähr 5.000 Menschen dauerhaft auf der Insel. Rund um die betonierte Ringstraße, die sich an der Küste entlangschlängelt, haben sich einige kleinere Orte angesiedelt. Abgesehen davon erheben sich in der Mitte der Insel unberührte Berge und Hügel, die komplett bewachsen und bis auf vereinzelte Farmen unbewohnt sind. Grün und saftig bilden sie einen schönen Kontrast zum hellen Blau des Meeres.

Auf einem Boot lassen wir uns um die Insel fahren. Außer unserem Strand gibt es immer wieder kleine Buchten zum Baden, allerdings finden wir keine so schön wie unsere! Auf dem Weg rund um die Insel begegnen uns in die Jahre gekommene Hippies, Reggaefans mit langen Rastazöpfen in Hängematten und uralte Fischer, die sich Fangkörbe aus Maschendraht selbst basteln. Das lebendige Bild eines alten Klischees!

Der Stopp am *Crab Key* ist ein absolutes Highlight. Die nur einen Kilometer von der Küste entfernte winzige Felseninsel liegt mitten im glasklaren, türkisen Wasser. Vom Himmel gefallen und liegen geblieben – so sieht die grüne Insel aus, die ungefähr 30 Meter aus dem Wasser aufragt. Wir legen an einem kleinen Holzsteg an, der gleichermaßen als Aussichtsplattform, Bootsanlegestelle und Liegefläche dient, von der aus man direkt ins kühle Nass springen kann. Für ein paar Euro leihen wir uns Schnorchel aus und haben das Glück, einen kleinen Stachelrochen zu sehen und wieder mal mit einer majestätisch in sich ruhenden Schildkröte zu schwimmen. Ich lasse meinen Blick schweifen und stelle schnell fest, dass ich solch strahlende Farben in dieser Kombination noch nie gesehen habe: ein leuchtendes Türkis, das in unterschiedliche Blautöne übergeht, sich von den grünen Bergen im Hintergrund drastisch abhebt und durch den weißen Sandstrand noch mehr in Szene gesetzt wird. Ich kann mich gar nicht sattsehen an dieser verschwenderischen Schönheit! Nachmittags ankern wir an einer Reggae-Bar eines anderen Strandes. Mit einem Seil, das an einer Palme festgebunden ist, schwingen wir uns direkt ins Meer, bevor der Barkeeper mit seinen klischeehaften Rastazöpfen einen Cocktail mit kitschigen bunten Schirmchen auf die Theke seiner Bar stellt. Den Reggaebeat in den Ohren, sitzen wir auf einer Palme, die weit ins Meer ragt, planschen mit den Füßen im warmen Wasser und lassen den kühlen Cocktail durch die Kehle rinnen. Was für ein Leben! Besser kann es nicht werden, denke ich leichtsinnig …

Als wir am nächsten Tag eine Vespa ausleihen und wie verliebte Teenies um die Insel düsen, werde ich eines Besseren belehrt. Nachdem ich mich zu Anfang fest an Ralph geklammert habe, kann ich mich irgendwann entspannen, reiße die Arme nach oben, spüre den Wind über meine Haut gleiten und meine Haare verwirbeln. Ich kann nicht anders und schreie die pure Freude und Leichtigkeit hinaus. Lachend winkt mir ein älterer Mann am Straßenrand zu und freut sich mit mir. Er scheint zu wissen, was hier gerade vor sich geht. Das ist für mich das beste Beispiel, völlig im Hier und Jetzt aufzugehen, keinen Gedanken an morgen zu verschwenden, das Gestern als vergangen zu betrachten. Alles fühlt sich nach Abenteuer, Freiheit und ewiger Jugend an.

Abends essen wir an einem einfachen Strandlokal leckeren Fisch, wühlen mit den nackten Füßen im Sand und hören ein paar Jugendlichen zu, die am Strand ein Feuer angezündet haben, Lieder trällern und an der Ukulele zupfen. Das Rauschen der Wellen überstimmt sie zum Glück größtenteils, sonst wäre das kitschige Klischee nicht mehr zu überbieten.

Als wir zum Hotel zurückfahren wollen, ist die Straße abgesperrt. Wir fragen den Police-Officer, der vor der Absperrung steht, was los ist und wie lange die Straße gesperrt sein wird. »Die Krabben wandern wieder«, lässt er uns wissen, »das kann noch Stunden dauern.« Jedes Jahr, irgendwann zwischen Mai und Juli, wandern innerhalb von zwei Wochen Abertausende Krabben von den Bergen an den Strand. Dort legen die schwarzen Krustentiere ihre Eier ab und verschwinden wieder in den Bergen. Ein bis zwei Wochen später schlüpfen die Baby-Krabben und folgen ihren Eltern in die Berge. Wir parken unsere Vespa und machen uns zu Fuß auf den Weg. Ein verrücktes Schauspiel! Überall krabbeln die Krabben über die Straße, wir müssen ganz genau schauen, wohin wir treten. Unser Heimweg gleicht einem Eierlauf, fast zertreten wir einen der Kameraden mit den schwarzen Glupschaugen, die uns vorwurfsvoll anzustarren scheinen.

Die Tage plätschern paradiesisch dahin. Für einen Bootstrip hinaus ins Archipel buchen wir uns bei der benachbarten Tauchschule ein. Die zwei Männer, Francis und Noel, die uns betreuen, verbreiten gute Laune und reißen einen Witz nach dem anderen. Tauchen können wir nicht, deswegen schippert Francis mit uns an die schönsten Spots, um zu schnorcheln. Einer davon befindet sich vor der Ostküste der Insel, ein noch intaktes Riff mit vielen bunten Fischen. Das Wasser ist angenehm warm, sodass wir stundenlang umherschnorcheln können. Kaum haben wir den Kopf ins Wasser gestreckt, befinden wir uns in einer anderen Welt: Schillernd bunte Fische tummeln sich um die leuchtenden Korallen und Schwämme, eine Muräne verlässt ihr Versteck und huscht über den Meeresboden und ein großer platter Fisch schwimmt langsam durch das Riff. Gemütlich paddeln wir staunend dahin, als unerwartet ein Hai keine drei Meter unter uns hindurchschwimmt. Und dann gleich noch einer und noch einer. Im Vergleich zu diesen Haien waren die Exemplare auf Galapagos putzig! Adrenalin schießt durch meine Adern, so nah war ich einem großen Hai noch nie! Anmutig und einschüchternd bewegen sich die drei im Kreis unter uns. Hoffentlich fühlen die sich jetzt nicht bedroht, denke ich und bleibe in schützender Nähe von Francis. Der sieht erst überhaupt nicht entspannt aus, zeigt uns dann aber doch ein lässiges »Okay« mit Daumen und Zeigefinger. Als sich mein Herzschlag wieder beruhigt hat und die Haie weitergeschwommen sind, bin ich einfach nur überwältigt von diesem Erlebnis. Schön und grimmig, elegant und kraftvoll, gefährlich und mutig – so viele gegensätzliche Eigenschaften scheinen sich in jeder einzelnen dieser grauen Kreaturen zu vereinen.

Am Tag darauf, während wir gerade ausgiebig in unserer Bucht planschen, spüre ich auf einmal ein schmerzhaftes Brennen an meiner Beinrückseite. Kurz muss ich aufschreien, so weh tut es. So schnell ich kann, versuche ich den Strand zu erreichen, da ich nicht einordnen kann, was das ist. Ich durchpflüge das Wasser, falle hin, kämpfe mich wieder nach oben und kann endlich den Sand erreichen. Ein Blick auf die Rückseite meiner Beine lässt erkennen, dass mich eine Feuerqualle hauptsächlich in der Kniekehle erwischt hat. Etwa zehn bis fünfzehn rote Striemen, bestehend aus kleinen Punkten, verlaufen auf der Rückseite meines Beines von unten nach oben. Zum Glück befindet sich unser Hotel direkt hinter uns und Leon, der Barkeeper, reagiert sofort und kippt einfach Essig aus der Küche über mein Bein. Ich muss die Zähne zusammenbeißen, es brennt höllisch! Den Rest des Tages verbringe ich ziemlich passiv, um so wenig wie möglich an die brennenden Stellen zu kommen. Mein Bein schwillt langsam an und die Rückseite ist mit unschönen Quaddeln verziert, dazu kommen Kopfschmerzen und ein leichtes Schwindelgefühl, die nicht dazu beitragen, aktiver zu werden. In der Nacht wälze ich mich hin und her. »So ein Mist!«, denke ich mir. »Muss das denn ausgerechnet hier auf dieser Trauminsel passieren?!« Das trübt diese entspannte Inselstimmung leider, aber am nächsten Morgen geht es mir schon besser. Nach einem ausgiebigen Frühstück und einem extra frisch gepressten Saft von Leon bin ich wieder vespatauglich und einer weiteren Runde Inselerkunden steht nichts im Weg!

Unser letzter Abend bricht an und wir schlendern noch einmal durch die Straße unseres lieb gewonnenen kleinen Ortes. Vor einer Bar spielt eine Band Salsa und Reggae-Songs. Einheimische und Touristen mischen sich auf der Tanzfläche, versuchen sich im Salsatanzen und lassen sich von der ausgelassenen Stimmung mitreißen. Rhythmische Bongoschläge werden begleitet von fröhlichen Saxofoneinlagen und einer dramatischen Frauenstimme, die Klänge rauschen durch den Körper und gehen direkt in die Beine. Was könnte hier besser passen als wiegende Hüften und schnelle Drehungen?

Viel zu schnell ist die Woche vorüber. Was werde ich das hier vermissen! Aber der Flug ist gebucht, wir müssen die Insel verlassen.

BOGOTA

Seit zwei Tagen sitze ich hier in Bogota. Bereits bei der Ankunft am Flughafen musste ich mich wieder von Ralph verabschieden. Er ist zurück nach Deutschland geflogen, zurück zu unseren Freunden, zurück zur Familie. Wieder einmal wird mein Herz schwer, Traurigkeit und Freude auf das nächste Stückchen Reise wechseln sich im Minutentakt ab. Wahrscheinlich ist dies der letzte Abschied. Es scheint, als neigt sich meine Reise langsam, aber sicher dem Ende entgegen. Mein Budget schwindet, dafür fügen sich die Erlebnisse in meinem Kopf zu einem riesigen Meer aus bunten Gesichtern, Landschaften und Empfindungen zusammen. Das Konto klein, das Herz und der Kopf groß und reich. Kommt es nicht genau darauf an? Ist es nicht genau das, was uns am Reisen so sehr reizt? Immer und immer wieder? Die Seele mit Erinnerungen zu füllen und für schlechte Zeiten aufzuheben?

Aber noch ist nicht Schluss! Meine Gedanken kreisen um das nächste Ziel. Ich habe das Gefühl, mir jedes einzelne Land dieser Erde anschauen zu können, ohne jemals genug davon zu bekommen. »Die ganze Welt voll Abenteuer, ich will, so viel es geht, erleben …«, singt Mark Forster und spricht mir dabei aus der Seele. Wohin zieht es mich als Nächstes? Afrika? Nordamerika? Neuseeland? Wo kann ich noch mal als Volunteer etwas Passendes finden? Was wollte ich schon immer mal machen? Auf einer Farm leben, Dogsitting auf Aruba, Permakultur auf Hawaii, Kinder betreuen in einer Schule in Uganda – es gibt unzählige Möglichkeiten. Ich verbringe Stunden auf Plattformen für Volontäre, lese mir Einreisebestimmungen durch, suche nach Flugverbindungen und schmökere in Foren über Reiseberichte. Letztlich entscheide ich mich aus ganz praktischen Gründen für Kanada: Der Flug ist der günstigste. Ich bin supergespannt, als mein Finger auf die Enter-Taste drückt und der Flug für ein paar Tage später gebucht ist.

Bis dahin genieße ich meine letzten Tage in Südamerika, inhaliere die wilde Atmosphäre lateinamerikanischer Städte zum letzten Mal, um sie mit hinüberzuretten in mein neues Leben nördlicher Strukturiertheit.

Bogota ist gefährlich, sagte man mir, doch ich empfinde es nicht gefährlicher als andere kolumbianische Städte. Bogota fühlt sich für mich persönlich noch am authentischsten aller besuchten kolumbianischen Städte an. Es ist eine bunte Mischung aus unterschiedlichen Epochen und kulturellen Schichten. Zwar gibt es moderne, mehrgeschossige Gebäude, die meisten Häuser in der Altstadt von Candelaria sind aber eingeschossig und älteren Datums. Straßen mit schönen historischen Gebäuden mischen sich mit hässlichen

Hochhäusern aus den 80er-Jahren. Die älteste Straße Bogotas, die *Candelarias*, befindet sich gleich um die Ecke von meinem Hostel und trumpft mit farbenfrohen Graffitis, kultigen Kneipen und gemütlichen Cafés auf. Auf einem kleinen Platz gibt ein Komiker seine Sprüche vor einem vergnügten Publikum zum Besten, man hört Salsamusik an allen Ecken und gesellige Grüppchen trinken ein Bier oder eine heiße *Canelazo*, die hier ein wenig anders schmeckt als in Ecuador, in lockerer Stimmung auf dem Gehsteig, während hin und wieder ein Pärchen spontan zur Musik tanzt. Hier ist die Leichtigkeit, gute Laune und die mir oft geschilderte Freundlichkeit der Kolumbianer noch zu spüren. Ich probiere *Chicha* (eine Art Maisbier) und lerne *Conchuga* kennen, ein Milchgetränk, das fast wie Trinkschokolade schmeckt, aber aus Bohnen und einer mir unbekannten Frucht besteht. Sehr gesund, kein Zucker und sehr lecker, finde ich. Abseits der abendlichen Szenerie gibt es in der Stadt einige sehenswerte Gebäude wie den Regierungssitz, Museen und Kathedralen und ich muss zugeben, Bogota gefällt mir!

Mein Flug nach Montreal, Kanada, geht in den frühen Morgenstunden. Schnell hole ich mir am Abend vorher noch ein paar Snacks, da ich nie weiß, ob es irgendetwas an Bord des Fliegers gibt. Das Taxi holt mich früh am Morgen beim Hostel ab, aber kaum sind wir losgefahren, versperrt ein Unfall die Straßen und wir müssen warten, bis es wieder weitergeht. Als wir endlich am Flughafen ankommen und ich zahlen will, muss ich feststellen, dass mein komplettes restliches kolumbianisches Geld fehlt! Mir wird ganz heiß. Wo ist es hin? Ich hatte doch gestern extra nochmals nachgeschaut, dass es genug Pesos für die Taxifahrt sind. Kurz lasse ich den gestrigen Tag Revue passieren und dann fällt es mir wie Schuppen von den Augen: Ich war noch mal kurz außer Haus, um die Snacks zu holen, währenddessen muss jemand in mein Zimmer geschlichen sein und den Geldbeutel ausgeräumt haben. Es kann gar nicht anders sein. Ich bin nur froh, dass sämtliche Kreditkarten noch da sind. Die Zeit drängt bereits, ich hechte in den Flughafen zu den Geldautomaten. Mein Gepäck, auch die wichtigen Dinge, muss ich im Auto lassen, »als Pfand«, meint der Taxifahrer grinsend, damit ich auch wiederkomme. Ich wiederum hoffe, dass auch er noch da ist, bis ich wiederkomme. Ich renne zu den Geldautomaten und tippe fahrig auf der Tastatur der Geldmaschine herum. Aber heute scheint das Glück einfach nicht auf meiner Seite zu sein, der Automat gibt mir einfach nichts. Mist! Und nun? Mir fällt mein Geheimfach im Rucksack ein, in dem ich für solche Notfälle ein paar Extra-Dollars versteckt habe. Der Taxifahrer schaut mich wenig freundlich an, als ich endlich zum Auto zurückkehre, aber immer noch kein Geld bei mir habe. Immerhin sind meine Sachen noch an Ort und Stelle, das beruhigt mich ein wenig. Damit ich die Not-Dollars hervorzaubern kann, muss ich allerdings meinen Rucksack halb ausräumen. Der Taxifahrer wird immer ungeduldiger, schimpft auf Spanisch vor sich hin. Das ist mir im Moment aber egal, ich will nur endlich weg von ihm und meinen Flug noch erwischen. Erleichtert finde ich die Scheine. Natürlich rechnet der Taxifahrer mit einem ganz miesen Wechselkurs und der Fahrpreis steigt einfach noch mal um die Hälfte. Das kann ich so nicht auf mir sitzen lassen und ich fange an, mit ihm zu diskutieren. Nach einigen Minuten, in denen er meine unnachgiebige Haltung zu spüren bekommt, können wir uns in der Mitte einigen und ich kann endlich mein Gepäck umschnallen und zu den Schaltern hasten. Zu allem Überfluss ziehen sie mich am Scan auch noch heraus und ich werde extra gefilzt. Auch das noch! In allerletzter Minute schaffe ich es zum Gate, an der die Stewardess schon ungeduldig winkt. Das war kein schöner Abschied von Bogota, ja eigentlich von ganz Südamerika. Im Flieger sitzend habe ich mich wieder beruhigt, überdenke noch mal die letzten Monate und stelle fest: Jetzt ist es also vorbei mit dem südamerikanischen Lebensstil, den einfachen Dingen, der Musik, der fantastischen Landschaft und vielen großartigen Erlebnissen, die ich genossen habe. Es geht zurück in eine geordnetere Welt, so fühlt es sich für mich komischerweise an.

KANADA

Gleich am Flughafen in den USA, beim Umsteigen in mein Flugzeug nach Kanada, bekomme ich Hektik und Unfreundlichkeit zu spüren. Als ich den Herrn bei der zweiten Gepäckaufgabe nicht gleich verstehe, schreit er mich fast an. Wow, das ist wie ein Schlag ins Gesicht! War es in Südamerika oft lähmend langsam, ist es hier wie bei einem Wettlauf, bei dem der Gegner nicht zu sehen ist. Innere Getriebenheit, Druck von außen – ich weiß nicht, was der Auslöser ist, merke nur, wie gehetzt die Leute auf mich wirken.

Der Anschlussflug startet verspätet, sodass ich erst mitten in der Nacht in Montreal ankomme. Zwar bin ich hier im französischen Teil Kanadas, aber dennoch sprechen zumindest am Flughafen und im Bus alle auch Englisch. Es ist schön, wieder von allen verstanden zu werden und kommunizieren zu können, ohne eine allzu große Einschränkung zu spüren.

Ich mache mich mit dem Bus (der hier rund um die Uhr vom Flughafen in die Stadt fährt!) auf ins Zentrum der Stadt. Mein Hostel ist anscheinend nur 150 Meter von der Bushaltestelle entfernt, aber ich überlege tatsächlich, ganz nach südamerikanischer Art, trotzdem ein Taxi zu nehmen. »Nein, ich bin doch jetzt in Kanada! Das sollte viel sicherer sein«, beruhige ich mich selbst. Trotzdem beäuge ich die Jugendlichen, die rauchend in der Nähe der Haltestelle stehen, skeptisch. Aber sie beachten mich nicht weiter und machen keine Anstalten, mich anzuquatschen.

Das Hostel Samesun ist von außen ein winziges, schmales Haus und sieht eher wie ein Einfamilienhaus aus. Als ich das Hostel betrete, stelle ich erstaunt fest, dass es eine Bar gibt, an der auch jetzt noch, nach Mitternacht, Leute sitzen und eine gute Zeit haben, was auf einen geselligen Aufenthalt hoffen lässt.

Da sich die Hostelpreise hier in Kanada immens von den südamerikanischen unterscheiden, habe ich mich für die nächsten Tage mit einem Bett in einem Zehn-Bett-Zimmer arrangiert. Das befindet sich im Untergeschoss, ist dunkel, voll und müffelt nach vielen Menschen. Ich bin so müde, dass mir das alles egal ist, ich sofort ins Bett verschwinde und in einen tiefen traumlosen Schlaf sinke.

MONTREAL

Back to civilisation wäre zwar etwas übertrieben, aber es ist unglaublich, wie anders alles ist. Nicht nur, dass mir eine komplett andere Atmosphäre entgegenschlägt, auch die Menschen strahlen etwas anderes aus. Wellen von Dynamik, Energie und Geschäftigkeit schwappen mir aus allen Ecken entgegen, Kreativität, Fantasie und Zielstrebigkeit sind unterschwellig in vielen Dingen erkennbar. Haben mich in Südamerika Ruhe, Gelassenheit und unverbindliches, ausgelassenes Leben empfangen, gibt es hier eine gewisse Straffheit, eine immerwährende Aufbruchstimmung und unbändigen Elan. Und dann passiert etwas, das ich nicht erwartet habe: Ich fühle mich verbunden. Es ist ein Stück weit wie nach Hause kommen. Ich vermag nicht zu sagen, ob es daran liegt, dass ich diese Stimmung mein Leben lang kenne und mich deswegen darin wohlfühle, oder ob es daran liegt, dass sie meiner innersten Einstellung entspricht. Prägen uns bestimmte Gewohnheiten und Lebensumstände dermaßen, dass sie sich ganz automatisch passend anfühlen? Wie oft erzählen wir uns im Alltag, dass wir uns doch mehr Eigenschaften der Völker Südamerikas oder Afrikas zu eigen machen sollten? Und doch empfinde ich diese

Schwingungen, die mich hier begleiten, gepaart mit der lässigen kanadischen Art, unglaublich ansprechend. Mir hätte nichts Besseres passieren können, als hier zu landen und mich langsam auf meine Rückkehr nach Deutschland vorzubereiten. Ein Deutschland, das zumindest in meiner Erinnerung vor allem im Alltag, mit einem verantwortungsvollen Job und meinen Ansprüchen an mich selbst, viel hektischer ist. Ja, es scheint ein schmaler Grat zu sein zwischen Produktivität und Überbeanspruchung. Wahrscheinlich ist es deswegen auch wichtig, immer wieder anzuhalten, zu reflektieren, die kleinen Dinge des Lebens zu bemerken und bewusst zu entspannen. Kein Wunder, dass Yoga, Meditation und Waldbaden von immer mehr Menschen praktiziert werden. Ich muss über mich lachen, aber ausgerechnet die Tatsache, dass ich das Klopapier wieder einfach in die Toilette werfen kann und nicht mehr in einen Mülleimer daneben, will mir nicht ohne Mühe gelingen.

Ich wohne ganz in der Nähe von allen interessanten Teilen der Stadt: Old Town, China Town, Mount Royal, Festival Street, Gay Street. Es ist Mittagszeit und viele Arbeitende tummeln sich auf der Straße, um ihre Pause zu genießen. Die Menschen wirken nicht gestresst, aber im Vergleich zu Südamerika ziemlich tatkräftig. Ihre Energie lässt mich aufwachen und treibt mich wie von selbst voran.

Mit ein paar Reisenden aus meinem Hostel streife ich durch die Old Town, wo wunderschöne alte Gebäude neben modernen Hochhäusern stehen, dann wieder stößt man auf eine Gasse im französischen Stil, die in eine ganz normalen Großstadtstraße mündet. Es gibt viel Kunst in der Stadt und fantasievoll gestaltete Ecken. Abends ziehen wir weiter auf ein Straßenfestival, das neben Livemusik künstlerische Street-Art ausstellt und in Szene setzt. Es gibt großartige Gemälde, die Fassaden alter Häuser in einem neuen Licht erstrahlen lassen, außerdem Gemälde auf der Straße in 3D-Perspektive und fantasievolle Skulpturen aus ungewöhnlichen Materialien. Und wieder begegnet mir eine Mischung aus Dynamik, Kreativität und Lässigkeit. Über die nächsten Tage hinweg verfestigt sich dieser Eindruck. Zudem sind die Menschen sehr höflich und aufgeschlossen. Ein paar gestresste Seelen maulen zwar in der

U-Bahn herum, aber ansonsten sind die Kanadier wirklich freundlich und obwohl auch hier, wie in jeder Großstadt, einige Obdachlose und heruntergekommene Gestalten leben, sind sie lange nicht so aggressiv wie in Südamerika.

Montreal verzaubert mich nicht nur mit seiner Dynamik, sondern auch mit unkonventionellen Läden im Viertel *Plateau Mont Royal*. Hier gibt es kleine, stylishe Boutiquen neuer Designer neben Secondhandläden und dazwischen unglaublich viele Cafés und Restaurants mit kleinen Außenterrassen. Einer der Secondhandläden gefällt mir mit seinem außergewöhnlichen Konzept besonders gut. Es fängt bereits beim Betreten des Ladens an: Eine Mitarbeiterin begrüßt mich persönlich, drückt mir eine Tüte Popcorn in die Hand und bietet mir auch noch Apfelsaft an. So ausgestattet, schlendere ich durch den Laden, der mit Kunst und dekorativen Gegenständen sofort für eine Wohlfühlatmosphäre sorgt und sich gleichzeitig einfallsreich und lässig hip präsentiert. Würde es diesen Laden bei mir zu Hause geben, wäre ich wahrscheinlich Stammkundin!

Ich lasse die Shops hinter mir und wandere durch einen kleinen Wald hoch auf den Mont Royal. Für mich ist es vor allem während eines Stadtaufenthalts immer wieder Balsam für die Seele, ins Grüne zu kommen. Mein Aufstieg wird belohnt, der Blick vom Gipfel ist sensationell! Hochhäuser bilden eine beeindruckende Skyline, dazwischen schlängelt sich ein Fluss, der von einer beeindruckenden Brücke überquert wird. Und irgendwo mitten im Bild reckt ein Riesenrad sich kreisrund in den Himmel. Montreal scheint viele Gesichter zu haben, die ich alle erkunden möchte.

So viele verschiedene Eindrücke machen mich hungrig, also gehe ich in ein Restaurant – und zwar allein. Das scheint hier eine Ausnahme zu sein! Zweimal fragt der Kellner nach, ob wirklich niemand anderes mehr dazukommt. Und dann werde ich auch noch von den anderen Restaurantbesuchern komisch angeschaut, wie ich da allein an meinem Tisch sitze. Mir scheint es, als gehe man hier eher in die Imbissbude als allein ins Restaurant. Bähm, willkommen zurück in der Welt der Schubladen! Alles, was sich nicht in die üblichen Strukturen einordnen lässt, wird misstrauisch beäugt – die Schublade für mich scheint gerade zu fehlen, ich habe das Gefühl entweder als »komisch« abgestempelt zu werden oder als »einsam« und »bemitleidenswert«.

Super finde ich, dass man hier seinen eigenen Wein mit ins Restaurant bringen darf. Nicht jedes Restaurant hat eine Liquor-License und daher können alkoholische Getränke mitgebracht werden. Einige Gäste packen ihre Flasche Wein auf den Tisch und der Kellner öffnet sie ganz selbstverständlich.

War es in Südamerika ein Leichtes, mit dem Bus überall hinzukommen, ist es hier in Kanada fast unmöglich kompliziert, abseits der großen Städte seinen Weg mit öffentlichen Transportmitteln zu finden. Ich möchte etwas weiter in den Norden, Richtung Tadoussac,, wo es die typischen weiten Wälder und unzählige Wale geben soll. Mit der Bahn und mehrfachem Umsteigen könnte ich zwar dorthin gelangen, aber das wäre teuer und würde mich außerdem viele Stunden kosten. Ich finde eine Art Mitfahrzentrale, über die ich eine Gelegenheit bekomme, in ein paar Stunden für passables Geld in die Nähe von Tadoussac zu kommen. Es geht in die Kleinstadt Saguenay nordöstlich von Quebec. Von Saguenay ist es nicht mehr weit bis Tadoussac. Meine Reisepläne gehen sogar noch weiter: Ich gebe die Hoffnung nicht auf, von Tadoussac aus doch noch günstig weiter in den Norden, nach Neufundland – meinem eigentlichen Wunschziel – zu gelangen.

Mit meinem Gepäck fahre ich mit dem Bus zum ausgemachten Treffpunkt für die Mitfahrgelegenheit, ein Einkaufszentrum, und ich warte und warte und warte. Langsam steigt leichte Panik in mir auf, schließlich ist es bereits später Nachmittag und wenn mich jetzt niemand abholt, muss ich mir ein neues Hostel sowie eine neue Mitfahrgelegenheit suchen und die nächste Unterkunft in Saguenay ist auch schon gebucht, die müsste ich auch wieder umbuchen … Ich versuche, den Fahrer anzurufen, kann ihn aber nicht erreichen, was nicht gerade zu einer entspannteren Haltung beiträgt. Eine Stunde später kommt endlich doch noch ein Auto angefahren und der 26 Jahre junge Fahrer mit massigen Muskeln entschuldigt sich mit einem charmant schiefen Lächeln und schmeißt meinen Rucksack ohne Mühe in den Kofferraum. Im nächsten Ort steigt noch ein weiterer Fahrgast ein. Er ist Marokkaner und extrem gesprächig. Noch eine Stunde später holen wir einen Freund des Fahrers ab, das Auto ist voll beladen, aber die Stimmung gut. Es ist ein echtes Erlebnis, mit den dreien mitzufahren. Ständig reißen sie Witze, erzählen sich irgendwelche abgedrehten Geschichten über die letzten Wochen, bringen mich zum Lachen, blödeln sinnlos herum. Die Zeit vergeht wie im Flug und wir kommen an meiner neuen Unterkunft an, meinem ersten Airbnb auf dieser Reise. Ein hübsches älteres Haus auf einer kleinen Anhöhe, umgeben von einem großzügigen Garten. Von der Vermieterin, die irgendwo in Kanada wohnt, habe ich zwei Eintrittscodes bekommen – einen für die Eingangstür und einen für mein Zimmer. Als ich an der Eingangstür stehe, kann ich nirgends ein Zahlenpad finden. Es ist inzwischen Mitternacht und stockdunkel, eine Lampe im Außenbereich suche ich vergebens. Steve, mein lustiger Fahrer, sieht mich verzweifelt suchen und steigt aus dem Auto, um mir dabei zu helfen. Ich bin echt froh, dass er warten wollte, bis ich sicher im Haus bin. Zum Glück bemerkt er, dass es noch eine Tür vor der eigentlichen Haustür gibt, die mit einem verdeckten Riegel geöffnet wird. »Das gibt es hier oft«, erklärt er mir lachend und ich kann endlich den Zahlencode eingeben. Der Rest funktioniert einwandfrei. Im Erdgeschoss befinden sich eine schöne Küche und ein riesiges Wohnzimmer, im ersten Stock dann vier Zimmer, die alle mit einem eigenen Zahlenpad ausgestattet sind – wie modern! Ich betrete mein Reich für die nächsten Tage. Es ist ein fantastisch großes Zimmer, supergemütlich eingerichtet: Ein riesiges Bett mit duftender, weißer Bettwäsche und ein nigelnagelneues Badezimmer warten auf mich. Wow, echt erstklassig! Eine echte Erholung nach dem Zehn-Bett-Dorm im Hostel. Aber so, wie es aussieht, scheint hier sonst gerade keiner zu wohnen.

SAGUENAY – TYPISCHE KLEINSTADT

Nach einer traumlosen, aber tiefenentspannten restlichen Nacht mach ich mich auf, um den Stadtteil Chicoutimi der Stadt Saguenay zu erkunden. Der Name Chicoutimi kommt von dem Inuit-Wort *Shkoutimeou* und bedeutet »bis wohin das Wasser tief ist«. Mit seinen rund 60.000 Einwohnern ist es nicht wirklich klein, hat aber einen absoluten Kleinstadtcharakter. Das Ortszentrum umfasst nur ein paar Straßen, besonders hübsch ist es nicht gerade, aber wahrscheinlich sehr typisch für viele kanadische Kleinstädte.

Nach einem ernüchternden Gespräch mit dem Herrn von der Touristeninformation muss ich leider feststellen, dass ich ohne Auto echt aufgeschmissen bin. Es gibt zwar einen öffentlichen Bus, der verkehrt aber wirklich nur zu Zielen in nächster Nähe oder zurück in die großen Städte. Bärenbeobachtung, Whalewatching, Wandern ..., keine Chance ohne Auto. So ein Mist, da bleibt mir nichts anderes übrig, als doch noch ein Auto zu mieten.

Zurzeit fühle ich mich nicht besonders fit und bin ständig müde, sodass es mir ganz gelegen kommt, hier nicht viel machen zu können und ein wunderbar bequemes Bett zu haben. Ich schlummere vor mich hin, plane die nächsten Tage, mache einen Stadtspaziergang und besuche das Stadtmuseum. Hier ist wirklich nicht viel los.

Meine finanziellen Ressourcen gehen langsam zur Neige. Einerseits will ich nach Hause, zurück nach Deutschland, meine Familie und Freunde wiedersehen, aber andererseits auch nicht. Vielleicht auch einfach nur, weil ich nicht weiß, wie es dort weitergehen wird. Und irgendwie würde ich gern noch etwas richtig Authentisches erleben, aber ich weiß noch nicht, was das genau sein könnte. Schade, dass es mit dem Volontariat auf Aruba nicht geklappt hat, das wäre ein perfekter Abschluss meiner Reise gewesen. Und während ich so in Gedanken über die letzten Monate und meine Zukunft in Deutschland versinke, bin ich mir plötzlich sicher, dass Kanada meine letzte Station auf dieser Reise sein wird. Ja, es ist Zeit, zurückzugehen. Auf der einen Seite möchte ich noch so viele Länder, Naturschönheiten, Skurrilitäten sehen und inspirierende Menschen kennenlernen, andererseits ruft mein Geist nach einer Pause, in der ich alle Eindrücke und Erlebnisse verarbeiten und in die Tiefe meines Herzens sacken lassen kann. Ich habe Sehnsucht, mich wieder im Kreis von Gewohntem zu bewegen, täglich mit meinen Liebsten die Banalitäten des Alltags zu erleben. Es ist, als säßen Teufelchen und Engelchen auf meinen Schultern, denn ich weiß genau, dass es schwierig wird, irgendwann wieder den Anfang für weitere lange Reisen zu finden. Erst mal in einem Job

gestartet, wird eine mehrmonatige Pause fast unmöglich werden. So viele unterschiedliche Herzen brennen in meiner Brust, die sich scheinbar nicht vereinbaren lassen. Der Weg scheint nicht klar, dafür die Ungewissheit groß. Aber genau diese verschwommenen Umrisse einer Zukunft ermöglichen neues Denken, neue Entwürfe, neue Ideen und Impulse. Auch darauf muss ich vertrauen, mich wieder auf Ungewisses einlassen, offen sein, für was auch immer kommen mag. Gerade wegen dieser Gedanken und des nahenden Endes meiner Reise möchte ich die verbleibenden Wochen noch so gut wie möglich nutzen, mir noch einmal etwas ermöglichen, das ich mir schon immer gewünscht habe. Bilder von Roadtrips durch verlassene Wälder, Blockhütten an einsamen Seen und Lagerfeuer tauchen vor meinen Augen auf. Einmal auf einer Farm leben wäre auch noch schön, vielleicht im Rahmen eines weiteren Workaway-Erlebnisses?

Bevor ich allerdings weiterziehe, treffe ich noch mal meinen jungen Fahrer und seinen Freund, die mich hierhergebracht haben. Steve und Jackson warten bereits im Pub an der Hauptstraße auf mich. Das Pub ist klein und in die Jahre gekommene Holztische pflastern die Seiten des Raumes. Nur vor einer winzigen Bühne ist etwas Platz zum Stehen und Tanzen, dafür ist die Bar, an die sich die Jungs lässig lehnen, umso größer. Heute Abend wird hier eine lokale Band Rock Coversongs performen. Das Wiedersehen ist herzlich und ich werde auch von ihren Freunden mit offenen Armen aufgenommen. Die Kanadier haben keine Scheu und fragen mich über Deutschland aus, witzeln herum und zusammen tanzen wir später ausgelassen zu den Songs der Band. Es ist ein kurzweiliger Abend, lebendig, lustig und voller Emotionen.

Es ist bereits 1 Uhr, als ich zurück ins Airbnb komme. Hundemüde schmeiße ich meine Jacke und meine Handtasche auf einen Sessel in meinem Zimmer und hole mir aus der Küche noch schnell ein Glas Saft als Gute-Nacht-Drink. Als ich in mein Zimmer zurück möchte, funktioniert das Schloss an der Zimmertür nicht. Ratlos stehe ich vor der Tür und kann nur immer wieder erneut auf das Zahlenpad tippen. Ich bin froh, dass es nur das Zahlenschloss ist und ich nicht vor der Haustür stehe! Natürlich habe ich nichts bei mir, kein Handy, kein Geld, gar nichts. Genau in dem Moment, als meine Gedanken anfangen panisch durch mein Gehirn zu hetzen, um eine Lösung zu finden, höre ich Geräusche aus der Küche. Es ist das Pärchen, dass hier dauerhaft im hinteren Teil des Hauses zu leben scheint. Juhu! Schnell renne ich die Treppen hinunter, doch die beiden sind bereits in ihrem Bereich verschwunden. Nein, nein, nein! Die zwei sind meine einzige Chance, nicht auf dem Küchenfußboden übernachten zu müssen! Mit wilder Entschlossenheit hebe ich die Hand und klopfe an die Tür. Nichts regt sich. Noch mal klopfe ich länger und kräftiger, begleitet von meinem verzweifelten »Hello! Anybody here?«. Weitere zähe Minuten verstreichen, bis ich Schritte hinter der Tür vernehme. Was für ein Glück! Ich erkläre kurz die Situation und frage, ob sie netterweise die Vermieterin kontaktieren könnten. Die beiden sind verständnisvoll, holen ihr Handy, sind sich aber natürlich nicht sicher, ob die Vermieterin mitten in der Nacht auch abnehmen wird. Es klingelt und klingelt am anderen Ende, aber niemand nimmt ab. »Wir trinken jetzt einen Tee und dann probieren wir es noch mal«, versucht mich Amanda zu beruhigen. Eine genussvolle Tasse Tee schlürfen sieht anders aus – ich kippe mir die heiße Flüssigkeit in Rekordzeit den Rachen hinunter. Amanda mustert mich amüsiert und verspricht mir eine Decke, falls wir die Vermieterin nicht erreichen. Die Wahlwiederholung gedrückt, lauschen wir dem Klingeln. Das Universum ist auf meiner Seite, beim achten Klingeln nimmt die Vermieterin endlich ab. Mit dem Telefon in der Hand dirigiert sie mich nach oben. Als die Tür auch mit ihren Tricks nicht aufgeht, gibt sie mir den Code des gegenüberliegenden Zimmers. Das ist im Moment nicht vergeben und zumindest steht hier ein Bett zum Schlafen. Die Vermieterin entschuldigt sich mehrmals und verspricht, gleich morgen Vormittag jemanden vorbeizuschicken, der das Schloss repariert. Amanda freut sich mit mir, dass sich so unkompliziert eine Lösung gefunden hat, und bietet mir an, jederzeit bei ihr zu klopfen, falls ich noch etwas brauche. Ich bin überrascht und dankbar, so viel Verständnis und Hilfe mitten in der Nacht zu bekommen. Da es inzwischen halb drei Uhr morgens ist, verschlafe ich die frühen Morgenstunden und als ich gegen elf in die Küche schlurfen möchte, hängt bereits ein Zettel an meiner Zimmertür: »Das Schloss funktioniert wieder. Bitte entschuldigen Sie die Unannehmlichkeiten«. Begeistert gebe ich den Zahlencode ein und freue mich wie ein kleines Kind, wieder zwischen meinen verstreuten Sachen zu stehen. Das ging nun wirklich unkompliziert! Da habe ich mir wieder völlig umsonst so viele Sorgen gemacht.

Bei Amanda und Ben bedanke ich mich mit einem Abendessen. Mein Abschiedsabend sozusagen. Morgen geht es mit dem Leihwagen nach Tadoussac, einem kleinen Örtchen, in dem der Fluss Saguenay und Saint Laurent zusammenfließen. Tadoussac ist eine der ersten Siedlungen Nordamerikas. Im Jahr 1535 gründete ein französischer Händler hier einen Handelsposten für Felle, heute werden vor allem Natur- und Tierliebhaber angezogen. Der Ort ist besonders für die vielen Wale bekannt. Belugawale, Minkwale, Blauwale, Buckelwale und Pottwale teilen sich den schmalen Sankt-Lorenz-Strom. Warum gerade hier? Vor Urzeiten war hier alles von Eis überzogen und hinterließ tiefe Unterwasserschluchten mit kalten Wasserströmen, die heute noch für eine besonders üppige Krillpopulation sorgen. Seither kommen die Wale jede Jahr im Frühsommer nach Verschwinden des winterlichen Eises zurück, um sich die Mägen mit Krill vollzuschlagen und sich ordentlich Speck anzufuttern. Wale zu sehen, darauf freue ich mich unglaublich!

TADOUSSAC – KAJAKFAHRT DER BESONDEREN ART

Nach fast einem Jahr wieder Auto zu fahren, fühlt sich seltsam an. Als ich in meinem kleinen weißen Flitzer sitze, das Städtchen Saguenay hinter mir lasse und durch die unendlich scheinenden Wälder fahre, wird mir mit einem Mal klar, wie sehr ich die Freiheit liebe, die mir das Autofahren schenkt. Hinfahren, wohin ich will, wann ich will, unabhängig von allem und jedem. Es fühlt sich wunderbar an! Obwohl die Busverbindungen in Südamerika gut sind, habe ich es wirklich vermisst, uneingeschränkt bestimmen zu können, wann und wohin ich mich bewege. Die Sonne scheint, die Laubbäume leuchten in hellem Grün, durchsetzt vom dunklen Schwarz-Grün der Tannen. Hier ein kleiner See, dort ein gemächlicher Fluss, der, je nach Lichteinfall, mal tiefblau, mal dunkelbraun, mal schwarz erscheint. Und diese Weite – wohin ich auch schaue, sehe ich nur Wald. Es ist restlos beeindruckend und vereinnahmt alle meine Sinne. Die Straßen sind breit, in gutem Zustand und es gibt kaum Verkehr. So ist es absolut entspannt zu fahren, hier könnte ich mir einen längeren Roadtrip gut vorstellen, wochenlang mit dem Campervan gen Norden nach Labrador, Neufundland oder auch in die Arktis zu cruisen.

In Tadoussac erkundige ich mich, wie ich von hier aus nach Neufundland kommen könnte. Es gibt eine Fähre, aber die ist über Monate bereits ausgebucht. Alternativ könnte ich einen überteuerten Flug nehmen oder mit dem Auto Richtung Norden bis zu einer weiteren Fährstelle fahren. Allerdings endet die befestigte Straße rund 800 Kilometer nach Tadoussac, danach gibt es einen weiten Teil unbefestigter Straßen ohne Handyempfang. Ich müsste ein Satellitentelefon mitnehmen und auch alles Weitere, was ich zur Versorgung bräuchte. Lust hätte ich auf diese Herausforderung schon, aber allein? Auf gar keinen Fall! Eine Mitfahrgelegenheit lässt sich auf die Schnelle nicht finden und auch Ralph ist überhaupt nicht begeistert von meiner Idee, eventuell alleine durch das Gebiet zu fahren. Außerdem bräuchte ich viel mehr Zeit, um mich vorzubereiten oder weitere Mitreisende zu finden. Schade, aber an dieser Stelle siegt die Vernunft. Vielleicht das nächste Mal – und dann im Herbst, im gigantischen Farbenspiel des Indian Summer, wenn die Blätter der Bäume sich intensiv verfärben und alles in ein Meer aus Farben verwandeln.

Am nächsten Tag möchte ich den Giganten der Meere näher kommen. Früh am Morgen treffe ich am Flussufer auf die anderen Abenteuerlustigen, die mit mir auf Walbeobachtung gehen. Wir sind zu neunt: eine amerikanische Familie, ein Paar aus dem Westen Kanadas und unsere zwei Guides.

Wir alle haben uns bewusst für das umweltfreundliche und leise Whalewatching per Kajak entschieden. Natürlich kann man die Giganten auch mit dem Motorboot suchen, aber die Variante mit dem Kajak gefällt mir um ein Vielfaches besser, auch um die Tiere zu schonen. Ich bin sehr gespannt auf dieses intensive Erlebnis!

Morgennebel liegt über dem Sankt-Lorenz-Strom, taucht ihn in ein mystisches Licht und nur in Ufernähe hellen die ersten Sonnenstrahlen die Umgebung auf. Wir sind inzwischen in wärmende Neoprenanzüge gepackt und genießen die ersten Sonnenstrahlen, die unsere Gesichter auftauen und die nebelige Feuchtigkeit aus der Luft ziehen. Unser Guide Alexandre kennt die Lieblingsplätze der Wale und so stehen unsere Chancen nicht schlecht, selbst im Nebel einen Wal aus der Nähe zu entdecken. Entlang der Küste gleiten wir fast lautlos dahin, als keine zehn Meter von uns entfernt ein grauer, großer Körper sich funkelnd in die Sonne hebt und galant wieder in die Tiefen abtaucht. Keine zwei Sekunden später taucht ein zweiter auf. Von einem kräftigen Schnaufen und einer kleinen Wasserfontäne begleitet, taucht der rund zehn Tonnen schwere Wal an die Oberfläche, um Luft in seine Lungen zu pumpen. Der Anblick zieht uns in seinen Bann, keiner bewegt sich mehr und sogar die Kinder verstummen vor Ehrfurcht. Mehr als 50 Millionen Jahre gibt es diese wundervollen Geschöpfe bereits, die hier gerade in unmittelbarer Nähe ruhig und majestätisch durchs Wasser gleiten. Das Gefühl, das mich erfasst, ist unglaublich intensiv. Berauschend und erhebend und gleichzeitig erdend – so viele Emotionen rasen durch mich hindurch. Ungefähr acht Meter ist der Wal lang. Eigentlich ein eher kleines Exemplar und dennoch lässt er unsere Kajaks wie kleine Nussschalen in den Wellen schaukeln. Es ist wieder einer dieser Momente auf meiner Reise, die ich ein Leben lang nicht vergessen werde. Ein faszinierender Augenblick, ich mittendrin, als ein Teil des großen Ganzen. Wie Spielzeugfiguren erscheinen wir neben dem Wal, mitten im Wasser vor den Felsen am Ufer und der wilden Rauheit der angrenzenden Landschaft. Die Wale gleiten in nüchterner Schönheit mit gelassenen, majestätischen Bewegungen weiter flussaufwärts und verschwinden aus unserem Sichtfeld.

Die amerikanische Familie hat mich auf ihren Campingplatz in Bergeronne eingeladen. Der Zeltplatz hat eine gigantische Lage. Die einzelnen Zelte stehen verstreut auf den Klippen, direkt am Wasser. Gemütlich am Feuer sitzend, erzählen wir uns Reisegeschichten und genießen den grandiosen Blick. Auf einmal sehen wir Schatten im Wasser, die in etwa 20 Metern Entfernung vorbeiziehen. Bestimmt zehn Wale, wahrscheinlich Finnwale, gleiten anmutig und leise durchs Wasser und ziehen an uns vorbei. Ein zauberhafter Moment! Ich bin begeistert und danke den Amerikanern freudestrahlend für ihre Einladung.

Die Umgebung schreit förmlich danach, von mir erkundet zu werden. Ich stehe vor einem Schild am Einstieg zu meiner Wanderroute, das darauf hinweist, dass sowohl Bären als auch Menschen diesen Weg nutzen. Aber gut, ich bin hier in Kanadas Wäldern, was habe ich erwartet? Man hat mir versichert, dass die hiesigen Bären, im Vergleich zu den Grizzlys an der Westküste, nicht sonderlich aggressiv seien – was auch immer das im Ernstfall für mich heißen mag. Also gibt es wieder nur eine Möglichkeit, einen entspannten Tag zu verbringen: Kopfkino ausschalten, wachsam bleiben, aber nicht nervös werden und einfach vertrauen. Leichter gesagt als getan, nach einer Stunde entdecke ich Spuren im Matsch, von denen ich mir einbilde, dass sie von einem Bären sind. Dahin ist meine Ruhe und jedes Rascheln im Gebüsch lässt mein Herz panisch hüpfen. Ich singe tapfer vor mich hin, laute Geräusche sollen die Bären davon abhalten, näher zu kommen. Vor ein paar Tagen war ich bei einer Bären-Beobachtungstour, die mich jetzt noch verfolgt. Natürlich mit Guide, der uns in sicherer Entfernung platziert hatte, konnten wir, umschwirrt von Tausenden von Moskitos, Schwarzbären beobachten, wie sie sich an den ausgelegten Leckereien zu schaffen machen. Ja, die sind schon ganz schön groß und ich kann mir sehr gut vorstellen, wie ein Prankenhieb mich außer Gefecht setzen würde.

Diese Gedanken helfen mir hier überhaupt nicht weiter, aber nach einer weiteren Stunde durch den Wald habe ich mich wieder beruhigt und kann den Rest der Wanderung doch noch genießen. Im Nachhinein war es eine ganz normale Wanderung ohne Zwischenfälle. Wenn der liebe Kopf mir nicht immer wieder dazwischenfunken würde…

QUEBEC – DER BESTE BIERGARTEN

Am nächsten Tag geht es schon wieder zurück nach Saguenay, um das Auto zurückzugeben. Als nächstes Ziel habe ich mir Quebec ausgesucht. Meine Mitfahrgelegenheit ist dieses Mal Magali, Mutter von drei Kindern und auf dem Weg zu ihrer Tante. Sie hat einen indigenen Schwager und erzählt mir einiges darüber, wie die sogenannten First Nations heute in Kanada leben. Ich finde es unglaublich interessant und nehme mir vor, mehr darüber herauszufinden.

In Quebec lande ich in einem Monsterhostel mit rund 260 Betten. Das ist Rekord auf meiner bisherigen Reise. In meinem Acht-Bett-Zimmer sind lauter junge Mädels um die 20. Bisher hatte ich so viel Glück mit all den Menschen, die ich in meinen Zimmern, Hostels und Camps getroffen habe, aber hier scheinen unsichtbare Barrikaden zwischen meinen Zimmergenossinnen und mir zu stehen, die den Mädchen nicht erlauben, mit mir zu sprechen. Vielleicht erinnere ich sie an ihre Eltern? Unreif und sehr unentspannt lassen sie sich nicht mal ansatzweise auf ein Gespräch ein. Aber bei 260 Betten wird sich bestimmt ein anderes Bett für mich finden. Die netten Leute an der Rezeption verstehen und finden ein neues Zimmer für mich. Wunderbar, dort fühle ich mich gleich wohler.

Quebec ist eine Stadt zum Genießen. Die Innenstadt ist nicht besonders weitläufig, es gibt viele schöne Gebäude mit altem Charme und schmale Sträßchen. Ein Schloss am Rande zieht alle Blicke auf sich, Kneipen, Restaurants und illuminierte Gassen im Viertel *Petit Champlain* verbreiten eine gemütliche Stimmung. Nachdem ich einiges erkundet habe, versuche ich noch etwas mehr über die Native Americans herauszufinden. Rund eine Dreiviertelstunde mit dem Bus entfernt liegt Wendake, mein heutiges Ziel. Ich betrete das *Huron-Wendat Reservat* des Stammes der *Huron*, in dem sich der Huron Traditional Site mit einem Museum befindet. Ich weiß nicht, was ich mir genau unter einem Reservat vorgestellt habe. Vielleicht etwas Ähnliches wie einen Nationalpark? Ich bin jedenfalls erstaunt, dass sich das Gebiet um das Museum nicht sonderlich von anderen Gegenden unterscheidet. Ganz normale Häuser einer kleinen Stadt, oft aus Holz mit der typischen Veranda vor der Tür. Allein einige Schnitzereien und ein hölzerner Totempfahl machen mir bewusst, dass die Ureinwohner Kanadas, die First Nations, hier wohnen. Wie viele andere wahrscheinlich auch habe ich mich nach Winnetou in Kindertagen nicht mehr intensiver mit der tatsächlichen Geschichte der Native Americans auseinandergesetzt, wenig mitbekommen, wie ihr heutiges Leben tatsächlich aussieht. Mir ist bewusst, dass ich eine sehr romantisierte und wahrscheinlich realitätsferne Vorstellung von den Indigenen habe. Umso gespannter bin ich auf die Realtiät. Im Museum erwarten mich Schautafeln und Alltagsgegenstände des traditionellen Lebens des Stammes der Huron. Es ist wirklich interessant, aber die Aufarbeitung der Einwanderung und die Verdrängung durch die Europäer schockieren mich. Obwohl es in Kanada nicht das Ziel war, die indigenen Völker auszulöschen, wurden bis in die 80er-Jahre gewaltsam durchgesetzte Verbote erlassen. Die Kultur und Traditionen der First Nations sollten zerstört werden. Eine ältere Frau aus dem Huron-Stamm gibt uns eine Führung durch das Museum. Sie erzählt uns, wie schlecht die First Nations behandelt wurden, wie sich ihr Volk weiterentwickelt hat und dass man versucht hat, ihre Kultur und Sprache zu verbieten. Kinder wurden ihren Eltern vom Staat entrissen und in Internate gesteckt, gedemütigt, schlecht behandelt und gepeinigt. Man merkt ihr deutlich an, wie es sie aufwühlt, darüber zu sprechen. Für mich ist das alles nur schwer vorstellbar. Ist Geschichte häufig abstrakt, berühren mich diese Erzählungen tiefer gehender Weise besonders. Die 80er-Jahre habe ich durchaus bewusst wahrgenommen, kann mir aber solche Grausamkeiten kaum vorstellen, hatte ich doch eine behütete Kindheit, die mich weit weg von den dunklen Abgründen in anderen Ländern gehalten hat. Die Geschichte hat hier deutliche Narben hinterlassen, die jetzt aufgearbeitet werden. Das merke ich, als wir ins Gespräch kommen und ich nach Traditionen, Bräuchen und der indianischen Medizin frage und sie mir mit Nachdruck klarmacht, dass Außenstehende keinesfalls an irgendwelchen Sitzungen oder Treffen teilnehmen dürften. Zu tief sitzt die Erinnerung an die grausame Einmischung von außen. Sie verurteilt die Menschen, die beispielsweise in Europa Kurse zu indianischer Heilkunde anbieten und damit Geld verdienen wollen. »Das ist Teil unserer Religion und hängt mit vielen anderen Aspekten unseres Lebens zusammen. Religion und Glaube sollten nicht in Zusammenhang mit Geld gebracht werden, sondern vielmehr innerer Überzeugung und einer bestimmten Lebensweise entsprechen«, sagt sie mit Nachdruck. Ich merke, dass ich hier eine Grenze überschreite, obwohl ich ihr erkläre, dass so mehr Menschen über die wahren Beweggründe und Hintergründe ihrer Kultur erfahren könnten. Aber das möchte sie gar nicht. Ich habe das Gefühl, dass die Indigenen so traumatisiert sind, dass sie froh sind, überhaupt noch eine Kultur zu besitzen. Sie versuchen inzwischen das Land der Reservate rechtmäßig als das ihre vom Staat anerkennen zu lassen, beißen damit aber auf Granit beim Staat.

Unser Guide führt uns in ein *Longhouse*, die traditionelle Behausung der Huron. Ungefähr zwanzig Meter lang, sechs Meter breit und fünf Meter hoch, wird das Longhouse von einem Stangengerüst aus unterschiedlich dicken Ästen und Baumstämmen gehalten. Der Dachfirst wird durch die zusammengebundenen Äste gebildet und von großen überlappenden Rindenstücken abgedeckt. In der Mitte, in einer Art Gang, befinden sich mehrere kleine Feuerstellen in Steinkreisen, rechts und links sind Plattformen auf zwei Höhen angebracht. Flauschige Bären- und Waschbärfelle liegen auf der ersten Etage und markieren Schlafplätze. Ein Köcher mit Pfeilen hängt an einem Pfosten und Trommeln und Rasseln stecken in einem ledernen Beutel. Eine Babytrage aus Leder, mit süßen, kleinen Mokassins und einer Holzperlenkette, wiegen sanft im Wind. Auf der zweiten Ebene hängt ein Kanu kopfüber an der Decke. »Bis zu zehn Familien konnten in diesem Longhouse zusammenleben«, erklärt uns unser Guide. Und ich mache mir Gedanken, wenn ich mal in einem Acht-Bett-Dorm schlafen muss ...

Wieder im Hostel zurück, treffe ich zwei Deutsche im Innenhof, die wie ich ein wenig die Sonne genießen. Spontan schließen wir uns zusammen, um ein wenig mehr von Quebec kennenzulernen. Ben aus Frankfurt, Lisa, die gerade eine Studienpause eingelegt hat und ursprünglich aus Nürnberg stammt, und ich landen in einem außergewöhnlichen Biergarten namens *La Cour Arriere du Festibiere*. Er liegt oberhalb des Hafens und gibt den Blick auf die hereinschippernden Schiffe frei. Wir ergattern Liegestühle, die sich mitten im niedrigen Wasser eines Pools um einen kleinen Tisch reihen, und können einfach unseren geschundenen Füßen eine wunderbare Abkühlung gönnen. Einfach herrlich – mit den Füßen im kühlen Nass zu planschen, sich relaxt in den Liegestuhl zurückzulehnen und einen kühlen Wein zu genießen. Bester Biergarten ever!

OTTAWA UND KANADAS FARMLEBEN

Wieder ist eine Mitfahrgelegenheit Mittel der Wahl, um nach Ottawa, meinem nächsten Ziel, zu gelangen. Ich bin aufgekratzt, wie immer, wenn ich wieder in eine andere Stadt ziehe. Mit meinem riesigen Rucksack und meinem kleinen, aber stetig größer werdenden Rucksack vorn, wackele ich zum Bus, mit dem ich bis zum ausgemachten Treffpunkt komme. Ich fahre mit fünf Leuten Richtung Ottawa. Drei steigen in Montreal aus, dafür kommen drei neue an Bord. Die Kommunikation läuft verhalten. Der Fahrer, der ungefähr in meinem Alter ist, hat die Vorstellung, dass in Deutschland jeder in Wohlstand lebt. »Nein, in Deutschland ist nicht jeder reich und nicht allen geht es supergut«, mache ich ihm klar. Ich bin überrascht, dass sich dieses Klischee bis hier in den Osten Kanadas hartnäckig hält. »Der Lebensstandard ist ungefähr wie in Kanada«, sage ich ihm und ernte einen ungläubigen Blick.

In der Millionenmetropole Ottawa wohne ich nah am Stadtzentrum in einem alten Gefängnis, das zum Hostel umgebaut wurde. Das historische Sandsteingebäude mit den schwarz vergitterten Fenstern wirkt imposant und obwohl die Geschichte um das Gebäude sehr interessant ist, fühlt es sich auch etwas befremdlich an, hier zu übernachten. Hier gibt es immer noch Zellentüren, Fallgitter, damit sich im Treppenhaus niemand hinunterstürzen kann, und überall Infotafeln, die über die Gefangenen berichten. Der Speisesaal wurde annähernd so belassen, wie er früher aussah: etwas dunkel und spartanisch eingerichtet. Das Frühstück kann sich allerdings sehen lassen.

Es wird eine Führung durch das Gebäude angeboten, die ich natürlich mitmache. Ich bin entsetzt, was hier alles bis 1976 passiert ist! Das ist noch nicht lange her! Es müssen grausame Zeiten gewesen sein. Wochenlange Einzelhaft, zum Teil 23 Stunden am Tag angekettet am Boden. Die winzigen Todeszellen reihen sich aneinander, der Gang davor hat zwar Fenster, aber keine Fensterscheiben, sodass die Gefangenen die Eiseskälte von zum Teil –30 Grad im Winter aushalten mussten. Der Galgen, der für öffentliche Hinrichtungen genutzt wurde, hängt heute noch und lässt mich erschauern. Wirklich grusеlige Bilder entstehen in meinem Kopf – aber ich wollte ja unbedingt hier übernachten!

Zum Glück bringt mich das schöne Ottawa auf andere Gedanken. Ottawa hat wunderschöne historische Gebäude, wie das Parlament und ebenfalls ein Schloss, das heute ein Hotel ist und auf einem Hügel thront. Rund um den *Bayward Market*, eine kleine Markthalle, befinden sich Unmengen an Restaurants und Kneipen. Ich liebe die lockere kanadische Einstellung, die mich hier willkommen heißt und mit offenen Armen hineinzieht in ausgelassene, fröhliche Stunden. Tatsächlich könnte ich mir hier ein Leben auf längere Zeit vorstellen.

Um mich noch ein wenig tiefer auf die Kanadier einzulassen und einen weiteren Punkt meiner Bucket List abzuhaken, werde ich die nächsten zwei Wochen auf einer kleinen Selbstversorger-Farm ungefähr eine Stunde von Ottawa entfernt verbringen. Also fahr ich nachmittags die 20 Minuten mit dem Bus hinaus aus der Innenstadt, um mich mit Ellie zu treffen. Auf ihrer Farm werde ich 14 Tage lang leben, Tiere versorgen, Gartenarbeit erledigen und hoffentlich das kanadische Familienleben auf dem Land kennenlernen. Sie scheint sehr nett und offen zu sein, wir kommen gleich ins Gespräch und haben einen Draht zueinander. Als wir auf der Farm ankommen, bin ich etwas erschrocken, wie unordentlich es ist. In der Einfahrt liegt Müll herum, ein alter Kühlschrank steht da, überall liegt irgendwas. »Wir misten gerade unser Haus aus und würden uns freuen, wenn du auch mithilfst, unsere kleine Farm zu einem noch schöneren Ort zu machen«, gibt sie mir zu verstehen. Auf den ersten Blick scheint nichts seinen Platz zu haben und auch im Haus herrscht das Chaos. Okay, ich habe auf meiner Reise gelernt, die Dinge nicht vorzuverurteilen, sondern einfach auf mich zukommen zu lassen, und genau das mache ich jetzt. Die ganze Familie heißt mich herzlich willkommen. Die beiden Söhne Noah und Lucas mit ihren 11 und 17 Jahren erklären mir sofort aufgeweckt ihre Familien-Farm. Ellies Mann Andrej erzählt mir mit wild wippenden Locken, dass er ursprünglich aus Serbien kommt, aber schon lange in Kanada wohnt. Die entspannte und herzliche Atmosphäre macht das bisschen Chaos wett, irgendwie passt es zu dieser Familie, muss vielleicht so sein.

Meine Aufgabe in den nächsten Tagen besteht darin, die Gemüsebeete von Unkraut zu befreien, Rankhilfen zu bauen und mich um ein Pony zu kümmern. Auf der Farm gibt es noch Hühner, Ziegen, einen kastrierten Bullen, junge Truthähne, einen Hund, zwei Katzen, Hasen und Meerschweinchen. Aber alles wird nicht geschlachtet oder verkauft. Ich bin verwirrt, das hatte ich mir anders vorgestellt. Doch wenn ich ehrlich bin, finde ich es sogar besser, als auf einer profithungrigen Farm mit unzähligen Tieren zu volontieren, die nur für einen Zweck gehalten werden – irgendwann als Schnitzel auf dem Teller zu landen. Das gezogene Gemüse wird für den Eigenbedarf genutzt, also nicht besonders rentabel und effizient, aber irgendwie nett. Hier herrscht kein Druck, ich darf mir Zeit lassen, so viel ich will. Pausen soll ich auch machen, wie ich sie brauche, und die fünf Stunden Arbeitszeit werden auch nicht überprüft. Das ist sehr entspannt. Die Familie hat allerdings eine unbändige Energie, sodass sie ständig unterwegs ist und irgendwelche neuen Dinge anstellt. So helfe ich auch noch mit beim Kochen und Waschen und was sonst noch anfällt. Im Gegenzug gibt es Unmengen zu essen und ein weiches Bett.

Auf der Farm ist immer etwas los, ständig kommt jemand auf einen Kaffee vorbei, Freunde von Noah und Lucas sitzen mit am Tisch, man tauscht sich aus, lauscht Geschichten. Einige Tage nach meiner Ankunft bekommen wir weiteren Zuwachs: Eine vierköpfige deutsche Familie mit zwei Mädchen im Teenageralter und eine 17-jährige Spanierin kommen auch zum Volontieren. Das bringt noch mal eine ganz andere Energie auf die Farm. Nach den ganzen Monaten, die ich in anderen Ländern verbracht habe, sehe ich die deutsche Familie mit einem anderen Blick. Ich komme mir vor wie ein Beobachter von außen und erkenne mich selber in ihnen wieder, geprägt von der deutschen Lebensweise. Doch aus meiner neu gewonnenen Distanz heraus sehe ich auch, wie strukturiert und ergebnisorientiert sie agieren. Die Dynamik ist hoch, aber auch immer ein Stück weit von selbst auferlegtem Druck begleitet. Das ist sehr interessant zu beobachten! Ja, so war ich vor fast einem Jahr auch noch. Doch es hat sich etwas verändert. Ich bin gelassener geworden, reflektierter, kann andere Lebens- und Denkweisen mehr akzeptieren; kann mehr genießen, mehr wirken lassen, mehr sein, weniger wollen.

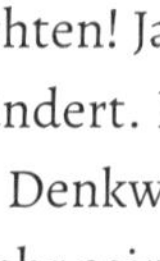

Jeder Tag wird noch ein wenig bunter. Wir entrümpeln alle zusammen das Haus, springen auf dem Trampolin und suchen Eier bei den Hennen.

In der Dämmerung ist es draußen nicht auszuhalten. Tausende von Schnaken fressen uns auf, sobald wir aus der Verandatür treten. Es ist schrecklich und wir losen jedes Mal aus, wer den Salat zum Abendessen im Garten holt und die Challenge: »Wer kommt mit den wenigsten Schnakenstichen zurück«, gewinnt.

Nachmittags gehen wir baden am See, fahren mit dem Fahrrad ins nächste Dorf, besuchen den Umzug zum Canada-Day im benachbarten Städtchen. Das ist eine verrückte Sache. Die Menschen sitzen in Stühlen am Straßenrand oder stehen in Grüppchen zusammen. Überall wehen Fahnen, große kanadische Flaggen hängen an den Häuserwänden herunter, überhaupt ist alles rot und weiß. Die Parade, die durch die Straßen zieht, ist bunt gemischt. Pompös gestaltete Wagen, aus denen laute Musik tönt, bahnen sich langsam den Weg durch die Leute. Aber auch verkleidete Reiter und Oldtimer gehören zur Parade. Es ist ein bisschen wie an Fasching bei uns, fantasievoll und prächtig mit viel Tamtam und Getöse. Jeder kann mitmachen und der jubelnden Menge zuwinken. Nach rund einer Stunde ist die Parade vorbei. Noah und Lucas waren ebenfalls Teil der Parade und sind völlig elektrisiert von dem Erlebnis. Wild gestikulierend erzählen sie uns, was sie alles unterwegs erlebt haben. Mit der landestypischen Spezialität Poutine, das sind Pommes mit Käse in Bratensoße, und reichlich Cola beenden wir das Erlebnis Canada-Day.

Drei Tage bevor meine Zeit auf der Farm zu Ende wäre, laden mich Ellie und ihre Familie auf einen Kurzurlaub ein. »Möchtest du mit uns ein paar Tage an einen See fahren? Wir feiern dort meinen Geburtstag und verbringen ein paar entspannte Tage«, fragt sie mich und wieder einmal freue ich mich über die Möglichkeit, spontan zu sein und einfach zusagen zu können. Wenn ich ehrlich bin, war das eines meiner Bilder im Kopf, die ich von Kanada hatte: irgendwo im Nirgendwo zu sein, Bäume, wohin das Auge schaut, ein dunkelblauer See vor mir, in dem sich die Sonne glitzernd spiegelt. Wie cool, da bin ich natürlich dabei!

Es ist ein Traum dort! Genau wie ich mir Kanada vorgestellt habe: mit einer Blockhütte im Wald, kein Strom und direkt am See gelegen. Wir kommen nachts an, es ist bereits dunkel. Von der Hauptstraße fahren wir in einen unbeleuchteten Waldweg ab. Schon nach wenigen Metern wird aus der betonierten Fahrbahn ein unbefestigter, enger Weg durch dunkle Tannen, die sich bis zu dem kleinen Hüttendorf durchschlängeln. Neben einer großen Blockhütte mit Küche, Aufenthaltsraum und einem kleinen, verglasten Wintergarten gibt es noch drei weitere kleine Hütten. In der Dunkelheit lässt sich noch nicht alles erkennen und die kleinen Gaslampen, die unsere Hütten beleuchten, geben nur ein schummriges Licht ab, das gerade mal für die Innenausleuchtung reicht. Ich darf die mittlere Hütte mit zwei Schlafplätzen für die nächsten Tage mein nennen. Als ich für ein paar Minuten noch allein vor der Hütte stehe und über diesen ursprünglichen Ort nachdenke, höre ich durch die Dunkelheit das Knacken von Ästen und ungewöhnliche Geräusche, die ich nicht zuordnen kann. Ist das ein Wolf? Ein Kojote? Woher kommen diese Laute? Etwas weiter entfernt sehe ich zwei grüne Augen in der Dunkelheit durch die Baumstämme leuchten. Ist das gruselig! Schnell gehe ich wieder zurück in die Hütte, schließe sorgsam die Tür und verschwinde dann auch gleich ins Bett. Eine Nachtwanderung werde ich mir hier verkneifen!

Der nächste Tag beginnt mit einer heißen Tasse Kaffee an der kleinen Sandbucht, von der aus ich hinaus auf den See schaue und beobachte, wie sich der weiße Nebel der Nacht langsam verzieht. Durch die ersten Sonnenstrahlen des Tages steigt er vom Wasser durch die Pinien empor, um hinter den Hügeln des gegenüberliegenden Seeufers langsam zu verschwinden. Bei diesen Bildern muss ich unweigerlich an ein Leben in der Wildnis mit der viel beschriebenen Lagerfeuer-Romantik denken. Mein Herz hüpft und freut sich ausgelassen über diesen Anblick und den wundervollen Start in den Tag. Nach einem leckeren Frühstück mit Spiegelei, gebraten von meinem Hostvater, und der dritten Tasse Kaffee legen wir uns an den kleinen Sandstrand. Und lesen und lesen und lesen … und fahren eine Runde mit dem kleinen Motorboot. Den kleinen Noah ziehen wir auf einer runden aufblasbaren Tube hinter uns her. Er hat seinen Spaß und das Wasser spritzt ihm ordentlich ins Gesicht, während wir uns schlängelnd und kurvenreich über den See bewegen. Der See wird von dichtem Pinienwald in saftig dunklem Grün eingesäumt, der Himmel strahlt in endlosem Blau und ich fühle mich, als wenn es weit und breit nichts außer uns gäbe.

Am Nachmittag lernen wir Dan und Melanie, die Besitzer des kleinen Blockhüttendorfes, kennen. Ein amerikanisches Ehepaar, das ungefähr vier Monate im Jahr hier verbringt und ansonsten eine Ranch mit Rindern in den Staaten besitzt. Ist das nicht ein Traumleben? Ihr 18-jähriger Enkel versteht sich blendend mit dem älteren Sohn unserer Familie. Später kommen noch zwei langjährige Freundinnen, ebenfalls im Teenageralter, vorbei und zwei weitere Enkel des amerikanischen Ehepaars werden am Abend in der nächsten Stadt abgeholt. So sind wir eine bunte, große Truppe, die sich viel zu erzählen hat und die Stunden zusammen genießt.

Noch bevor alle wach sind, genieße ich die Stille am Strand in den frühen Morgenstunden, wühle mit den Füßen im Sand und sauge die einzigartige, klare, würzige Seeluft und das kanadische Panorama auf. Ich schnappe mir eines der Kajaks, die am Strand stehen, und paddle inmitten der letzten Nebelfetzen durch die magische Morgenstimmung. Nur das rhythmische Platschen meiner eintauchenden Paddel und das stetige Gezwitscher erwachender Vögel begleiten mich. Wieder zurück, fallen die unglaublich vielen Stechmücken sofort wieder über mich her und ärgern mich. Schnell renne ich ins Haus, mein Magen knurrt ohnehin schon. Beim Frühstück taucht plötzlich eine ungefähr 40-jährige Frau mit ihrer Tochter auf. Die Frau mit Rastazöpfen fragt nach dem Besitzer und Andrej, mein Hostvater, und ich verweisen sie auf die Hütte hinter dem Haupthaus. Es stellt sich heraus, dass es eine alte Bekannte aus der Gegend ist. Nach ein paar Minuten Unterhaltung müssen wir allerdings feststellen, dass sie entweder auf Drogen ist oder sonst irgendetwas in ihrem Kopf nicht ganz rundläuft.Merkwürdige, unzusammenhängende Aussagen, verhaltene Beschuldigungen, wir können nicht immer folgen, was sie uns gerade sagen möchte. Nach einer Stunde bei uns hat sie das erste Bier in der Hand, das auch ruckzuck ausgetrunken ist. Eine Viertelstunde später folgt bereits das zweite. Innerhalb kürzester Zeit liegen einige Flaschen am Strand und uns wird klar, dass sie ein Alkoholproblem hat. Nach einer weiteren Stunde und einem ansehnlichen Alkoholpegel flippt sie völlig aus, schreit Beleidigungen herum, bis Dan sie rauswirft. Beim Ausparken lässt sie ihr Auto am nächsten Baum hängen, will aber partout nicht dableiben. Bevor sie handgreiflich wird, ziehen die Männer das Auto heraus, danach rauscht sie ab. Mir tut ihre Tochter leid, die alles mit ansehen muss und den Launen ihrer Mutter völlig ausgeliefert ist. Wir verständigen noch die Polizei, sodass sie wenigstens gestoppt wird und nicht noch andere gefährdet. Schade, die Stimmung ist bedrückt. Dabei ist heute Ellies Geburtstag. Nach einigen Stunden können wir die sorgenvollen Gedanken verdrängen und feiern mit reichlich Wein, Bier und leckerem Gegrillten samt Nachtbaden doch noch einen schönen Geburtstag.

Die restlichen Tage verbringen wir ruhig. Mal an einem Wasserfall, mal im Secondhandshop des nächsten Städtchens oder beim Kajak- und Bootfahren. Es ist herrlich und ich bin dankbar, noch mal so eine authentische Erfahrung machen zu dürfen.

Am Donnerstag fahren wir wieder zurück auf die Farm. Eigentlich sollte es für mich und die deutsche Familie gleich weitergehen. Unsere Zeit auf der Farm ist vorbei, wir haben bereits unseren weiteren Weg geplant. Ellie will mich zusammen mit der deutschen Familie nach Ottawa fahren.

Aber natürlich kommt es anders. Nur drei Kilometer von der Farm entfernt streikt das Auto. Die Batterie funktioniert anscheinend nicht mehr, wie Ellie zügig herausfindet. Schnell kommt Andrej mit dem Zweitauto angeheizt und nimmt die deutsche Familie mit, die ihren Bus zu ihrem nächsten Ziel erreichen muss. Leider gibt es nicht genug Platz für alle in dem kleinen Zweitauto, daher bleibe ich noch. Eine ganze Nacht wird daraus, aber dafür werde ich am nächsten Morgen persönlich zum Abfahrtspunkt in Ottawa zu meiner Mitfahrgelegenheit nach Toronto gebracht.

Auf der Fahrt merke ich, wie gut mir die Zeit auf der Farm getan hat. Wie entspannt das Leben doch auch im Alltag sein kann, wie schön man es sich machen und seine kleinen und großen Wünsche umsetzen kann. Der Alltag und das Familienleben haben mich dem Ende meiner Reise wieder näher gebracht und ich habe bei dem Gedanken an Deutschland nicht mehr ganz so viel Herzschmerz.

TORONTO – MEINE LETZTE STATION AUF DIESER REISE

Die Fahrt nach Toronto ist lang und unbequem. Wir sind zu dritt auf die hinterste Reihe eines Minivans gequetscht und während der sechs Stunden Fahrt wird es immer ungemütlicher. Keiner spricht irgendetwas, es herrscht unangenehme Funkstille, welche die Fahrt ziemlich langweilig macht. Ich krame mein Buch hervor und vertiefe mich stundenlang in die Geschichte. Nach einer kurzen Anschlussfahrt mit dem Bus komme ich dem Stadtzentrum immer näher. Mein Hostel befindet sich in einem schmalen, alten Haus am Rande der City und gegenüber einem alten Park. Dort gibt es ein eingezäuntes langes Sandfeld und ich frage mich, wofür dieses Feld gut sein soll. Irgendwelche Spiele? Boule? Volleyball? Gegen Abend wird der Zweck dann klar: Es ist ein Hundespielplatz. Rund 20 Hunde rennen herum, spielen miteinander, während die Besitzer sich unterhalten. Großstadtspaß für Hunde. Nicht die schlechteste Idee, wenn gerade kein Grün zur Verfügung steht, wie ich finde.

Die Atmosphäre im Hostel ist freundlich, offen und tatsächlich erzählen mir hier einige Mitbewohner beim Zubereiten des Essens, dass sie diese Unterkunft Wochen oder sogar Monate ihr Zuhause nennen. Das spricht für sich, hier fühlt es sich fast an wie in einer riesigen WG.

Toronto ist großstädtisch, viele Nationen leben hier, über 140 Sprachen werden gesprochen. Je nach Viertel präsentiert sich Toronto in ganz unterschiedlichen Stilen. Im Finanzviertel reihen sich verspiegelt Hochhäuser an alte Hochhausbauten aus hellbraunem Gestein, die an New York erinnern. So sehen sich die Einwohner Torontos auch gern: als »Little New Yorker«. Ich war zwar noch nie in New York, aber was ich mir von anderen Reisenden bestätigen lasse: Toronto ist viel entspannter, die Menschen weniger gestresst und hektisch. Die Straßen sind zwar alle recht voll, aber man kommt gut durch, keiner rempelt einen an, keiner schaut böse. Eine Kanadierin nimmt sich an der Ampel sogar die Zeit, mir ein Kompliment für mein T-Shirt zu machen, das in seinem sommerlichen Türkis und dem knallbunten Bild eines mit Ananas dekorierten Cocktails so gar nicht mit der einfarbigen Businesskleidung der anderen an diesem frühen Morgen harmoniert. Gestylte Leute, inspirierende Künstler, die neueste Mode lassen mich mit meiner sehr praktisch anmutenden, rucksackgerechten Kleidung wieder ganz reduziert fühlen und an meinen Schrank zu Hause denken. Da kommt doch ein wenig Vorfreude auf, bald habe ich wieder eine größere Auswahl.

Toronto hat ein 33 Kilometer langes unterirdisches Wegenetz mit Shops, Restaurants, Ärzten, Physiotherapeuten, Banken etc. Im Winter kann es durchaus mal –35 Grad kalt werden, aber durch dieses System, das direkt an die U-Bahn anschließt, kann man die Kälte komplett umgehen. Im Moment herrscht allerdings Sommerhitze. Ich schwitze bei schwülen 30 Grad und suche wenigstens visuelle Abkühlung an der Waterfront. Diese passt eher zu einem kleinen Küstenstädtchen als zu einer Großstadt. Ausflugsboote, Fähren, Wassertaxis, Segelboote und Jetskis säumen das Ufer und machen sich auf den Weg zu den nahe gelegenen Inseln des Ontariosees. Auf einer Bühne spielt eine Band und als es Abend wird, schaue ich mir bei einem leckeren Eis mit hundert anderen den romantischen Sonnenuntergang an. Die Skyline hinter uns versinkt langsam im gelb-orange-roten Himmel, bevor eine mystische Lichtglocke sie vom Sternenhimmel abhebt. Der CN-Tower strahlt und leuchtet in unterschiedlichen Farben und man kann aus der Ferne den winzigen Aufzug hinauffahren sehen, der die Leute auch noch bei Dunkelheit auf die Aussichtsplattform katapultiert. Musik aus einem Lokal lässt ein paar Leute auf der Promenade tanzen, die Stimmung ist herrlich gelöst, die Menschen lachen viel. Man könnte meinen, man ist hier in einem Urlaubsort und nicht in der größten Stadt Kanadas. Aber auch die anderen Viertel haben ihren Charme: Das alternativ angehauchte und hippe Kensington mit Markt, Künstlern, kleinen Läden und ungewöhnlichen Kneipen an jeder Ecke ist genauso interessant wie China Town, das Eaton Centre oder der Distilleri District. Bunt, abwechslungsreich und vielfältig.

Und da die Niagarafälle nicht mehr weit sind, beschließe ich kurzerhand, einen Ausflug dorthin zu machen. Es ist sozusagen die letzte Möglichkeit, denn in zwei Tagen fliege ich bereits zurück nach Deutschland, sodass mir nur noch dieser Tag für einen größeren Ausflug bleibt. Ich suche also nach einer Busverbindung, doch so kurzfristig scheint da nichts zu machen zu sein. Aber dank Ben, einem der Langzeitgäste, der für mich bei der Reiseagentur seiner Freundin anruft, kann ich doch noch den letzten Platz in einem Bus ergattern. Kurzfristige Zusagen (es ist bereits abends, als ich den Platz zugesichert bekomme) bergen allerdings gerne das Risiko, dass etwas schiefläuft ... Und so stehe ich am nächsten Tag an besagter Hotelrezeption in der City und warte und warte und warte. 15 Minuten nach vereinbarter Abholzeit lasse ich die Rezeptionistin bei der Agentur anrufen. Es gibt ein wildes Hin-und-her-Telefonieren zwischen Busfahrer, Agentur und Rezeptionistin. Zum Schluss muss der Busfahrer nochmals zurückfahren und mich abholen. Wäre doch auch zu schade gewesen, nicht die Niagarafälle zu sehen – wenn ich schon mal hier bin!

Nach einer ruhigen Fahrt und ein paar Fotostopps an rauschenden Stromschnellen der Klasse fünf (die man mit einem normalen Raftingboot fast nicht hinunterfahren kann, wie ich mir habe sagen lassen) und einem weiteren Stopp, um kitschige Souvenirs zu kaufen, kommen wir an den berühmt-berüchtigten Fällen an. Die Niagarafälle sind zwar bei Weitem nicht so groß, wie ich sie mir vorgestellt hatte, aber dennoch sehr beeindruckend. Von der kanadischen Seite aus hat man einen direkten Blick auf das Hufeisen *»Horseshoe«*, die halbrunde Kante, an der das Wasser den Weg in die Tiefe sucht. Vor der Kante ist das Wasser erstaunlich ruhig, doch gleich dahinter rauscht es mit voller Geschwindigkeit in die Tiefe. Unmengen von Wasser fallen die 57 Meter nach unten und verursachen meterhohen weißen Nebel, der die Touristen auf den Booten am Fuß des Wasserfalls durchnässt und die Gewalt der Wassermassen spürbar macht. Was für ein großartiges Schauspiel der Natur! Die Touristenmassen halten sich tatsächlich in Grenzen und ich stehe am Rand und staune viele Minuten über das Schauspiel.

Direkt am gegenüberliegenden Ufer befinden sich die USA. Ein komisches Gefühl, denn in meinem Kopf sind die USA weit weg und doch stehe ich ganz nah dran. Das Städtchen Niagara Falls oberhalb der Wasserfälle kommt mir wie eine Miniversion von Las Vegas vor. Namhafte Hotelketten haben ihre Paläste errichtet und von schmucken Türmchen bekommt man leicht erhöht eine hervorragende Sicht auf die Fälle. Entlang des Zentrums warten Läden, Restaurants und Spielhöllen mit viel Blingbling und Tamtam auf. Aus Lautsprechern ertönt überall Musik, es fühlt sich ein wenig an wie auf einem Rummel. Alle paar Meter wechselt die Musik und mischt sich zu eigenwilligen, schrägen Klängen zusammen. Labyrinthe mit kitschig bunten Tieren sollen Besucher genauso locken wie die unzähligen Souvenirshops. Alles etwas zu überzogen für mich, aber das ist bekanntlich Geschmackssache. Das kleine Niagara on the Lake, ein paar Kilometer weiter, ist im Gegensatz dazu sehr beschaulich. Das kleine Dorf ist zwar auch ganz auf Tourismus ausgelegt, hebt sich aber durch Handwerkskunst, schnuckelige Cafés und leckere Kleinigkeiten an jeder Ecke hervor.

Erfüllt von den vielen Eindrücken komme ich spätabends wieder im Hostel an. Mit einigen Hostelbewohnern genieße ich meinen letzten Abend dieser langen Reise und falle einige Weingläser später mit guten Zukunftswünschen erschöpft in mein Bett.

Der letzte Tag auf meiner Reise um die Welt wird in wenigen Minuten beginnen. Ich sitze auf der Dachterrasse meines Hostels, es ist noch dunkel. Am Horizont taucht langsam ein lichter Streifen auf, der den Tag ankündigt. Ein Neuanfang, Verabschiedung des Vergangenen, Begrüßung alles Neuen. Die Luft ist klar und hüllt mich dennoch sommerlich lau ein. Aus der Tasse in meiner Hand vermischt sich der kräftige Kaffeedampf mit der sommerlichen Großstadtluft zu einem berauschenden Cocktail. Minute für Minute schiebt sich die Sonne ein Stückchen weiter über die Häuserdächer in den Himmel hinein und die ersten Strahlen legen eine wohltuende Wärme auf mein Gesicht. Ich schließe die Augen und lasse die letzten Monate im Schnelldurchlauf vor meinem inneren Auge vorbeiziehen. Wie viele unglaubliche Dinge ich gesehen habe, wie sehr wunderschöne Landschaften mich verzaubert haben. Wie weit mich Herausforderungen gebracht haben und wie ich über meine Grenzen hinausgewachsen bin, um danach voller Stolz, Dankbarkeit und Ehrfurcht darauf zurückzublicken. Wie oft ich einfach vertraut habe, ohne zu wissen, wo alles enden wird. Zulassen, loslassen, willkommen heißen. Die vielen Gesichter Mitreisender, die lustigen Erlebnisse, die wir gemeinsam hatten, Momente gnadenlosen Einsehens, dass manche Dinge nicht so sein werden, wie ich will, und Momente ausgelassenen Glücks erfüllen meine Gedanken und mein Herz. Menschen, die mich wertgeschätzt haben, die mich in ihr Leben haben blicken lassen und meinen Horizont erweitert haben, sind wieder ganz präsent. Das alles ist nicht mit einem lauten Knall passiert, mehr nebenbei und leise bedacht, ganz zufällig.

Ich fühle mich gewappnet für die Zukunft – was auch immer sie mir bringen mag. Diese Reise gibt mir das tiefe Bewusstsein, überall Inspiration und Naturschönheit zu finden. Und Menschen, mit denen Zeit zu verbringen Herz und Seele erwärmt. Die Gelassenheit, mit der ich auf die nächsten Monate blicke, ist unglaublich entspannend. Ich bin bereit für einen weiteren Lebensabschnitt und positiv gespannt, was mich erwarten wird. Eine tiefe Erkenntnis macht sich in mir breit: Viel öfter sollte jeder von uns die unzähligen Ideen verwirklichen, die in unseren Köpfen herumschwirren. Sicherlich habe ich diese Worte bereits gelesen oder gehört, aber jetzt hier zu sitzen und sie zu spüren, die Kraft zu empfinden, die von ihnen ausgeht, ist noch mal etwas ganz anderes. Oft wühlt man doch nur nach dem Wenn und dem Aber. Was, wenn es das gar nicht gibt? Mein Leben kann nur ich leben, jemand anderes wird es nicht für mich übernehmen.

Sonnenaufgänge sind jedes Mal erwärmend, lösen eine Kraft in mir aus, bis zu einer wahren Explosion von Energie, Tatendrang und dem Gefühl, diesen neuen Tag umarmend zu begrüßen und als weitere Chance für wundervolle Erlebnisse zu begreifen.

Der Tag kann kommen, möge mich Deutschland willkommen heißen! Ich bin bereit für einen neuen Abschnitt meines Lebens.

EPILOG

EINIGE MONATE SPÄTER

»Herzlich willkommen zu einer kleinen Foto-Show über die Schönheiten fremder Länder!« Heute zeige ich Bilder und erzähle auf einem kleinen Vortrag über diese fantastische Zeit, von der ich immer noch nicht glauben kann, dass ich sie tatsächlich erlebt habe. Freunde, Verwandte und auch ein paar Unbekannte schauen mich in einem Vereinsheim meines Wohnortes erwartungsvoll an. Während ich vom Beginn der Reise erzähle, wird mir klar, dass ich die Entscheidung, auf diese Reise zu gehen, noch keine Minute bereut habe. Es ist unfassbar, was ich alles erleben durfte. Zwischen Fotos von mir im Himalaja, wie ich stolz auf dem Pass stehe, und einem Schnappschuss von Ralph und mir zwischen Pinguinen denke ich mir: Wahnsinn, was für eine Erlebnisdichte man auf Reisen im Gegensatz zum Alltag hat!

Ich kann mich noch genau erinnern, dass ich nur zwei Wochen nach meiner Rückkehr dachte, dass ich schon wieder ewig da bin. Der schnelle Rhythmus auf der Reise, jeden Tag neue Dinge und aufregende Begegnungen zu erleben, all das war mir in Herz und Blut übergegangen. Mein Leben in Deutschland hingegen war geprägt von sich täglich ähnelnden Abläufen, gespickt mit wenigen Erlebnissen und Begegnungen, die durchaus schön und interessant, aber nicht zu vergleichen waren mit meinem Reiseleben. Ich wollte die schönen Details der Reise nochmals in Gedanken durchleben, das belebende Gefühl jedes einzelnen Tages aufsaugen und wieder durchfühlen. Die gelassene, gelöste Stimmung des Reisens in jeder neuen Minute meines Lebens greifbar machen, auch wenn ich bereits wieder in Deutschland angekommen war.

Also fing ich an, dieses Buch zu schreiben, doch es ging mir nicht locker leicht von der Hand. Zu viele Details, die Sprache wollte nicht aus mir herausrücken, schon gar nicht in unbekümmerten, mitreißenden Worten, wie sie der Reise entsprochen hätten. Ich schnappte mir die Fotos, doch auch die Sortierung meiner Bilder dauerte Monate. Jedes Mal, wenn ich wieder damit anfing, verlor ich mich in den Erinnerungen. Also legte ich die Datei mit meinen Buchanfängen zur Seite, widmete mich ausschließlich den Fotos und nun stehe ich hier auf dem Foto-Vortrag. Ich möchte die Zuschauer mitnehmen in fremde Welten, zu einer anderen Lebensart und meine Begeisterung mit ihnen teilen.

»Hattest du auch Kontakt zu Einheimischen?«, fragt mich eine Zuschauerin interessiert. Ich denke an Bolivien zurück und zeige ein Foto von meiner bolivianische Hauswirtin Annabella in Sucre und allein der Gedanke an den Kochabend und die Salsa-Partys zaubern mir ein Lächeln ins Gesicht. Die Fotos von den vielen lustigen Momenten mit anderen in den unterschiedlichsten Ländern erinnern mich wieder daran, wie leicht es war, auf Reisen neue Menschen kennenzulernen. Was für eine Bereicherung für mein Leben, mit so vielen unterschiedlichen Charakteren und Ansichten Bekanntschaft machen zu dürfen. Und die vielen Tiere, die ich ungefiltert hautnah erleben durfte! Wie viele Eindrücke sich dabei in mein Herz gegraben haben. Spätestens beim Anblick der süßen Nasenbären, mit denen ich durch den Dschungel spaziert bin, spiegelt sich mein Lächeln auf den Gesichtern der Zuschauer wider.

Vorbehaltlos kann ich sagen, es war die Reise meines Lebens, die mich so bewegt hat und die mir für immer im Gedächtnis bleiben wird.

Schon als ich noch auf Reisen war, hoffte ich, einiges mit hinübernehmen zu können, in die Zeit danach, in meinen Neustart in Deutschland. In den letzten Monaten musste ich mich immer wieder daran erinnern, was mir am Reisen so gefallen hat. Ich wollte gern ein bisschen Reisefeeling in mein alltägliches Leben integrieren – nicht so leicht, wie ich feststellen musste! Sich einfach spontan mit Freunden treffen? Kurz mal gemütlich quatschen und einen leckeren Wein dazu trinken? Unbekanntes ausprobieren oder mit Fremden ins Gespräch kommen? Oftmals Fehlanzeige! Jeder ist so sehr getaktet, so sehr dem Hamsterrad verpflichtet, dass es ohne langen terminlichen Vorlauf schwierig ist. Ein unbenannter Konkurrenzkampf in den Köpfen, mehr haben, mehr sein – das scheint das Ziel zu sein. Jetzt kann ich die Menschen verstehen, die auf eine Reise gehen und dann nicht mehr in das geregelte deutsche Leben zurückfinden. Die wieder hinaus in die Welt gehen und für die es das Größte ist, fernab von allem zu sein und wenig zu müssen. Die sich ihre Sehnsucht nach Unbeschwertheit und Freiheit erfüllen.

Doch ständig unterwegs zu sein, ist nicht mein Wunsch. Ich werde nicht aufgeben zu versuchen, auch ohne ständig auf Reisen zu sein, das Gefühl der Leichtigkeit in mein Leben zu integrieren. Ich sehe es so: Jeder Tag birgt neue Chancen, Erfahrungen und Abenteuer. Hier genauso wie irgendwo anders auf der Welt. Mein neuestes Abenteuer ist die Ausbildung zur Naturpädagogin. Die Nähe zur Natur und die Erlebnisse mit den unterschiedlichsten Tierarten haben in mir den Wunsch geweckt, mehr Zeit in und mit ihnen zu verbringen. Ob daraus etwas Großes wird oder ich mich einfach auf viele kleine Momente freuen darf, das steht noch in den Sternen. Aber auf den Weg gemacht habe ich mich schon mal, den ersten Schritt gewagt.

Egal, was kommt, es wird gut, sowieso. Immer geht ne neue Tür auf, irgendwo. Auch wenn's grad' nicht so läuft, wie gewohnt. Egal, es wird gut, sowieso, singt Mark Forster und spricht mir aus der Seele.

Und genau deswegen sage ich mir jeden Tag: Das Leben ist so kostbar. Warum solltest du dich zurückhalten? Du darfst träumen, dich nach Leichtigkeit, Harmonie, Abenteuern oder was auch immer sehnen. Was hält dich davon ab, dich mit allem, was du bist, zu verschenken, etwas zu riskieren und im Gegenzug Unglaubliches zu erleben? Geh mit offenem Herzen durch die Welt und lass dich nicht in eine normierte Schublade stecken. Zeig deinen sanften und zugleich wilden Freigeist!

Das Leben hält so viele Möglichkeiten und Chancen für uns bereit! Welche davon ergreifst du? Sind es deine eigenen Träume und Visionen, oder bist du gerade dabei, die Träume eines anderen zu verwirklichen?

Keiner weiß, ob die Zukunft genauso wird, wie er sie sich vorstellt. Aber wer sich selbst vertraut, sich selbst jeden Tag im Spiegel betrachten kann und weiß, dass er alles nach seinem besten Gewissen getan hat, um dem eigenen Traum näherzukommen, ist wohl auf einem guten Weg. Vielleicht sollte man mehr im Kopf behalten, dass auch Umwege Wege sind und nicht alles geradlinig erreicht werden kann. Vertrauen und Gelassenheit, die innere Sicherheit, dass nach Schatten wieder Licht strahlt, Herausforderungen zum Überwinden da sind und sich letztlich irgendwann alles wieder zum Guten wendet – das ist ein wunderbarer Ausgangspunkt für ein leichteres Leben, finde ich.Was immer es auch bringen mag.

Wie sieht es bei dir aus? Wenn du heute Abend nach einem vielleicht anstrengenden Tag ins Bett sinkst, hast du dann funktioniert oder hast du gelebt? Fühlst du dich matt und ausgelaugt oder lächelt dein Herz erfüllt und frei?

DANKSAGUNG

Ich bin für vieles dankbar, was mir diese Reise geschenkt hat. Vor allem für die Eindrücke, Erlebnisse und Begegnungen. Aber dieses Buch wäre nie entstanden, wenn es nicht einige tolle Menschen in meinem Leben geben würde.

Ich danke meiner Familie, meinen Eltern, meinen Freunden und allen, die mich mental begleitet und mich mit offenen Armen wieder willkommen geheißen haben. Die mich trotz Ferne immer nah fühlen haben lassen und mir eine Sicherheit geschenkt haben, die mich offen und neugierig in die Welt ziehen lassen.

Ein ganz besonderer Dank geht an meinen Mann Ralph, der mit seiner Offenheit, seiner Abenteuerlust und seiner Toleranz nicht nur diese Reise ermöglicht hat, sondern auch Teil davon gewesen ist, sich mitgefreut und mitgeliebt hat. Der mich auch danach weiterhin unterstützt hat und meinen freiheitsliebenden Gedanken immer genügend Spielraum schenkt. Und ein ganz besonderer Dank geht an meine Tochter Chionia, die mich stetig bestärkt hat und mich in stundenlangen Telefonaten an ihrem Leben hat teilhaben lassen, als würden wir uns auf einen Kaffee an der nächsten Ecke treffen. Auch dafür, dass sie mich ermuntert hat, dieses Buch zu schreiben und auch zu vollenden. Für ihre ungewöhnlichen Fragestellungen und den inspirierenden Austausch zu Ländern, Kulturen, Erfahrungen und Menschen.

Ein dickes Dankeschön geht an Tanja und Katja, die jederzeit ein offenes Ohr für mich hatten, Ideen mit mir diskutiert und mich auf Reisen beständig mit Informationen aus der Heimat versorgt haben. Zusammen mit Hannah und Chionia waren sie die ersten Testleser, die wertvolle Gedanken in dieses Buch einfließen haben lassen. Danke für die Anmerkungen, ohne die dieses Buch nicht zu dem geworden wäre, was es ist.

Ein großer Dank gilt meiner Lektorin Ramona Pingel, die dieses Buch um so vieles besser hat werden lassen und sich für mich eingesetzt hat. Und natürlich Verena Stindl vom Stiebner Verlag, die offen und ehrlich auf entspannte Weise dieses Buch veröffentlicht hat.

Ein letzter Dank geht an dich, lieber Leser. Herzlichen Dank, dass du dieses Buch gekauft und gelesen hast. Ich hoffe, ich konnte dich gut unterhalten, inspirieren und motivieren, deine Ideen zu verfolgen und letztlich auch zu verwirklichen.

LIEBE LESER:INNEN,

wir freuen uns, dass wir euch mit diesem Buch inspirieren und Teil eurer Reise sein dürfen. Noch mehr Inspiration, schöne Ideen und besondere Themen findet ihr auf unserer Verlagsseite www.stiebner.com.

LASST UNS ZUSAMMEN AUF DIE REISE GEHEN!

Wir sind immer offen für eure Anregungen, Wünsche und Kritik – schreibt uns gerne unter verlag@stiebner.com.

Text und Fotografie: Martina Gschweng
Illustrationen: Danai Afrati
Cover und Layout: Danai Afrati
Projektleitung: Dr. Verena Stindl
Lektorat: Ramona Pingel
Gedruckt bei BALTO print, Litauen

FSC www.fsc.org MIX Papier | Fördert gute Waldnutzung FSC® C107574

ISBN 978-3-8307-1711-9

Bibliografische Information der Deutschen Nationalbibliothek:
Die Deutsche Nationalbibliothek verzeichnet diese Publikation in der Deutschen Nationalbibliografie; detaillierte bibliografische Daten sind über http://dnb.dnb.de abrufbar.

www.stiebner.com